"十三五"高职高专改革与创新精品教材系列

XINLING ZHIYUE
心灵之约
——大学生心理健康教程

主　编　李爱娟　张　艳
副主编　唐　玉　舒　燕　柳　青
编　者　郝　丹　束　梦　高正亮　王　丽

苏州大学出版社
Soochow University Press

图书在版编目（CIP）数据

心灵之约：大学生心理健康教程／李爱娟，张艳主编．—苏州：苏州大学出版社，2019.1（2023.1 重印）
"十三五"高职高专改革与创新精品教材系列
ISBN 978-7-5672-2741-5

Ⅰ．①心⋯ Ⅱ．①李⋯ ②张⋯ Ⅲ．①大学生－心理健康－健康教育－高等职业教育－教材 Ⅳ．①G444

中国版本图书馆 CIP 数据核字（2018）第 297546 号

心灵之约——大学生心理健康教程

李爱娟 张 艳 主编

责任编辑 管兆宁

苏州大学出版社出版发行
（地址：苏州市十梓街1号 邮编：215006）
常熟市华顺印刷有限公司印装
（地址：常熟市梅李镇梅南路218号 邮编：215511）

开本 787 mm×1 092 mm 1/16 印张 14.75 字数 346 千
2019 年 1 月第 1 版 2023 年 1 月第 8 次修订印刷
ISBN 978-7-5672-2741-5 定价：39.00 元

图书若有印装错误，本社负责调换
苏州大学出版社营销部 电话：0512-67481020
苏州大学出版社网址 http://www.sudapress.com
苏州大学出版社邮箱 sdcbs@suda.edu.cn

序

  社会的发展、环境的变化、经济的繁荣、科技的进步,促进了教育的发展,也对教育提出了新的挑战,尤其是高等职业教育,一方面要适应经济建设的需要,为培养高素质的技术技能型人才服务;另一方面要为促进大学生的全面发展服务,即高等职业教育要开发大学生的潜能,启迪大学生的心智,陶冶大学生的情操,完善大学生的人格,最终促进大学生的全面发展。

  课堂教学是高职院校学生心理健康教育工作的重要渠道,是促使大学生全面发展的重要手段之一。青年学生群体中的高职院校学生,他们所面临的问题,如学习能力、人际能力、自我意识、抗压能力等均与本科院校的学生有着明显的差异性,呈现出独有的心理特点。如何帮助高职院校学生激发自身成长的积极力量,帮助他们尽快调整心态,树立明确的人生目标,妥善处理各种人际关系,学会自主学习,管理好自我情绪,保持良好的状态,培育积极、理性的心理品质,就成了高职院校学生心理健康教育的重要目标。

  《心灵之约》是针对高职院校学生心理健康教育的教材,在编写过程中,编者改变以往教材问题取向的模式,不再过多地强调大学生的心理问题,而是让大学生从自己的内心出发,寻找自己的力量去促进自己的成长。全书分别从健康心理、适应心理、学习心理、自我意识、个性心理、人际交往、情绪管理、恋爱心理、压力管理和心理咨询十个方面入手,为高职学生的个人成长铺设了一条崭新的心理健康发展之路。通过学习,大学生能具备自我实现的能力。因此,在编写教材时,编者能够把积极心理学最关注的特质融入其中,如在适应与学习中,注重增长学生的智慧和知识,培养学生积极探索、热爱学习、开放乐观的品质;在自我意识、个性和压力应对中,培养学生有勇气、讲修养与懂节制的美德,注重真诚、勇敢、坚持、热情、宽容、谦虚、谨慎、自律等品质的磨炼;在人际交往中,关注仁爱和正义的美德,提高学生的友善、博爱以及公平、领导力、团队精神等品质,更是把审美、

感恩、希望、幽默、信仰等品质作为培养学生的终极目标融入这本教材中。

本书在编写过程中尝试突破传统教材的形式,在每个章节中加入"案例导入""身边的故事""案例分析"等模块来展示高职院校学生身边的案例和故事,呈现常见的心理现象及行为表现,通过"延伸阅读"拓展学生的知识面,在"课堂练习"模块通过心理测试、团体活动、纸笔练习、个人体验活动等形式,指导学生认识、体验、发现自我,并运用所学知识解决实际问题,真正做到理论联系实际。本书的编写凝聚了编者在该领域的实践经验和教学成果,贴合高职院校大学生的心理特点,内容深入浅出,形式丰富多样,理论知识和课堂练习的设置符合高职学生的需求,具有很强的操作性和可读性。可以说,这是一本符合高职院校学生的心理特点,满足高职院校教师教学要求的优质教材。

作为一位多年从事心理学工作的业内人士,作为一位上过多轮心理健康课程、使用过多种教材的教师,手捧着这本通体散发着发展性、成长性、积极性的教材,透过这些纸张,能感受到扑面而来的积极心理学之气息。所以,我十分愿意推荐此书。

前 言

《高等学校学生心理健康教育指导纲要》（教党〔2018〕41号）中指出，心理健康教育是提高大学生心理素质、促进其身心健康和谐发展的教育，是高校人才培养体系的重要组成部分，也是高校思想政治工作的重要内容。

心理健康是健康的重要组成部分，关系着广大学生的成长、成人、成才，影响着社会和谐发展。当前，我国正处于经济社会快速转型期，人们的生活节奏明显加快，竞争压力不断加剧，个体心理行为问题及其引发的社会问题日益凸显。青年学生群体中的高职院校学生所面临的问题与本科院校的学生有所差异，他们有着独有的心理特点和心理问题。如何提高高职院校学生的心理调适能力，使他们保持良好的状态，培育积极、理性的心理品质，已成为高职院校心理健康教育的重要目标。

作为高职院校的心理教师，我们在工作中见证了一批批高职院校学生的成长、成才，看到他们如何从青涩的高中生走向成熟，看到他们在面对学习、人际交往、自我意识、压力等问题时如何成长，但同时也看到了他们在面对困境时的迷茫和痛苦，因此，如何帮助高职院校学生激发自身成长的积极力量，帮助他们尽快调整心态，树立明确的人生目标，妥善处理各种人际关系，学会自主学习，管理好自我的情绪，培育积极、理性的心理品质，成为我们编写这本教材的原动力。

本教材以心理学理论为基础，结合高职院校学生的身心特点、思想动态及面临的现实问题，指导学生如何积极适应环境、主动谋求发展，以达到助人和自助的目标。全书分为十章，分别为"打开健康之门——谈心理健康""适者生存竞天择——谈适应心理""重新认识学习——谈学习心理""成就最好的自己——谈自我意识""我行我道，我有我法——谈个性心理、快乐交往""拥抱朋友——谈人际交往""触摸你的内心——谈情绪管理""遇见最美好的你——谈恋爱心理""千山万水只等闲——谈压力管理""揭开咨询的面纱——谈心理咨询"。

本书的编写结合高职院校学生的心理特点和教师的教学要求,力求成为适合学生学习和教师教学的优质教材。具体来说,本书具有以下鲜明的特点:

1. 结构新颖。本书的各章节主要沿着"问题是什么""为什么产生""该怎么应对"这一思路展开论述,展示高职院校学生存在的主要心理问题,引入对心理问题的分析和解读,并提供相应的应对策略和自我调适方法。

2. 形式多样。本书尝试突破传统教材的形式,在每个章节中加入"案例导入""身边的故事""案例分析"等栏目展示贴近高职院校学生的案例和故事,呈现常见的心理问题及行为表现,通过"延伸阅读"拓展学生的知识面,在"课堂练习"模块增加心理测试、团体活动、纸笔练习、个人体验活动等形式,指导学生认识、体验、发现自我,并运用所学知识解决实际问题,真正做到理论联系实际。

3. 内容实用。本书中所包含的十章内容贴近高职院校学生的心理特点,呈现了这一群体在大学生涯中所面临的重要心理发展方向,所选择的理论知识和课堂练习的内容都贴合他们的需求,具有很强的操作性和趣味性,既可以作为教学用书,也可以作为学生的自学课本。

4. 资源丰富。本书提供了一个较为全面的资源平台,以二维码的形式提供了包括文字、图片、音频、视频、交互式问卷等信息资料,以及教学课件,便于教师教学和学生自学所用。

苏州大学的博士生导师、中国心理学会注册心理督导师、江苏省教育学会学校心理教育专业委员会副理事长黄辛隐教授曾多次到编者的学院讲学并指导工作,不仅对我们老师的专业成长、个人发展给予专业的指导,还对大学生心理健康教育工作方面提供了宝贵意见。她严谨的治学态度、丰富的教学经验、最美教师的职业风范值得我们学习。黄教授对教材的编写提出了中肯的意见,百忙之中又拨冗为本书写序,在此深表感谢!

在本书编写中,我们参考、借鉴了该领域的许多论著和教材,同时也得到了专家、同行的指导,在此向参考文献的作者和指导过我们的专家、同行表示诚挚的谢意!限于编者水平有限,书中难免有疏漏和不当之处,恳请广大读者和同行专家提出宝贵的意见,以便进一步修订完善。

编者

目 录

第一章 打开健康之门——谈心理健康 / 1
 第一节 健康从心开始——心理健康导论 / 2
 第二节 把握健康标准——大学生心理健康标准 / 9
 第三节 认识心理冲突——大学生常见心理问题 / 14
 第四节 走上健康之路——大学生心理健康教育 / 20

第二章 适者生存竞天择——谈适应心理 / 24
 第一节 适应与心理健康——适应概述 / 25
 第二节 新环境中的冲突——常见的不适应表现 / 27
 第三节 成就美好的未来——提高适应能力 / 36

第三章 重新认识学习——谈学习心理 / 42
 第一节 学习是什么——学习心理概述 / 43
 第二节 我的学习怎么了——常见的学习问题及原因 / 45
 第三节 我们可以这样学——优化学习理念及方法 / 53

第四章 成就最好的自己——谈自我意识 / 68
 第一节 柳暗花明见云日——认识真实的我 / 69
 第二节 天生我材必有用——悦纳独特的我 / 77
 第三节 百尺竿头进一步——成就卓越的我 / 83

第五章 我行我道，我有我法——谈个性心理 / 91
 第一节 揭开人格的面具——个性概述 / 92
 第二节 了解人格的要素——个性特征 / 96
 第三节 塑造健全的人格——完善个性 / 104

第六章　快乐交往，拥抱朋友——谈人际交往 / 110
- 第一节　了解人际交往之道——人际交往概述 / 111
- 第二节　遵循人际交往之法——人际交往常见问题 / 117
- 第三节　善用人际沟通之术——人际交往的策略 / 127

第七章　触摸你的内心——谈情绪管理 / 138
- 第一节　读懂情绪的密码——情绪概述 / 139
- 第二节　青春情绪知多少——大学生情绪概述 / 149
- 第三节　青春与情绪共舞——情绪管理策略 / 155

第八章　遇见最美好的你——谈恋爱心理 / 161
- 第一节　两情相悦知多少——领悟爱的真谛 / 162
- 第二节　相逢相识不相知——直面爱的迷茫 / 165
- 第三节　人生何处无芳草——培养爱的能力 / 172
- 第四节　但愿君心似我心——把握爱的尺度 / 177

第九章　千山万水只等闲——谈压力管理 / 182
- 第一节　直面人生的压力——压力概述 / 183
- 第二节　决定命运的钥匙——挫折概述 / 190
- 第三节　成就我们的梦想——应对压力与挫折的策略 / 200

第十章　揭开咨询的面纱——谈心理咨询 / 208
- 第一节　探索自我成长之法——初识心理咨询 / 209
- 第二节　人生意义由你决定——走近心理咨询 / 212
- 第三节　大家都在成长路上——探索咨询流派 / 216

参考书目 / 225

第一章 打开健康之门
——谈心理健康

尊重生命，尊重他人，也尊重自己的生命，是生命进程中的伴随物，也是心理健康的一个条件。

——弗洛姆

第一章 打开健康之门
——谈心理健康

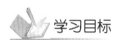 学习目标

▶ 知识目标

了解健康与心理健康的概念，树立科学的健康观；

掌握大学生心理特点及大学生心理健康的概念与标准；

理解大学生常见心理问题及影响因素；

了解大学生心理健康教育的意义、基本原则等。

▶ 能力目标

能够区分正常心理与心理问题，并正确对待心理问题；

能够掌握并理解大学生心理健康标准。

小雪怎么了

小雪是某职业技术学院大一学生，第二学期开学后，原本不太爱学习的她非常严肃地向三个室友说："我要制订学习计划，认真学习，争取拿奖学金，并争取'专转本'，如果你们愿意，我可以督促你们一起认真学习。"可在室友们看来，小雪的行为很奇怪，在宿舍学习时她总要搬一张凳子放在身边，不允许别人碰。上课原本是四个人坐在一排的，可现在的小雪总是一个人一张桌子，旁边的位置同样不允许别人碰。室友们偶尔还能听到小雪自言自语，如"你放心，我会认真学习的""我一定会开心、快乐""我会做好自己的事情，你不要担心"等。当三个室友问她为什么不能碰凳子时，小雪严肃地说："我爷爷坐在上面。"三个室友目瞪口呆，因为大家都知道寒假里她爷爷刚刚去世，一想到那个看不见的爷爷"坐"在凳子上，三个人崩溃了。原来小雪是爷爷一手带大的，爷孙之间的感情特别深厚，爷爷去世前希望小雪开心、幸福，将来有一个美满的家。小雪不想辜负爷爷对自己的期望，因此爷爷去世后，她没有掉眼泪。即使亲人觉得她不可理喻，可是小雪一直没哭，直至开学后带着"爷爷"一起来上学。但小雪无法

接受的是亲人不理解她，室友要求她搬宿舍，其他同学也远离她；更让小雪崩溃的是，她想认真学习，可是学习效率特别低，上课也无法认真听课，总担心自己无法达到爷爷所期望的那样，令爷爷失望。因此，小雪的脾气越来越暴躁，情绪低落又无法控制，她对自己的现状不满却又无力解决。

讨论与分享

1. 案例中的小雪到底发生了什么？爷爷去世对小雪有怎样的影响？
2. 案例中的小雪明显想重新规划自己的人生，可是事与愿违，为什么？
3. 情绪失控的小雪该如何调整才能恢复正常？作为她的同学，我们能为她做些什么？作为她的亲人、老师，又能给她提供什么样的帮助？

第一节 健康从心开始
——心理健康导论

随着科学文化和社会的不断发展以及医学观念的转变，心理和社会因素对于健康的影响越来越引起人们的关注，人们在重视生理健康的同时，对心理健康的关注程度也与日俱增。于是，新的健康观应运而生。

一、树立科学的健康观

1948年，世界卫生组织（WHO）成立时把健康定义为：健康乃是一种生理、心理和社会适应的完满状态，而不仅仅是没有疾病和虚弱的状态。这一定义标志着人类对健康的理解包含了三个基本要素：躯体健康、心理健康、具有社会适应能力。具有社会适应能力是国际上公认的心理健康的首要标准。

1989年，世界卫生组织又将健康的概念补充为：健康应包括躯体健康、心理健康、社会适应良好和道德健康。其中，社会适应性归根结底取决于生理和心理的素质状况，而道德健康在某种意义上属于心理健康的范畴，因此，健康主要包括了生理健康与心理健康两个方面。良好的情绪状态可以使生理功能处于最佳状态，反之则会降低或破坏某种功能而引起疾病。身体状况的改变可能带来相应的心理问题，生理上的缺陷、疾病，特别是痼疾，往往会使人产生烦恼、焦躁、忧虑、抑郁等不良情绪，导致各种不正常的心理状态。

健康十标准

 **延伸阅读**

科学心理学的诞生

心理学是一门既古老又年轻的学科，德国著名心理学家艾宾浩斯说过：心理学有一个很长的过去，却只有一个短暂的历史。19世纪之前，心理学一直包含在哲学的母体中。有时心理学更像个流浪儿，一会儿敲敲生理学的门，一会儿敲敲伦理学的门，一会儿敲敲认识论的门。直到1978年，德国心理学家、哲学家威廉·冯特（Wilhelm Wundt, 1832—1920）在莱比锡大学建立了世界上第一个心理学实验室，才标志着科学心理学的诞生。

总之，心理健康是身体健康的精神支柱，身体健康又是心理健康的物质基础，两者相互联系、相互作用。人的生理活动和心理活动是密切相关、互为依存的，不存在无生理活动的心理活动，也不存在无心理活动的生理活动。因此，人的生理健康与心理健康是辩证统一的。

二、掌握心理健康概念

由于中国传统文化的影响，人们常常会本能地拒绝承认自己有心理问题，所以当提及"心理健康"时，人们也几乎本能地把它与"心理问题"甚至"心理疾病""精神疾病"画等号。当真正有心理问题时，自然也就讳疾忌医，不愿意去寻求心理帮助或治疗。事实上，"心理健康"是现代人健康不可分割的重要方面，心理健康教育也不仅仅让人们意识到需要解决心理问题、心理障碍，更是为了促进人的心理的健康发展，提高人的生命价值与意义。

根据国际心理卫生大会（1946）的定义，"所谓心理健康是指在身体、智能以及情感上，在与他人心理健康不相矛盾的范围内，将个人心境发展成最佳的状态"。可见，"心理健康"是一个关于个人及社会幸福的正向概念，心理健康的人不只是被动、消极地应付心理疾病，而是能够充分享受生活，有效应对压力和挫折，实现目标和潜能，与人维持良好关系。心理健康的概念自然就包含了两层含义：第一，没有心理疾病，这是心理健康最基本的含义；第二，具有一种积极发展的心理状态，这是心理健康最根本的含义。它意味着要消除一切不健康的心理倾向，使一个人的心理处于最佳状态。我们认为，所谓的心理健康是指一种持续的心理状态，个体在这种状态中，其认知、情绪、意志活动处于协调、积极的状态，能与社会环境保持适应，具有适当的调控能力，并能充分发挥其身心潜能。

根据人的心理健康表现，心理健康状态可分为健康、亚健康、不健康三个层次和心理健康、心理困扰、心理障碍、精神疾病四个方面。其中，心理困扰属于亚健康状态，心理障碍、精神疾病属于不健康状态。心理健康是大多数人在多数时候的心理表现状态，每个人的心理状态又都是动态的、发展的、变化的。

心理健康的概念

 案例分析

越来越糟糕的小雪

案例导入中的小雪无法接受亲人不理解她，室友要求她搬宿舍，其他同学远离她的现实；让小雪更崩溃的是她想认真学习，可是上课无法认真听，学习效率又特别低，脾气越来越暴躁，情绪抑郁又无法控制，对自己的现状不满却又无力解决。

思考与讨论

1. 小雪怎么会变成这样的？
2. 我们又该如何理解她？

分析与提示

世界精神卫生日

"世界精神卫生日"是由世界精神病学协会（WPA）在1992年发起的，时间是每年的10月10日。世界各国每年都为"世界精神卫生日"准备丰富而周密的活动，包括拍摄、宣传促进精神健康的录像片，开设24小时服务的心理支持热线，播放专题片等，分享科学有效的疾病知识，以此提高公众对精神疾病的认识，消除公众对精神疾病的偏见。1996年9月10日，我国卫生部印发《关于开展1996年"世界精神卫生日"宣传教育活动的通知》（卫医康发〔1996〕第79号），要求全国各地开展形式多样的"世界精神卫生日"宣传活动。

三、理解心理健康标准

（一）心理健康的标准

国际心理卫生大会（1946）具体地指明心理健康的标准应包括：身体、智力、情绪十分协调；适应环境，在人际关系中能彼此谦让；有幸福感；在职业工作中能充分发挥自己的能力，过着有效率的生活。

浙江大学教授马建青在其主编的《心理卫生学》中提出了心理健康的七条标准：智力正常；善于协调与控制情绪，心境良好；具有较强的意志品质；人际关系和谐；能动地适应和改造现实环境；保持人格的完整与健康；心理行为符合年龄特征。

马斯洛心理健康十条标准

综上所述，借用我国著名心理学家王登峰等人的研究结果，我们较为详细地提出了有关心理健康的八个指标。

郭念锋心理健康十条标准

1. 了解自我，悦纳自我

一个心理健康的人能体验到自己的存在价值，既能了解自己，又能接受自己，具有自知之明，即对自己的能力、性格、情绪和优缺点都能做出恰当、客观的评价，对自己不会提出苛刻的非分期望与要求，对自己的生活目标和理想也能制定得切合实际，因而对自己总是满意的。同时，努力发展自身的潜能，即使对自己无法补救的缺陷，也能安然处之。

2. 接受他人，善与人处

心理健康的人乐于与人交往，不仅能接受自我，也能悦纳他人，能认可别人存在的重要性和作用。心理健康的人能为他人所理解，为他人和集体所接受，能与他人相互沟通和交往，人际关系协调和谐，在生活的集体中能融为一体，乐群性强，既能在与挚友团聚之时共享欢乐，也能在独处沉思之时无孤独之感。在与人相处时，积极的态度（如同情、友善、信任、尊敬等）总是多于消极的态度（如猜疑、嫉妒、畏惧、敌视等），因而在社会生活中具有较强的适应能力和较充足的安全感。

 案例分析

不被理解的小云

小云是一位经历过高考挫折的大一女生。进入大学后，她想通过自己的努力重新开始，却发现事与愿违。在宿舍，她要求室友跟她同步学习、按时作息，如每天晚上10点睡觉，早上6点起床，课余时间要去校图书馆自习，努力争取在大三结束的时候能够升上本科院校读书；在班级，她认为自己是班长，同学们应该服从自己的管理，听从自己的安排，一旦室友和同学做不到，她就开始教育对方。当然她自己是说到做到，严格要求自己。可是时间不长，室友们不理她了，班级其他同学对她也是阳奉阴违，班级活动无法顺利开展。小云无法理解，心里非常难受，因为她觉得她是一片好心为大家。小云开始怀疑自己，质疑自己的能力，甚至觉得同学们在排斥自己，背地里说自己的坏话，因而逃避与同学接触，不与同学说话，远离同学，甚至会一整天不说话。

思考与讨论
1. 小云与室友闹僵的原因是什么？班级其他同学又为什么对她阳奉阴违？
2. 小云的应对方法存在什么问题？
3. 她怎么做才可以缓解与同学的关系？

3. **热爱生活，乐于工作**

心理健康的人珍惜和热爱生活，积极投身于生活，在生活中尽情享受人生的乐趣。他们在工作中尽可能地发挥自己的个性和聪明才智，并从工作的成果中获得满足和激励，把工作看成是乐趣而不是负担。他们能把从工作中积累的各种有用的信息、知识和技能储存起来，便于随时提取使用，以解决可能遇到的新问题；能够克服各种困难，使自己的行为更有效率，工作更有成效。

4. **面对现实，接受现实，适应现实，改变现实**

心理健康的人能够面对现实，接受现实，并能够主动地去适应现实，进一步地改造现实，而不是逃避现实。他们对周围事物和环境能做出客观的认识和评价，并能与现实环境保持良好的接触，既有高于现实的理想，又不会沉溺于不切实际的幻想与奢望。他们对自己的能力有充分的信心，对生活、学习、工作中的各种困难和挑战都能妥善处理。

 身边的故事

自暴自弃的王同学

王同学高考之前，大家都认为他至少可以考上"211"大学。由于高考的失利，他只能来到一所高职院校就读一个他并不喜欢的专业。当时王同学已经想好，到学校

后努力学习，争取专升本，再考研究生，学一个心仪的专业。来到学校后，他觉得同学们很差劲，素质很低，因此瞧不起他们，与他们经常有冲突；另外，老师的教学水平也一般，不像自己想象的那么高；学校环境很不好……总之，一切都不是他所想的那样，于是他开始玩电脑游戏，渐渐地完全放弃了学习，沉迷在虚拟的世界里不能自拔，完全忘记了自己的初衷。

5. **能协调与控制情绪，心境良好**

心理健康的人，愉快、乐观、开朗、满意等积极情绪状态总是占优势的，虽然也会有悲、忧、愁、怒等消极的情绪体验，但一般不会长久。他们能适当地表达、控制自己的情绪，喜不狂，忧不惧，胜不骄，败不馁，谦虚不卑，自尊自重，在社会交往中既不妄自尊大，也不畏缩恐惧，对于无法得到的东西不过于贪求，争取在社会规范允许的范围内满足自己的各种要求，对于自己能得到的一切感到满意。

无辜的猫与坏情绪的传染

某天老板骂了员工小王；小王很生气，回家跟妻子吵了一架；妻子觉得窝火，正好儿子回家晚了，她给了儿子一记耳光；儿子捂着脸，看见自家的猫就狠狠给了它一脚；那只倒霉的猫被踢了一脚后，委屈地跑到外面大街上，不料遇上一辆车，司机为了避让猫，结果撞上了旁边的一棵树。

思考与讨论

1. 你在上面的材料中看到什么东西在传递？又是如何传递的？
2. 我们要如何做才能避免这种传递？

分析与提示

6. **人格和谐完整**

心理健康的人，其人格结构的各个方面包括气质、能力、性格、理想、信念、动机、兴趣、人生观等都能平衡发展。人格，即人的整体的精神面貌能够完整、协调、和谐地表现出来。思考问题的方式是适中和合理的，待人接物能采取恰当灵活的态度，对外界刺激不会有偏颇的情绪和行为反应，能够与社会的步调合拍，也能与集体融为一体。

7. **智力正常**

智力是人的观察力、记忆力、想象力、思考力等多种能力的综合。智力正常是人正常生活的最基本的心理条件，也是心理健康的主要标准。

8. **心理行为符合年龄特征**

在人的生命发展的不同年龄阶段，都有相对应的不同的心理行为表现，从而形成不同年龄阶段独特的心理行为模式。心理健康的人应具有与同年龄段大多数人相符合的心理行为特征。如果一个人的心理行为经常严重偏离自己的年龄特征，一般都是心理不健康的表现。

课堂练习

心理健康自测表

对下列各题做出"是"或"否"的回答,从结果可大致看出你的心理健康情况。

1. 每当考试或提问时,会紧张和出汗。
2. 看见不熟悉的人会手足无措。
3. 心理紧张时,头脑会不清楚。
4. 常因处境艰难而沮丧气馁。
5. 身体经常会发抖。
6. 会因突然的声响而跳起来,全身发抖。
7. 别人做错了事,自己也会感到不安。
8. 经常做噩梦。
9. 经常有恐怖的景象浮现在眼前。
10. 经常会发生胆怯和害怕。
11. 经常觉得有人想对自己不利。
12. 常常稍不如意就会怒气冲冲。
13. 当被人批评时就会暴跳如雷。
14. 别人请求帮助时,会感到不耐烦。
15. 做任何事都松松垮垮,没有条理。
16. 脾气暴躁焦急。
17. 一点也不能宽容他人,甚至对自己的朋友也是这样。
18. 被别人认为是一个爱挑剔的人。
19. 总是被别人误解。
20. 常常犹豫不决,下不了决心。
21. 经常把别人交办的事搞错。
22. 会因不愉快的事缠身,一直忧忧郁郁,解脱不开。
23. 有些奇怪的念头老是浮现在脑海,自己虽知其无聊,却又无法摆脱。
24. 尽管四周的人在快乐地取闹,自己却觉得孤独。
25. 常常自言自语或独自发笑。
26. 总觉得父母或朋友对自己缺少爱。
27. 情绪极其不稳定,很善变。
28. 常有生不如死的想法或感觉。
29. 半夜里听到声响经常难以入睡。
30. 感情很容易冲动。

评分规则:每题回答"是"记 1 分,回答"否"记 0 分,各题得分相加,统计总分。

总分 1~5 分:可算一般正常人。

总分6~15分：说明你的精神有些疲倦了，最好能合理安排学习和生活，劳逸结合，让精神得到松弛。

总分16~30分：你的心理极其不健康，有必要请精神医生或心理咨询专家给予指导或诊治。

罗森塔尔效应

美国心理学家罗森塔尔等人在1968年做过一个著名实验。他们到一所小学，从一至六年级各选了3个班，对这18个班的学生进行了"未来发展趋势"测验。之后，罗森塔尔以赞许的口吻将一份"最有发展前途者"的名单交给了校长和相关老师，并叮嘱他们务必要保密，以免影响实验的正确性。其实，罗森塔尔撒了一个"谎"，因为名单上的学生是随机挑选出来的。8个月后，罗森塔尔和助手们对那18个班级的学生进行复试，结果奇迹出现了：凡是上了名单的学生，成绩都有了较大的进步，且性格活泼开朗，自信心强，求知欲旺盛，更乐于和别人打交道。显然，罗森塔尔的"谎言"发挥了作用。这个"谎言"对老师产生了暗示，左右了老师对名单上的学生能力的评价，而老师又将自己这一心理活动通过自己的情感、语言和行为传递给学生，使学生变得更加自尊、自爱、自信、自强，从而在各方面取得了异乎寻常的进步。后来，人们把这种由他人（特别是像老师和家长这样的"他人"）的期望和热爱而使一些人的行为发生与期望趋于一致的变化的情况，称为"罗森塔尔效应"。

皮格马利翁是古希腊神话中的塞浦路斯国王，他对一尊少女塑像产生了爱慕之情，他的期望最终使这尊雕像变为一个真人，两人相爱结合，因此人们又将"罗森塔尔效应"称为"皮格马利翁效应"。

（二）如何理解心理健康的标准

心理健康标准只是一种相对的衡量尺度，我们要正确理解和运用。

（1）心理健康状态是动态的、不断发展和变化的。一个人心理健康与否只能反映某一段时间内的心理状态，而非固定不变的。心理健康的水平会随着个人的成长、经验的积累、环境的改变以及自我保健意识的发展而变化。

（2）心理健康状态是持续的、相对稳定的。心理健康是较长一段时间内持续的心理状态。一个人偶尔出现一些不健康的心理和行为，并不意味着这个人就一定是心理不健康。因此，人的心理健康水平可分为不同的等级，"心理健康"与"心理不健康"不是泾渭分明的对立面，而是一种连续或交叉的状态。异常心理与正常心理之间并没有绝对的界限，只是程度的差异。

（3）心理健康状态是相对的、可逆的。人的心理健康状态具有相对性，与人们所处的时代、环境、年龄、文化传统等因素均有关系，与个人的成长年龄也紧密相连。如果我们不注意心理保健，经常出现不良的心理状态，那么心理健康水平就会下降，甚至会出现心理问题或心理疾病;反过来,如果心理有了困扰或出现失衡,学会及时自我调整或寻求心理咨询的帮助,也会很快消解烦恼,恢复愉快的心情。

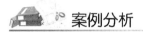

案例分析

小雨心理不健康的原因何在?

当一个四五岁的女孩拽着妈妈的衣服,小心翼翼地躲在妈妈后面走路时,我们会怎么看呢?当有人告诉你这是一个大二的学生时,我们又会怎么看呢?大二女生小雨是老师眼中的好学生,同学眼中的好同学,还是学院的学生会干部。有一天她突然不来上学了,班主任老师经多次联系了解到她要求退学,并在妈妈的陪同下来到学校办理手续。学院的领导带着她们来到学校的心理咨询室,只见小雨拽着妈妈的衣服,眼神四下张望,小心谨慎地走了进来。妈妈坐下来后,小雨紧紧地靠着妈妈坐了下来。原来在小雨上大学之前,她的父母就一直关系紧张,甚至要离婚,可是父母会在她面前装得很和谐,因为不想让她知道他们之间的事情,于是为了一个完整的家,小雨也装作不知道父母之间有矛盾。当小雨考上大学后,父母就把离婚真正提上了议事日程。小雨非常担心父母离异,但她发现当她生病或学习上有问题时,父母就把注意力放在她身上,不闹离婚了。于是为了不让父母离婚,她经常以各种理由请假,不来学校上课,直到大二,出现了目前的状况。

第二节 把握健康标准
——大学生心理健康标准

高职院校的大学生大多数年龄在 18～21 岁,正处于人生的青年中期,生理发展已经基本完成,但心理的发展与生理发展不均衡。当青年大学生怀揣着梦想和希望踏入高职院校的校园时,一方面,不同地域、不同文化甚至不同民族的思想、观念,在他们的心里不断碰撞、交融;另一方面,大学生自身的世界观、人生观和价值观在社会转型背景下面临着再次的冲刷与洗礼,传统的价值观在新时代面前需要重构,如社会上对高职院校的偏见与误解,高职学生对未来和职业前景充满迷茫等,这些都需要高职院校的大学生有较强的心理素质,甚至还要有较强的抗挫折能力,才能在未来的求学和求职之路上一步步接近目标。所以,高职院校的大学生不仅要身体健康,更要心理健康,只有这样才能真正成长、成才。

命运之牌

活动目的:
面对人生中经常可能发生的事件,学会从不同的角度去应对。

活动步骤：

1. 准备若干卡片，卡片数与成员人数相同。卡片上写明可能遇到的生活事件，如父母离异、经济困难、学习成绩差、不受别人欢迎、被他人排斥、不幸生病等。
2. 准备舒缓的音乐，空间相对封闭，又互不影响。
3. 将预先准备好的卡片放在盒子里，让所有的同学每人抽取一张。
4. 请同学们根据抽取的卡片内容组成一个小组，要求卡片上的内容不得重复。
5. 请同学们以小组为单位围坐在一起。第一步：先谈谈如果遇到自己卡片上的生活事件，自己会如何做；第二步：由小组其他成员轮流发言，说说如果自己就是卡片上的人，会怎么办。发言方式：如果我不受人欢迎，我会……
6. 请每个小组派出一人与全体成员分享自己在小组活动时的心理感受，特别是当自己以后碰到类似问题时，会如何去面对。

一、高职大学生的心理特点

1. 智能发展达到高峰，易带主观片面性

从心理发展水平看，大学生心理大多正处于迅速走向成熟而又没有完全成熟的时期。大学生的身体素质、智能发展在大学期间达到了高峰，在这个时期，大学生们的认知水平迅速发展。因此，大学生能否使自己的观察力、记忆力、思维力、想象力、注意力等基本心理特征获得应有的正常发展，对于能否顺利地完成学业、奠定未来发展的基础具有重要意义。

大学生随着自己的身心发展趋于成熟，学习的知识越来越多，思维训练也越来越复杂，认知的核心要素思维已由经验型向理论型转化。不过他们抽象思维的水平还没有达到完全成熟的程度，思维品质的发展也不平衡，对复杂社会问题的认识容易出现简单、主观、片面、想当然、脱离实际或固执偏激的不良倾向。

2. 独立的自我意识增强，又有一定的依赖性

一方面，多数大学生由于是从家门直接到校门，没有社会生活经验，心理成熟滞后于生理成熟，经济上无法独立，深受社会多元价值的影响；另一方面，大学生脱离了原来熟悉的生活环境与父母的呵护，独立感、成人感迅速增强，自我意识也明显增强。因此，大学生实际上无法真正独立，不得不依赖他人，同时又开始重视自我评价与自我表现，渴望独立，渴望得到他人认可。

案例分析

小雪的依赖改变了她的人生

2020年由于新冠疫情的影响，许多高校没有能够如期开学，原本已经准备回校参加"专转本"考试备战的小雪，不得不滞留在家里复习功课。可是由于父母要工作，家里只有她一个人。在一缺少学校的学习氛围，二没有同学的陪伴，三没有家人的督促的情况下，原本好学的小雪也开始无法约束自己，在家玩手机游戏、追剧或刷微博等。

最后，小雪干脆放弃学习，沉迷在虚拟世界里不能自拔，完全忘记了自己当初想要考上本科院校的初衷。

3. 情绪情感丰富，但不稳定

大学生富有青春气息，对生活充满激情和活力。他们更多地参与社会交往和联系，社会性需要增强，其情感也日益丰富、强烈。大学生的情感从激情体验、易感状态逐步升华过渡到富于热情、充满青春活力，社会道德感和社会责任感也逐步增强。但容易情绪波动，能在短时间内从高度的亢奋变得十分消沉，或从冷漠突然转变为狂热，两极性比较明显。

4. 渴望人际交往，又害怕被拒绝

大学生渴望友谊，渴望被别人理解和接纳，这就需要他们扩大人际交往的范围，提高自己的社交能力，因为只有这样才能拥有良好的人际关系。部分大学生的人际交往需求虽然迫切，可是由于缺乏相应的社会生活经验，面对校园人际环境的新变化，有些大学生一下子无法适应，产生自卑的人际交往心理，害怕退缩，不敢与他人交往。

身边的故事

逃离人际交往的小强

小强，某高职院大三学生。大学三年期间，小强学习认真、刻苦，学习成绩非常优秀，参加学校的社团活动也是认真负责。可是面临毕业了，他的室友找到辅导员，告知辅导员小强近期经常夜不归宿，有时会一个人躲在床上哭泣，也不与室友说话。辅导员找小强谈话，发现他非常要强，对自己的要求非常高，可是在"专转本"的考试中没有被理想的学校、理想的专业录取，因而对自己非常失望，情绪低落，对自我否定与贬低，对未来产生强烈的焦虑与恐惧。小强由于内心非常自卑，在与同学的交流过程中，既希望得到他人的关心，又害怕被别人看到自己的软弱与无能，因此选择逃离与同学的接触和交往，陷入了无法自拔的境地。

5. 意志水平提高，尚不稳定

随着社会知识经验的增多，大学生对社会、人生的意义有了更深刻的认识。他们的世界观、人生观、价值观逐步确立，为实现奋斗目标而努力克服前进道路中的各种困难和障碍，表现出坚强的意志力，这表明大学生的意志发展已经达到较高水平。但高职院校的大学生的意志发展水平是不平衡、不稳定的，部分大学生意志的自觉性、坚持性、果断性和自制性品质发展缓慢一些，这主要表现在他们处理关键问题或采取重大行动时，有的同学优柔寡断、动摇不定，或草率武断、盲目从众。

6. 人格基本成熟，尚不完善

大学生处于身心急剧发展和自我意识由分化、矛盾逐渐走向统一的特殊时期，这是他们人格发展的重要时期。当代大学生人格发展中有成熟积极的一面，如能正确认识自

我，智能结构健全合理，对社会环境的适应能力较强，富有事业心，具有一定的创造性和竞争意识，情感饱满适度等；也有相当一部分人不同程度地存在着人格发展上的缺陷或不完善，如常见的自卑、懒惰、拖拉、粗心、鲁莽、急躁、悲观、孤僻、多疑、抑郁、狭隘、冷漠、被动、骄傲、虚荣、焦虑、自我中心、敌对、冲动、脆弱、适应性差等。

案例分析

从小盛的身上我们可以看到什么？

小盛，某高职院大二学生，家境优越。大一时，他每天扔一双袜子，服饰非名牌不穿，自己的每顿饭都是在学院外面的饭店解决，还经常邀请同学一起吃饭。进入大二不久，他父母由于企业经营失败，宣布破产，无力再提供他舒适优越的生活。小盛一下子无法接受现状，整天躲在宿舍里，肚子实在饿了才叫外卖解决，不与别人交流，也不去上课。班主任找他谈话，他怨怪父母的无能，觉得是父母犯错了，为什么要自己来承担，是他们的错让自己无法安心学习。同时，小盛还向老师提出不要让同学知道自己的情况，他担心同学看不起自己，害怕同学们用异样的眼光看待自己。

7. **性意识发展迅速并日渐成熟**

大学生正处于青年中期，生理发育基本完成，性意识逐渐增强并明朗化，与异性交往愿望强烈，但性角色观念和性角色行为亟待完善。性意识的发展使大学生开始按照性别特征来塑造个人形象，并开始关注与追求异性，恋爱也成为大学生的向往。

二、大学生心理健康标准

根据高职大学生这一特殊社会群体的生理、心理和社会角色特征，我们认为大学生心理健康标准主要包括八个方面。

马建青大学生心理健康八条标准

1. **智力正常**

正常的智力要求具有敏锐的感知能力、较强的记忆力、良好的思维力、丰富的想象力，语言表达清楚，理解力强。智力正常是人们从事一切活动的最基本的心理条件，它是大学生完成学习任务、适应周围环境变化的心理保证，是大学生心理健康的首要标准。大学生智力正常且充分发挥的标准是：有强烈的求知欲和浓厚的学习兴趣；智力结构中各要素能够积极协调地参与到学习中并发挥作用；能从学习中获得满意感和愉悦感。

2. **情绪稳定愉悦**

情绪健康的主要表现是情绪稳定和以愉快的情绪为主，这是大学生心理健康的一个最重要的指标。情绪异常往往是心理疾病的先兆。情绪稳定的大学生会经常保持积极愉快的心情，善于控制和调节自己的情绪，面对外部环境的变化能够正确地表达自己的情绪，情绪的强度与情境相符，遇到挫折时可以激励自己的情绪。

3. 意志健全

意志是人有意识地确立目的，调节和支配行为，并通过克服困难和挫折，实现预定目的的心理过程。意志健全的标志主要体现在个体在行为上的自觉性、果断性、坚韧性和自制性等方面。对大学生来讲，要有明确的学习目标和人生目的；能够自觉地参与学校的各项活动；面对人生选择能够迅速地、不失时机地做出决定；面对困难与挫折时，能够坚持不懈地克服困难，永不退缩；善于管理和控制自己的情绪和行动。

4. 适应环境

进入大学后，大学生要能够顺利完成由中学生向大学生的角色转变，承担起大学生的历史使命和责任。首先，要适应大学比较宽松的学习环境，及时调整学习态度，由中学时的被动学习向主动学习转变，适应大学的学习特点和方法。其次，要适应大学里的各种人际关系，能够运用人际交往技巧妥善处理好复杂的人际问题。第三，要适应大学所处的自然环境和社会环境，大学生来自全国各地，自然环境的差异会给部分学生带来困扰，大学生应努力适应环境差异。大学生应该与社会保持良好的接触，认识和了解现实社会，使自己的目标、思想和行动都能够与社会协调一致。那种"两耳不闻窗外事，一心只读圣贤书"的做法，显然已经不符合社会对现代人才的要求。闭目塞听、自我封闭的学生在求职过程中或走上社会后，也容易出现心理问题，不能真正融入现实社会。

5. 人格完整协调

人格是指各种心理特性的总和，在不同的时间和地点，它都会影响一个人的思想、情感和行为，使其具有区别于他人的、独特的心理品质。人格完整指具有健全统一的人格，即一个人的心理和行为和谐统一，具有一致性，行为的方式能够与其角色相一致。大学生正值青春年华，应活泼好动，朝气蓬勃，精力充沛，勤奋好学。如果老气横秋，或者经常耍小孩子脾气，喜怒无常，对任何事情都没有自己的主见，则是心理不健康的表现。

6. 人际关系和谐

和谐的人际关系既是大学生心理健康不可缺少的条件，也是大学生获得心理健康的重要途径。心理健康的人乐于与人交往，有稳定而广泛的人际关系，又有知心朋友；能充分认识到与人交往的重要作用，富有同情心，对人友善，容易理解、悦纳他人；能采取恰当的形式与他人沟通，交往中不卑不亢，人际关系比较和谐；能客观地评价别人和自己，善于取人之长补己之短，这样才能认清自己和他人的关系、自己和社会的关系，找准自己的位置。

7. 正确评价，悦纳自我

一个心理健康的大学生首先能够对自己有正确的评价，这样才能与现实的环境相适应；其次，要喜欢自己，接受自己，不讨厌自己，没有自卑感。一个人对自己的优点能够肯定，但不至于狂妄自大；对自己的缺点与不足能够接受，不回避，不自暴自弃，才能做到自尊、自强、自爱、自立。不能悦纳自己的人，往往处于紧张、不安状态，担心自己不够完善，怕被别人看不起，常采取防御性行为。心理健康的大学生，既不妄自尊大，目空一切，也不沮丧、自卑，总是知不足而不断进取。

8. 心理行为符合大学生的年龄特征

大学生是处于特殊年龄阶段的特殊群体，有着诸多独特的心理特征，这是一种正常的现象。作为大学生，应该有着与之相适应的心理特征。上节案例中的小雨是大二女生，优秀学生干部，三好学生，到大二下学期，突然提出退学。院领导请父母带她到学校心理咨询室接受老师的辅导，结果小雨是拽着妈妈的衣服下摆，躲在妈妈身后走进咨询室的。我们明显可以感受到小雨的行为与她的年龄不相称，偏离了正常的行为特征。

当代大学生应该充分认知自我，了解自己的心理状况，并且做出适当的调整。可以通过广泛的阅读来提升自己，从而构建完整的人格；或者通过参加实践活动，磨炼自己的意志，锻炼自己的能力来保持健康的心理。

第三节　认识心理冲突
——大学生常见心理问题

大学生所处的年龄段也是人一生中心理变化最剧烈的时期。此阶段的大学生心理发育尚未成熟，情绪体验丰富而又不够稳定，却又面临着生理、心理、人际关系、社会适应等问题，因而心理冲突时有发生，如理想与现实、理智与情感、独立与依赖、自尊与自卑、与人交往与自我闭锁、异性间吸引与自我隔离的冲突等。这些冲突和矛盾若得不到及时有效的疏导和合理的解决，久而久之会形成心理问题或心理障碍。

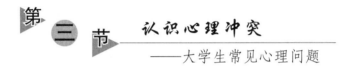

大学生常见的心理障碍

发现常见的心理问题

活动目的：

通过小组活动，让学生发现发生在自己身边的心理问题。

活动步骤：

1. 给每个学生分发一张 A4 纸。

2. 请每个同学在纸上写下令自己感到遗憾或后悔的事情，如在生活、学习、人际交往、工作等方面存在的问题或不足，至少要写三条，并要写清楚事实或问题的来由。

3. 根据学生人数分组，每组 4～6 人，分组时要灵活机动，尽可能把熟悉的同学分开。

4. 请同学在小组内分享自己的内容，每个人都要分享。

5. 请同学把小组内大家所写的内容进行归纳，去除一样的内容，然后由其中一人分享本组归纳的内容。

6. 给每个小组发一张空白纸，请大家一起把刚才的问题填写上去。

一、高职大学生常见心理问题

1. 环境适应问题

大学阶段是人一生中的几个关键时期之一，面临着由幼稚到逐步成熟、由青少年向成年转变等一系列重要的发展任务。心理学家皮亚杰指出：智慧的本质就是适应。大学生活的适应是跨入大学校门要走好的第一步。有数据表明，30%左右的大学新生有不同程度的适应困难。北京某大学对该校新生所做的心理测试的统计结果也表明，约有24%的新生会出现诸如生活自理能力差、心理承受能力差、人际交往能力差等问题。应该说，大学新生出现适应性障碍的现象还是十分普遍的。

进入高职院校的大学生因为对大学的不了解或不接受，或者自身心理准备不充分等问题，会出现生活上不适应、学习上不适应、与人交往不适应等问题。在高校无论是学习还是生活，主要依靠学生的自我管理和自我约束，表面上比较宽松，实际上对学生的要求更高。许多大学新生只认识到这种形式上由紧到松的变化，并没有觉察自己的成长需要，没有积极主动地加强自主、自立、自理能力的培养，缺乏自主意识，遇到困难和挫折后就难以应对，容易形成自卑心态，甚至退缩或产生自暴自弃的心理。比如，因为没有适应不同交往方式的心理准备，同学间缺少相互体谅、相互理解；或不能及时改变处世方式，因找不到有共同兴趣爱好的朋友而感到孤独；等等。

2. 学习问题

英国哲学家怀德海在《教育的目的》一书中写道：在中学阶段，学生可以伏案学习，在大学里他需要站起来，四面观望。高职院校的学习不是简单地从一个门槛跨入另一个门槛，而是攀上了一个更高的台阶，需要每个学生对自己重新定位，不断调整与适应高校的学习生活。事实上，由于高职院校的特殊性，许多大学生在学习方面主要存在以下心理问题：

学习动力不足——有部分大学生对自己的学习动机和学习目标不明确，对自己的前途与未来非常迷茫，进入高职院校后学习动力不足，对学习完全采取一种应付态度，得过且过。

学习适应困难——有部分大学生因为没有把握大学的学习特点和规律而造成学习困难，比如，不知道如何安排学习与社会工作、文体活动，不会合理、科学地安排自己的时间，一味陷入被动学习而无法主动学习，不会根据自己的条件选择适合自己的课程。

学习倦怠严重——由于多种原因，不少高职院校的大学生厌学情绪比较严重。有的是因为高考失利，有的是因为本身就不想学，有的是因为不喜欢所学专业，还有的是因为一直无法进入学习状态。因此，有的学生只求顺利过关，有的则甚至放弃了学习。

学习遭遇挫折——进入高职院校后，有部分大学生在面对新的学习环境时也想过要努力学习，学习动机与学习目标也比较明确，但因为环境影响、个性特征等因素，在坚持一段时间后，面对宽松的外部环境，无法坚持相对比较枯燥的自主学习，选择了放弃；有的学生发现自从上大学后，考试成绩总是不理想，自认为已经想尽一切办法，做出一切努力了，仍然于事无补，自尊心受到打击，没有信心继续读下去，甚至无心向学。

 **延伸阅读**

自我挑战：做一棵永远成长的苹果树

一棵苹果树终于结果了。

第一年它结了10个苹果，9个被拿走，自己得到1个。对此苹果树愤愤不平，于是自断经脉，拒绝成长。第二年，它结了5个，4个被拿走，自己得到1个。"哈哈！去年我得到10%，今年得到20%，翻了一番。"这棵苹果树心理平衡了。

其实，它还可以这样继续成长。譬如，第二年它结了100个果子，被拿走90个，自己得到10个；甚至很可能被拿走99个，自己得到1个。但没关系，它还可以继续成长，第三年结1000个果子……

其实，得到多少果子并不是最重要的。最重要的是，苹果树在继续成长！等到苹果树长成参天大树的时候，那些曾阻碍它成长的力量都会微弱到可以忽略。真的，不要太在乎果子，成长是最重要的。

3. 人际交往问题

社会发展到今天，所有的大学生都面临着新的挑战、压力与危机，要融入校园文化，努力自我成长，就离不开处理好日趋复杂的人际关系。与人和谐相处，建立新的人际关系就成为大学生的重要课题之一。大量资料显示，大学生的心理问题中有80%来自人际交往方面。大学生心理问题的发生恰恰印证了丁瓒先生曾经说过的一句话：人类的心理病态主要是由于人际关系的失调而引发的。大学生主要存在以下人际交往问题：

（1）人际交往缺乏技巧，导致人际孤独。大学生来自不同家庭、不同地域甚至不同民族，他们的思想观念、价值标准、风俗习惯、兴趣爱好等不尽相同。很多大学新生初入校时在人际交往上四处碰壁，再加上缺乏相应的人际交往技巧，常感到交友很难，从而常有一种无依无靠、孤单烦闷的寂寞感。

（2）以自我为中心，导致人际冲突。大学生的自尊心都比较强，有不少学生在要求他人尊重、理解自己的同时，却缺乏对他人的尊重与理解。有的大学生过分地以自我为中心，苛求、挑剔、猜疑别人，甚至讽刺挖苦他人，不仅伤害了别人，也伤害了自己，造成了内心的痛苦。

 身边的故事

强加于人的小雅

开学后不久，大一女生小雅就向她的三个室友宣布了晚上就寝的时间与要求，她要求大家统一晚上10点上床，不能发出声音，跟她睡同一侧的同学夜里也最好不要翻身，否则会影响她睡觉。其他三个人目瞪口呆。矛盾迅速激化，她们要求小雅换宿舍。小雅并不觉得自己的要求过分，因为在家里她也是这样要求家人的。她不能理解同学，她认为早睡早起有利于身体健康，所以也希望室友这样做。她完全没有想到宿舍是一个公共的环境，每个人的生活习惯不一样，特别是她要求同学睡觉不翻身极不合理，是把自己的要求强加于人，也是不顾他人把自己的利益最大化的行为。

（3）因自卑害怕，造成人际退缩。有的大学生因为严重自卑，害怕在人际交往中被别人瞧不起而拒绝交往，或担心因犯错而被别人嘲笑而不敢与人交往；更有大学生因追求完美、顾虑过多，生怕破坏自己在别人眼中的形象，不敢与人交往。久而久之，这些大学生就会在人际交往时退缩不前，甚至造成心理封闭，不与人交往。

4. 自我认知问题

大多数高职院校的大学生对自己的选择并不满意，有的学生对自己的期望很高，使得压力过大，导致心理失衡；有的学生则对自己没有期望，没有压力，导致自暴自弃。因此，部分大学生在自我认知上出现了偏差，主要表现在理想中的自我与现实中的自我的矛盾，寻求理解与心理封闭的矛盾，既想要成功又不肯付出的矛盾，既渴望友谊又争强好胜的矛盾等，具体表现有自卑、自负、盲目、懒惰、独立、逆反、自我、从众，严重的还会出现自残或轻生等。

5. 个性心理问题

高职大学生已经处于青年中期，在中学及之前已经形成了相对稳定的个性心理和行为习惯，个性发展中有成熟积极的一面，但也有相当一部分人不同程度地存在着个性发展上的缺陷或不完善，比较常见的有偏执、强迫、依赖、回避、被动攻击、妒忌等不良个性及心理问题；还有一些不良的行为习惯，如拖延、逃课、吸烟、酗酒、违纪、违规、网瘾等。高职大学生的网络成瘾也成为社会所关注的热点问题。网络成瘾主要是由于过度使用互联网所导致的对个体社会和心理功能的损害，是一种无成瘾物质作用下的行为失范，并伴随一系列精神和躯体症状，在戒断后仍会产生依赖和渴求的状态。这些问题不仅使大学生本人无法适应现在的大学生活，将来也不能很好地适应社会生活，从而给自身、他人和社会造成不良影响甚至危害。

6. 性心理成熟相对迟缓的问题

学生在中学时由于家长、学校时刻盯着，不能谈恋爱似乎是一条"紧箍咒"，限制着学生的恋爱自由。到了大学，家长鞭长莫及，学校也不再限制，学生可以相对自由地表达对异性的渴望。可是在处理爱情的问题上，部分大学生还很不成熟。有的是为了解决自己的孤独而恋爱，有的是为了证明自己的魅力而恋爱，有的是随大流而恋爱，更有甚者是为了性而恋爱。这个问题如果调适不好，极容易产生心理及行为的偏差。

7. 高职大学生心理定位问题

高职院校在中国大学体系中有其特殊的定位，但在部分家长和学生眼中，就读高职院校的大学生群体主要是高考失利和中学阶段成绩一般的学生，他们缺乏成功的体验与成就感，缺乏自信心，容易受到紧张、焦虑等心理问题的困扰。那些被动选择高职院校就读的大学生，对未来和前途更是没有准确的定位，他们当中出现心理问题的情况也是屡见不鲜。

二、影响高职大学生心理健康的因素

影响大学生心理健康的因素有很多,主要有生理因素、社会因素和个体心理因素三大类。

(一)生理因素对心理健康的影响

对大学生心理健康产生影响的生理因素主要有四种。

1. 大脑的器质性病变

根据临床观察和专家的研究分析,大脑器质性病变,如脑肿瘤、脑萎缩、脑外伤等,都会直接导致各种心理异常表现,出现意识障碍、智力障碍、人格异常等。

2. 躯体疾病

各种躯体疾病,尤其是慢性疾病,可使人变得烦躁不安,敏感多疑,情绪不稳定,行为控制力降低,人际关系紧张,严重的还可能导致心理障碍。

3. 遗传因素

大量研究表明,在精神疾病中,尤其是在精神分裂症、躁狂抑郁双相情感障碍等的发病因素中,遗传因素起重要作用。

4. 神经系统先天发育不健全

专家认为,神经系统先天发育不健全,如大脑皮层和皮层下神经组织之间的相互协调作用有某种障碍、大脑皮层的兴奋和抑制过程的协调作用有某种障碍等,都会导致病态人格等心理异常,神经类型属弱型的人更容易受到不良因素的影响而引起不健康的心理行为。

(二)社会因素对心理健康的影响

1. 急速发展的高科技与社会压力

大学生是社会上最活跃最敏感的人群,他们往往最先敏锐地感受到社会变化的冲击,又由于他们的生理和心理在日趋成熟,人格和观念也正在形成,因而在面对这些变化时,常会感到迷惑不解,难以适应,或者沉迷其中,不能自拔。如互联网的开放共享,一方面使大学生的人际交往扩大化;另一方面又让渴望参与社会交往但又害怕的大学生用完全虚拟的身份与别人交流,导致自我认识逐渐模糊,更易形成双重人格。据调查,在上网的大学生中,有35%左右的人情绪低落,容易感到孤独。

在高职院校求学的大学生面对的挑战很多,心理上存在着许多的压力源:一是来自社会、家庭责任的压力;二是来自生活本身的压力;三是来自求学的压力;四是来自社会竞争的压力;五是快节奏生活的压力。越是敏感、有进取心的大学生,压力就会越明显,压力过重时就会出现心理问题或心理障碍。也有部分大学生面对以上的种种压力,选择了逃避退缩、自暴自弃,造成厌学、逃避、畏难、沉迷网络等心理问题或心理障碍。

2. 校园生活中的消极因素

一是复杂的人际关系无法适应。大学生是由来自五湖四海,生活习惯、性格、兴趣爱好等各不相同的年轻人汇集而成的一个社会群体,因此在交往的过程中,不可避免地会发生一些摩擦、冲突,有的甚至可能导致情感的损伤。一旦出现人际关系不和谐或发生其他冲突,就容易产生压抑和焦虑情绪。也有少数学生则因交往恐惧、个性不合群、以自我为中心等原因导致人际交往存在困难。

二是学习环境的不适应。到了大学阶段，要求学生自主学习，有较强的自控能力与毅力等。事实上，在高职院校，有部分学生无法适应这样的学习环境，一开始他们也想认真学习，可是又容易受外部环境影响。经常有同学一方面不肯学习，另一方面又在自责自己的行为，从而造成心理问题。当然也有另外一部分学生，由于同学之间的竞争、家庭的压力、继续升学的压力、考试的压力等而紧张过度，造成心理负担。

三是单调的业余生活。大学的课程安排相对比较宽松，大学生有很多可以自由支配的时间。可是有些学生不愿意参加校园的文化活动、体育运动等，更愿意宅在宿舍里做自己的事情，有的甚至沉醉在网络世界里，长此以往，单调的生活会使人压抑、无聊、烦躁，从而兴趣降低，信心丧失。

3. 家庭因素

"望子成龙、望女成凤"，现在的大学生承受了较多的来自家庭的压力。特别是近年来，随着大学生消费水平的不断提高，有些家庭经济条件较差的学生的生活压力增大，感到如果学不好，将来找不到理想的工作，就会对不起父母，因此心里难免内疚或自卑。现在大多数的大学生因为生活条件优越，以前在学习、生活中遭遇的挫折比较少，又是在家长的溺爱中长大，因而个性比较脆弱，自我意识强。这些性格和情感方面的缺陷使他们在遭遇各种困难和挫折时，往往缺乏足够的勇气和信心，如若没能及时发泄和排解，也容易导致心理疾病。

（三）个体心理因素对心理健康的影响

大学生的个体心理因素是影响大学生心理健康的主要内因，一般来说有以下几种：

1. 自我认同的危机

大学生的自我统合程度与心理困扰程度呈负相关，即自我统合程度愈高，心理困惑愈少；反之，自我统合程度愈低，心理困惑愈多。大学生的心理困扰大部分与自我意识有关，主要表现在不能客观地认识和了解自己，对自我评价过高或过低，不能准确地自我定位。这很容易导致其心理偏差和行为失常，以至形成心理健康问题。

2. 理想自我与现实自我差距太大

大学生对自己的未来充满憧憬，对自己学习、工作的目标和自己周围人际关系的要求过高，不考虑客观条件和自身能力的限制，总希望自己成功，可一旦出现挫折，他们就十分失望，甚至悲观绝望。例如，有些学生希望自己将来能够顺利"专转本"，一开始努力学习，但这是一个需要长期坚持的过程，经过一段时间后，他们发现似乎希望遥遥无期，就开始懈怠，逐渐失去了努力的动力；也有学生认为花父母辛苦挣来的钱，将来没有一份像样的工作，就对不起父母的殷切期望，因此产生了困惑、紧张、恐惧情绪，久而久之就丧失了信心，不求上进。这些心理问题，如果长期得不到正确疏导，就会造成新的问题。

3. 个性发展缺陷

个性因素是心理活动因素的核心，它对一个人的心理健康影响最大。例如，同样的生活挫折，对不同个性的人，其影响程度完全不同。有的人可能无法承受，或消极应付，或自暴自弃；有的人则可能接受现实，正视挫折，加倍努力，奋发图强，知难而进。性格内向、孤僻、抑郁、压抑、过分自尊或自卑、急躁、冲动、固执、多疑、偏执、自我为中心、不与人交往、爱慕虚荣等个性都是不利于心理健康的，而其中有些本身就是心理障碍的表现。

4. 内心矛盾冲突重重

青年期的大学生正处在由不成熟趋向成熟的过程中，成熟与不成熟常常交叠在一起，导致青年学生内心的矛盾与冲突。大学生常见的内心矛盾冲突有独立与依赖的矛盾，理想与现实的矛盾，自信与自卑的矛盾，感情与理智的矛盾，心理闭锁与寻求理解的矛盾，希望自己成才与害怕付出的矛盾，冲动与压抑的矛盾，等等。如果一个人长期处于内心矛盾与冲突中，就可能破坏心理平衡而出现心理问题甚至心理危机。

5. 情绪稳定性较差

大学阶段是学生情绪最丰富、最易冲动的时期，有些学生不能客观地看待和分析问题，他们会以自己的独特方式看问题，易于片面化。例如，有的学生总以自我为中心，一旦事情发展与自己的想法不符，便极易陷入情绪困扰，认为自己是"没用的"，因而导致不良情绪的发展和延续。

青年期是人一生中苦闷、烦恼最多，体验最深刻的阶段，这一时期的学生内心敏感而又脆弱，很容易受到伤害，当复杂的社会环境与不良的生理、心理因素交织在一起时，就会导致心理健康问题。

第四节 走上健康之路——大学生心理健康教育

大学时期是大学生真正认识自我的重要时期，大学生所处的年龄阶段和所具备的文化水准，决定了他们不再像中学时期那样眼光只盯着外面的世界，他们开始审视自我，注重对自己的内心进行感悟和分析，把自我分化为主体和客体，将理想和现实结合起来。因此，适时地把握大学生心理发展的本质和特点，坚持开展大学生心理健康教育，提升大学生心理健康水平，对于大学生的健康成长具有十分重要的意义。

 延伸阅读

心理健康运动的起源

心理健康运动起源于美国。1908年5月，美国人克利福德·比尔斯发起的世界第一个心理卫生组织"美国康涅狄格州心理卫生协会"诞生了。它的诞生标志着心理卫生运动的开始及心理健康研究的独立与专门化。康涅狄格州心理卫生协会的成立对美国乃至全世界各国产生了积极而广泛的影响，接着，世界上多个国家先后成立了国家一级的心理卫生学会。

一、大学生心理健康教育的意义

1. 心理健康教育是帮助大学生健康成长，促进其全面发展的重要保证

首先，由于高职大学生正处于青年中期，其自身的生理、心理特点导致他们内心充满矛盾与冲突，导致他们中的不少人在面对社会现实中的学习、生活、工作、人际等问题时，会因为处理不当而陷入痛苦、失望、焦虑，甚至出现心理问题或心理疾病。

其次，高职大学生一进入大学就面临着学业上的压力，未来就业的竞争，复杂的人际关系，思想转轨期价值观念的不稳定性以及外来文化的冲击，使大学生患上心理疾病的风险大大增加，如不能及时解决，势必会影响大学生的健康成长。

因此，对大学生进行心理健康教育，帮助大学生完成自我分化，理顺理想自我与现实自我的关系，完善大学生的人生观、世界观就显得极为迫切，而这也是促进大学生完善自我、全面发展的重要保证。

课堂练习

寻找归属感

活动目的：

改变行为，融入团体，寻找归属感。

活动步骤：

1. 所有成员参与。全体学生手拉手转成一个大圆圈并走动起来，当老师第一次喊"8人一组"的时候，学生立即解散并组成8个人一组的小组。活动继续，当老师再次喊"5人一组"时，刚才的小组学生要重新组成5人一组的小组。这样不断变化小组成员的人数。

2. 活动过程中请那些没有找到小组的同学谈谈游离在小组外的心理感受，也可以请小组内的同学分享与大家在一起的感觉。

3. 活动中老师需要多次改变小组的人数，尽可能多地让同学有机会改变自己的行为，积极融入团体，激发新的内心体验。

4. 让同学体验到团体的支持、归属的重要性，从而更愿意加入团体。

2. 心理健康教育是促进社会主义和谐发展的基础

大学生是我国社会主义事业的建设者和接班人，大学生的心理健康问题不仅关系到他们个人的健康成长，也关系到我们国家的发展和社会的和谐稳定，关系到社会的文明进步。加强大学生心理健康教育是建设社会主义和谐社会的本质要求。

二、大学生心理健康教育的基本原则

1. 客观性原则

遵循客观现实是大学生心理健康教育的基本原则，即心理健康教育必须根据高职院校的校园环境、社会环境，结合大学生的实际情况，才能行之有效，才能真正地为学生服务，从而提高心理健康教育的效率与质量。

2. 发展性原则

社会上对高职院校的偏见与误解，使不少人对高职大学生的未来和职业前景充满迷茫，即使大多数高职大学生是怀揣着憧憬与希望而来，但在真正进入校园后，他们的世界观、人生观和价值观在社会转型背景下将面临再次的冲刷与洗礼，传统的价值观需要重构，他们的生理和心理也迅速发展变化着。因此，我们必须以发展的原则，分层次、分对象、分特点地对其进行心理健康教育。

3. 系统性原则

人的心理本身就是复杂的、多变的、因人而异的，想要通过心理健康教育帮助大学生健康成长，就要认识到心理健康教育是一个系统性的工程。从教育的内容、方法、手段来看，仅靠课堂教育是远远不够的。我们要在学校开展多层次、多形式、多内容的心理健康教育，满足不同层次的学生的心理需求。如利用心理健康月进行心理健康知识的普及工作，开展各种心理健康活动以丰富大学生的业余生活，建立心理健康防护体系以保证大学生心理健康等。

大学生心理健康日

每年的 5 月 25 日是全国大学生心理健康日，"5·25"的谐音即为"我爱我"，提醒大学生"珍惜生命，关爱自己"，核心内容是：关爱自我，了解自我，接纳自己，关注自己的心理健康和心灵成长，提高自身心理素质，进而爱别人，爱社会。该活动于2000 年由北京师范大学心理系团总支、学生会倡议，随后十多所高校响应，并经有关部门批准，确定 5 月 25 日为"北京大学生心理健康日"。对此，发起人的解释是：爱自己才能更好地爱他人。2004 年，教育部、团中央学校部、全国学联共同决定将每年的 5 月 25 日定为全国大学生心理健康日。

三、大学生心理健康教育的途径

1. 加强心理健康教育课堂教学

大学生心理健康教育课成为必修课，会使大学生对自身心理健康以及心理知识有初步的认识，能够有效识别一般的心理问题、心理障碍与心理疾病，能够尽早发现自己存在的心理问题并寻求心理帮助，有的大学生还可以在自助的同时助人。事实也证明，凡是接受过心理健康教育的大学生，其心理问题往往更容易被发现，从而及时地得到指导和疏通，使心理问题或心理障碍在早期就得到解决和干预，有效地预防和降低了恶性事件的发生。

2. 加强大学生心理健康实践体验教育

实践体验教育是指可以利用第二课堂、校园文化活动等进行心理健康教育活动，包括专家讲座、心理测量、心理剧、团体辅导、主题活动、沙龙讨论等，帮助大学生完成从心理健康教育课堂的理论学习到心理体验实践的转换，引导大学生积极乐观地面对生活、学习、工作、人际中存在的问题，增强学生的自我完善能力。

3. **建立有效的大学生心理健康防护体系**

随着生活水平的提高和互联网技术的发展，基本上每个大学生都拥有了手机和电脑。学校充分运用网络媒体和手机载体的功能，可以为大学生心理健康教育提供更好的方法与途径，做好积极的心理干预，建立有效的学校三级心理保健体系，为大学生心理健康保驾护航。所谓三级心理保健体系，一级是专职或兼职心理咨询师定期培训学生心理委员、辅导员，普及心理保健知识，为大学生提供专业的心理咨询、心理测试等服务；二级为班主任、辅导员和任课老师的心理工作，他们可以在工作中发现或注意到学生的心理问题，帮助学生解决一般的心理问题，及时推荐一些大学生去做心理咨询，促进大学生心理健康；三级为大学生同辈互助体系，即建立班级心理委员制，由大学生互助解决人际适应、学习适应等问题。

 思考题

1. 如何科学地理解"健康"和"心理健康"？
2. 大学生心理特点、大学生心理健康的概念及标准是什么？如何理解并运用心理健康的标准？
3. 大学生常见的心理问题有哪些？影响大学生心理健康的因素有哪些？
4. 你是如何看待心理健康教育课的？你对心理健康教育课有什么期待？

 推荐资源

1. 书籍：《幸福的方法》

本书作者泰勒·本·沙哈尔是哈佛大学幸福课讲师，其幸福课视频在各大公开课的网站上点击率长期排名首位。作者将人生分为四种类型，其中不幸福的三种类型分别是：牺牲眼前快乐，只着眼于未来目标的忙碌奔波型；放纵自己，及时行乐的享乐主义型；对一切都失望，无所作为的虚无主义型。通过阅读本书，你将深刻理解什么是人生的终极目标：找到自己的真正使命并努力发掘出自己的潜力，全然地投入生活，如此才能最终获得真正的幸福。

2. 电影：《心灵捕手》

影片讲述了一个名叫威尔的麻省理工学院清洁工的故事。威尔在数学方面有着过人的天赋，却是个叛逆的问题少年，在教授兰勃、心理学家桑恩和朋友查克的帮助下，威尔最终把心灵打开，消除了人际隔阂，并找回了自我和爱情。

人，只要有一种信念，有所追求，什么艰苦都能忍受，什么环境也都能适应。

——丁玲

第二章　适者生存竞天择
——谈适应心理

 学习目标

▶ 知识目标

了解适应与发展的概念及相关内容；

理解适应与发展的关系；

了解大学生常见的适应不良问题及需要适应的方面。

▶ 能力目标

能够区分积极的适应与消极的适应，并正确对待；

能够掌握适应大学生活的主要方面及内容。

案例导入

张同学为南方某高职院的18岁大一女生，就读理工科专业。她来自北方，是家里的独生女，深得父母宠爱，上大学前的生活事宜均由父母料理。上大学后，由于水土不服，不能适应南方的气候条件和生活习惯，经常感冒生病，她同父母商量打算回家，并向老师提出了退学要求。老师问其原因，她回答说："想家、想父母，不能适应学校的生活环境。"她觉得学校宿舍拥挤，餐厅的饭菜不合口味，生活上很不习惯。平时听不到熟悉的乡音，自己浓重的方言常常引起别人的讥笑，现在连开口说话的勇气都没有，总觉得自己是个被抛弃的外乡人，人也变得孤独自卑了，非常想念中学的老师和同学。每天晚上熄灯后就在被窝里哭，觉得同宿舍的室友也不关心自己。每次父母打电话来她都泣不成声。父母希望她好好读书，她自己也想快乐起来，投入新生活，可是学习上又感到吃力，最怕上数学课和英语课，而且总担心成绩不好会被淘汰，每天都坐在教室和图书馆里发呆。最近一段时间，老是担心期末考试不及格，让父母着急，心里充满了烦恼和忧虑。她说她以前不是这个样子，现在觉得自己像变了一个人，在学校实在待不下去了，每天就是靠手机度日，与以前的同学微信聊天成了她生活中唯一的精神寄托。

讨论与分享

1. 张同学身上出现了哪些问题？
2. 张同学要如何处理才能解决这些不适应问题？

第一节 适应与心理健康
——适应概述

我的大学新生活

活动目的：

组织引导新生交流入学以来的感受，并在交流中体会其他同学适应大学新生活的过程。

活动步骤：

1. 学生分组讨论，每个小组有一张问题卡。
2. 小组中的成员讨论近期遇到的适应不良问题，并讨论解决办法，写在问题卡上。
3. 由小组推荐的代表发言，分享小组问题卡的内容。
4. 其他小组可根据此小组的问题卡给出不同的解决办法。

问题卡
1.
2.
3.
4.
5.

一、适应概述

（一）适应的概念

"物竞天择，适者生存"是自然界所有生物的生存法则。适应是人与环境的一种平衡状态，是个体的心理和行为面对环境的变化做出相应的适应变化的能力，是心理健康的标志之一。我们每一个人都生活在一定的社会环境中，必然受客观环境的制约。客观环境是不断变化的，其变化规律不以人的意志为转移。生活于这种环境中的人都必须不断地调整和改变自身，以适应自己所生活的环境，从而达到完善自我、实现自我价值的目的。简单地说，适应就是指个体对自然环境的顺应，对社会环境的迁就，根据环境条件改变自身，调节自身与环境的关系。由此可见，当环境发生变化时，个体就会面对适应问题。

(二) 适应的三个环节

1. 环境评估和自我评估

环境评估是指主体对变化了的外部环境及其对自身发展所具有的影响进行全面了解并做出新的判断的过程，主要任务是确定外部环境中发生了哪些新变化，提出了哪些新要求，这些变化和要求对自身发展所具有的影响，在此基础上能对发展中遇到的困难做出准确的判断，对新的角色期待形成正确的理解与把握。例如，大学新生入校后，首先要熟悉学校的基本设施、学校周边的资源、所在城市的地理和气候特点等物理环境；其次是熟悉大学里的文化、生活习惯、制度规则、价值观等人文环境。

自我评估是指主体在对外部变化做出正确判断的基础上，重新认识和了解自己的发展目标、自身特点、优势的过程，也是一个重新进行自我评价的过程。自我评估也是寻找自身资源的过程，个人的性格特点、以往的学习和生活经验等都是自身的资源，比如高中住校的学生进入大学后，在生活方面适应就比较快。

2. 态度改变

环境评估和自我评估的结果影响个体的认知，认知过程的变化必然会引起情绪体验的变化，同时也会导致行为意向发生相应的变化。当认知、情感和行为意向都发生变化时，态度就会发生改变。生活的哲理告诉我们：在做任何事情都无法改变对方时，不妨改变自己。例如，大学生在遇到学校的设施不理想、学校的教学安排不能如己所愿等问题时，不如改变自己的态度，主动去适应。

3. 行为选择

行为选择实际上是个比较与决策的过程，其核心是对原有行为方式的调整与改变。行为方式的重新选择是以认知的调节与态度的改变为基础的，受思维方式与态度倾向的直接制约。如果思维方式与态度倾向是积极的，那么主体的行为方式也会是积极的；如果思维方式与态度倾向是消极的，那么行为方式也会是消极的。对大学生来说，如果认为学习对自己非常重要，同时对学习充满了信心，就会表现出积极进取的态度和坚持不懈的努力；相反，如果认为学习的意义无足轻重，同时对学习又丧失了信心，产生了明显的厌学态度，就会表现出退缩和放弃的行为倾向。在这个过程中，远大目标的引导，坚毅、顽强的性格特征，高度的自尊与自信，是影响行为选择的重要因素。

二、适应与心理健康

人类的心理适应是人适应外界环境的重要方面。心理适应是指生物个体或群体为应对和顺应环境，增进生存和发展的机会而引起的生理、心理和行为上的变化。人的生存和发展与环境变化之间的关系是双向的：一是自觉或不自觉地改变自身，以适应环境；二是影响环境，能动地改变环境以适合自身的需要，促进人与环境的良性互动，以促进生存与发展。

心理适应能力是指一个人根据客观环境要求，主动采取对策，在一定程度上适应环境的能力，即一个人非常满意地与现实生活和谐相处的一种能力。有了对环境的良好适应，才能有自身的健全发展和潜能的充分发挥。自信、乐观，面对挫折不退缩，面对困难知难而上，这是心理适应能力强的标志。

三、适应与发展

在心理学上，发展通常指个体以一定年龄阶段的身心成熟状态为基础，通过学习达到较高水平知识和技能的一个阶段或过程。一般的人去适应环境，更高层次的人是在适应环境的基础上改造环境。适应环境是为了生存，而改造环境就是为了更好地发展。因此，我们说适应和发展是密切相关的，发展是一种积极的适应，它们是同一过程的两个方面。在现实生活中，人们对环境的适应，从适应的方向上看大体有两种类型。

名家谈适应

1. 积极的适应

积极的适应是个体在客观环境中自觉地、积极而主动地调节自身与环境的不适应行为，增强个体在环境中的主动性、积极性，使自身得到发展。任何环境都存在有利于人生存与发展的因素和条件，人们要做的就是善于去发现它、抓住它、利用它。积极的适应是指正确地分析自身的特点和环境的特点，从对两者的分析中找到自己的生长点；然后付诸个人实践，将环境中的有利因素和个性中的积极因素统一在自己能动的实践活动中。

2. 消极的适应

这种适应是人与环境的消极互动过程。在这一过程中，个体认同、顺应了环境中的消极因素，压抑了自身的积极因素和自身的潜能，违背了人的心理发展方向；结果是环境改造了人，而人未发挥自己对环境的能动作用。

适应构成了发展的基础，而且可能就是发展的前一个阶段，但消极的适应就可能没有推动发展，因此是退化，而不是发展。积极的适应过程是个体在客观环境中积极主动地调整自己与环境的不适应状态，增强个体在环境中的主动性、积极性，从而使自身得到更好的发展。

大学生心理适应能力自测（问卷）

第一节　新环境中的冲突
——常见的不适应表现

对于大学生来说，从高中步入大学是人生的重大转折，无论是学习环境、生活环境、人际环境还是心理环境，都发生了很大的变化。面对这些变化，有些同学很快适应了，而有些同学则陷入适应困境，出现心理问题，影响了学习和生活。

一、大学生不适应的主要原因

1. 社会压力的增大

随着社会竞争的日趋激烈、生活节奏的不断加快，以及高等教育体制发生巨大变化，大学校园的环境也发生了急剧的变化，大学不再是以前的"象牙塔"，大学生也不

再是"天之骄子",成长、成才、创业和就业等诸多压力都波及了大学生。

初入校园的大学生在学习方式、人际关系、个人角色等方面都进入了一个全新的环境,同时又面临与其他同学的激烈竞争,以至在思维、感情、行为等方面极易产生各种心理困惑,如过于孤独、自卑、过分自责、强烈的失落感、抑郁等,由此导致失眠、懒散、茶饭不思、无心课业,部分学生逃避现实甚至放弃学业。

2. 学校教育的偏颇

中学阶段,学校习惯用学习成绩作为评价学生的核心要素,导致学生、家长片面追求学业成绩,同时中学阶段由于过分追求升学率,学生缺乏对群体生活感知、社会化感知、多彩生活感知的体验,这直接导致学生除书本知识外,对社会的基本状态认知、人际交往的基本能力、社会交往的基本规则等方面知识的严重缺失。特别是一些刚入校的大学生,常常茫然失措或自卑,面对陌生的室友、同学、教师、新的校园环境缺少基本的适应能力和正确的处世态度。

3. 家庭教育内容的单一

现在的大学生在进大学以前家长对其的唯一要求就是"读书,考大学""读好书,考好大学",而生活上几乎是被"包办"了,所有与考试、升学无关的正常活动都可以不闻不问,更谈不上重视培养独立生活的能力、进行社会化教育等,由此导致学生对学习之外的环境、事物知之甚少。进入大学后,视野开阔了,面对新的生活、新的人际关系,以及随着与社会的不断接触,大学生肯定会遇到不少新问题、新情况。大学生活是一种自主性的生活,更多的时间需要自己支配和管理,更多的目标、计划和任务需要自己去制订、去完成。如果缺乏足够的心理准备和实际能力的储备,在未知的领域面前,新生必然会出现茫然、不安、恐惧等不适应现象。

4. 大学生的自主性缺失

一些大学生在中学时期长期被具体的学习目标引导前行,未能培养较强的自觉、自律、自控能力,往往缺乏自我管理能力。当考上大学后,家长、老师都同时放下了对其的严格管束,没有了家长的监督和老师的管理,他们犹如脱缰之马、出笼之鸟,无拘无束,自由前行。在高职教育中,即便有一部分同学是带着"专转本"的想法来学习的,三年内真正踏实读书的也不多,更多的是对考试的"临时抱佛脚"。由于缺乏对自我的较全面认识与了解,不能结合自身条件和资源进行合理定位和分析,这些学生往往难以形成正确的个人目标和价值追求,很多学生没有奋斗目标,内心缺乏深层次的强劲的生活和学习动力。

二、大学生不适应的常见表现

(一) 环境不适应

大学生的环境适应能力包括生活环境的适应能力、学习环境的适应能力和社会环境的适应能力。首先,大学生从以前在父母身边生活转向了在学校的独立生活,需要独立面对在生活中出现的各种问题和各种困难,所以需要提升自己的生活环境适应能力;其次,高职教育的学习环境相较于高中有着很大的区别和改变,教学的内容也有非常多的不同之处，大学生需要改变自己的学习观念和学习方式，增强自己的学习环境适应能力；最后，大学是大多数学生的最后一段学习生涯，应该树立正确的世界观和人生观，并要乐观积极地面对社会，勇于承担失败和挫折，保持与社会节拍的和谐一致，提升自己的社会环境适应能力。

对于很多大学生来说，从原来家庭生活中的依附者到现在大学生活中的独立人，这是他们人生的一个重大转变，他们面临着一次心理适应和逐渐成熟的过程。可事实上，有部分大学生不能很好地适应新的大学环境，会出现一些不适应的表现。

1. 陌生环境不适应

 身边的故事

陌生的环境叫我如何不想家？

半个月前，张同学怀着一颗激动而期盼的心来到了向往已久的学校，她为自己终于可以挣脱父母的怀抱，过自己想要的生活而兴奋不已。然而，在陌生的大学校园里，她却经常想念熟悉的高中校园，想念高中的同学和朋友，想吃妈妈烧的饭菜，想和爸爸晚饭后一起散步，想一家人坐在沙发上看电视，想着家里的各种好。她经常想打个电话回去，可刚拿起手机，眼泪便不由自主地落下，她害怕家人因自己想家而担心。宿舍熄灯后，她常常一个人躲在被窝里偷偷地掉眼泪，又担心被身边的同学知道，她觉得没人能理解她这种想家的感觉。

没上大学前，大多数学生没经历过集体生活，独立生活对他们来说无疑是一次心理"断乳"。很多学生面对突如其来的衣食住行完全需要自理的生活，显得手忙脚乱。拥挤的寝室、不合口味的饭菜、陌生的环境，甚至与家乡迥异的气候等，都让他们感受到"在家千日好，出门时时难"的无奈。在校园里，他们是那样无可奈何地望"家"兴叹，思家之情甚浓，这也就是多数学生入校后都会有的"思家期"。

2. 生活方式不适应

 身边的故事

照顾自己原来是一件很烦的事情

读大学前，王同学一直被父母照顾得很好，吃饭、睡觉、学习、写作业都有父母照应着，除了学习外什么事都用不着自己操心。可是上了大学以后，开始独立生活了，没有了父母和其他长辈的悉心照料，要住集体宿舍，要到食堂吃饭，要自己整理床铺、收拾房间和书籍、换洗衣物，生活中的每一件琐事都要自己处理。他感到很不习惯，这时候的他才发现照顾自己原来是一件很烦的事情。

和王同学一样，很多大学生在中学时代大部分时间和精力都用在学习上，生活上的

绝大多数事情都是父母包办的。做饭、洗衣，甚至自己的衣物、被褥等都是父母每天帮忙整理。有的学生由于家庭条件比较好，有专职的保姆，更是饭来张口，衣来伸手。上大学后，生活自理成了他们的一大难题。

3. 生活环境不适应

在这个宿舍我总是睡不好觉

小谢要求调换宿舍，她向辅导员抱怨说："我是一个睡觉很容易惊醒的人，有一点动静都睡不着。现在的这个宿舍总是让我睡不好觉。我们宿舍的小张做事情太慢，我们都熄灯很久了她还在洗漱，迟迟不能上床睡觉。小李早上又起得太早，每个周末我想睡一会懒觉都不行，总被她吵醒。"

新生的生活习惯也存在适应问题，包括饮食习惯、语言、气候、习俗等。中学生大多是本地就读，饮食、语言、气候、习俗都相同；大学生是异地求学，饮食的差异、气候的变化、语言的差别、习俗的不同、习惯的不同都可能成为适应的障碍。

（二）学习不适应

由于大学的教学模式、教学环境、授课方式与高中有很多不同，学习适应不良成了许多大学生刚入校时最难克服的一个问题。不同的学生学习适应不良的表现有所不同，研究发现，大学生学习适应不良主要表现在以下几个方面：

1. 课程设置不适应

 身边的故事

一学期要学的课程太多了

周同学认为大学学习课程和高中完全不一样，高中阶段仅仅需要学习与考试相关的基本科目，相对简单。上大学后，一学期下来学了十几门课程，感觉自己每天都在忙着上课，每门课程专业性都很强，但学习周期又很短。他有点摸不着头脑，感觉什么都要学，却什么也学得不深。面对知识的海洋，他不知从何学起，不知怎么去学习。

大学课程门类多，每个专业都有几十门课程要学，学习任务十分繁重，真正是"师傅领进门，修行靠个人"。职业教育的任务是为社会培养各类高级技术人才，三年大学毕业后绝大多数人都要在社会的各个实践领域从事与自己专业相关联的职业技术工作，为社会服务。大学期间学生既要学习与本专业联系密切的相关学科领域的知识，又要对本专业的某一方面有较深入的了解和钻研。面对庞大的课程体系以及学习周期短的特点，很多大学生都感到茫然和不知所措。

2. 授课方式不适应

 身边的故事

老师怎么上完课就走了？

对于大学课堂，李同学很不适应。"一些公共课或者基础课，是几个班的同学合班上大课。教室里黑压压一片的人，老师在很远的讲台上讲课。这还不算，老师在课堂上讲的许多内容教材中都没有，查不到，我感到自己都不会听课、不会做笔记了，也抓不住要领。有时一节课下来老师就讲了书上十几页甚至几十页的内容，完全跟不上老师讲课的速度。而且老师上完课就走了，真的很不适应这样的上课方式。"

中学老师讲课，多以班级为单位，以教材为基础，课后布置的作业也很明确；而大学则不同，大学教师很少会按照教材按部就班地讲解，在讲课过程中经常会涉及一些学科前沿的知识和问题供学生思考、讨论。老师上课结束后就忙着备课、做科研，学生很难见到老师，一学期下来可能只有一两次答疑的机会，甚至考试结束后就不会再有这个老师的课了。有的学生不能适应大学阶段学习的这一新特点，缺少了老师课后的监督，就不知怎么去学习了。

3. 学习方式不适应

 身边的故事

我的期末永远在突击考试

要期末考试了，赵同学这才发现自己又是脑袋空空，课余时间都被荒废了。以前高中时有早自习和晚自习，要求很严格，课程都能及时复习。现在没有了父母与老师的监督，除了上课外，对于大把的课余时间，自己却不知怎么统筹安排，想到什么就做什么，总是凭感觉，课程的学习都被丢在一旁。刚入校时候就听学长们说，大学考试最重要的是突击，根据老师勾画的重点内容，考试前"临时抱佛脚"就可以了。可是他心里明白，这样是学不到真正的专业知识的。所以每到考试前他都觉得很后悔，总想着下学期不能再这样了，可是每次都会重蹈覆辙。

很多学生从小学到高中的课程都安排得满满的，也习惯了被老师和家长安排，没有形成自己安排时间的习惯，往往缺乏合理分配时间的能力，缺乏对时间的有效管理，学习效率低下。另外，在学习方法上，许多大学新生仍然以被动接受性学习为主，注重记忆，而忽视实践能力和动手能力的培养。他们对学习的内容认识较多，对学习策略的反省较少，偏重课堂学习，忽视课外学习。很多大学生到二三年级后仍然不能适应大学的学习方式和方法。

4. 评价标准不适应

 身边的故事

成绩好不一定就能拿到奖学金

兰同学性格内向，不擅长与人交往。进入大学后，与在高中时一样只知道埋头苦读，班级活动参加得很少，学生会和社团的活动更是一概都不参加。期末学期成绩排在班级第四，原本以为至少可以拿二等奖学金，没想到根据综合测评的排名她连三等奖学金都拿不到。她觉得很委屈，不服气，但又不敢跟老师说。她觉得那些靠参加各类活动而加分的同学，其实凭的不是真本事，那些都是虚的。

大学里，评价标准并非是单一的学习成绩，而是德、智、体、美、劳全面发展。比如，比赛获奖、担任学生干部等经历都能成为学生综合测评的加分因素。大学鼓励学生拥有宽广的知识面、良好的社会交往能力、较强的组织领导能力，或者拥有音乐、体育特长。这些评价标准的改变使原来那些只知埋头苦读的学生有了强烈的不适应感。

（三）人际关系不适应

大学生在入学之后，往往有比较强烈的与他人交往的愿望，而且也有较高的交际热情，但由于生活背景、生活经历以及个性特征的差异，有的同学在人际交往中会出现一些由于心理原因而造成的障碍。例如，有些学生对人际交往的认知过于理想化，认为人与人的交往不会受到其他因素的干扰；还有些学生在人际交往的过程中以自我为中心，太过功利，出现了诸如自卑、害羞、嫉妒、恐惧、猜疑等心理问题。

大学环境中人际关系的特点是：师生关系不如中学时密切，师生互动机会少，同学间互动相对频繁，同学关系的重要性增加，宿舍人际关系微妙且对个体的影响较大，同学之间需要较大的包容性和多样性以及个体的主动性。

1. 与老师关系的不适应

 身边的故事

任课老师可能都不知道我的名字

中学阶段受老师喜爱的唐同学，进入大学后突然感觉与老师的关系处于真空状态。一学期公共基础课下来，课堂上有一百多人，自己坐在教室后排，老师可能还不认识她，她感觉老师从来没有正眼看过自己。但是对于自己的专业老师，她也没有丝毫的亲切感，"来也匆匆，去也匆匆"的节奏，让唐同学即使学习上遇到了问题，也不敢主动与老师探讨。辅导员更是整天忙于各种学生事务，她真的不确定带6个班级的辅导员能否记得住自己的名字。现在的班主任和高中的班主任更是有着天壤之别——只在学期初和学期末开班会时出现过两次，其他时间基本上看不到。她觉得自己还算好的，都能记住上课老师的名字，班级里有些同学一个学期下来，连任课老师的名字也说不出来。

由于大学公共基础课较多，任课老师除了上课以外，很少有机会与同学们交流。即使是辅导员、班主任也不可能天天与同学们在一起。特别是近几年来，这样的情况在大学里更是常见，而且也是很正常的现象。许多不善于与老师交往的学生，往往会感到与老师关系很疏远。

2. 与同学关系的不适应

 身边的故事

我只能和老同学聊聊心里话

小菲上了大学之后，还是经常与原来高中的好朋友通过微信视频聊天。她觉得和现在身边朋友的交往都很浅，对班级同学仅仅停留于表面印象，与班级个别同学只是"点头之交"，对于班级同学身上发生的事情，也只是通过其他同学口口相传得知。班级里组织活动，很难得到绝大多数同学的积极响应和大力支持，活动方案提出后往往没人响应或者意见全然不统一；对于集体活动，很多同学常常找借口不参加或者即使参加也是"人在心不在"，甚至故意拖后腿。她经常向好朋友抱怨在大学里交不到知心朋友，表示很留恋高中时的同学友谊。

班级同学之间缺乏深入沟通和主动交往是目前大学中存在的一个普遍现象。有的学生交际范围小，人际交往仅局限于宿舍内部，与班级其他同学的交往也很少。尤其是网络、手机等资讯媒体的高度发达，使得很多学生由传统的"人-人"的沟通模式演变为"人-机-人"的沟通模式。这种以手机为媒介的沟通方式缺少直接的、面对面的互动，使人与人之间容易产生孤独感和冷漠感。

3. 与室友关系的不适应

 身边的故事

听不懂室友的方言，不能相互交流

何同学住的宿舍是四人间，其他三位同学都是本地人，而且能说会道，每天熄灯以后她们三个人就开始用方言开"卧谈会"，她听不懂三个室友说话的内容，一句话也插不上，很难与她们交流，因此她感到很孤独，很寂寞。何同学还是一个比较爱干净的人，东西用完之后喜欢放置到原位。可是宿舍其他同学东西乱扔，而且不喜欢收拾房间、打扫卫生。她经常主动打扫宿舍卫生，但是不一会又变回了原样。每次从外面回到宿舍，看到乱七八糟、到处是垃圾的环境，她心里就很不舒服。她觉得自己万分痛苦，简直要发疯了。

大学生过的是集体生活，每个学生宿舍的成员来自各个不同的地方，相互之间的差异很大，其中生活习惯和生活细节的差异最容易导致宿舍成员之间的矛盾，诸如打扫卫生、物品归置、睡觉时间等一些细小常见的事也往往能成为"战争"的导火索，相处过程中就会产生摩擦与冲突，导致室友关系紧张。

（四）理想与现实的冲突

处于大学阶段的青年，他们的心理成熟程度较低，认知上容易出现偏差，只看到事情的表面，无法积极应对消极情绪。大学生在还未进入大学之前，往往对大学生活有很高的期望值；进入大学后，一旦理想与现实反差较大，很容易导致情绪波动和失落。

1. **不是理想学校**

 身边的故事

这里不是我该待的地方

王同学高中时学习成绩一直稳居班级前五名，体育和音乐方面一直都很出色，他还经常担任校文艺会演的主持人，在大家心目中一直是考重点大学的苗子。没想到高考失利，于是他很不情愿地进入了一所普通的大专院校。尽管对专业还比较满意，但是他心里始终感到不是滋味，总觉得这里不是自己该待的地方。

和王同学一样，因高考失利而对上大学失去热情的人有很多。因为高考失利，觉得自己在高中同学面前抬不起头，又看不起身边比自己差的同学，因此很难融入当前的环境。理想大学和现实大学的差距，让他们失去了奋斗目标，丧失了斗志，变得彷徨而且无助。如果他们不能迅速调整好心态，回到现实中来，将长期陷入理想与现实冲突的困扰，对今后的学习和生活都会产生不良影响。

2. **不是理想专业**

 身边的故事

我真的不喜欢自己的专业

小徐对管理感兴趣，一直想成为一个管理者，高考时就填报了企业管理专业，可是事与愿违，他被录取到了机械及自动化专业。他从小就不喜欢机械类的东西，现在却要学习机械专业，这让他着实苦恼。面对高中喜欢文科的他来说，机械的专业课程他学起来也很吃力。面对既不感兴趣、学起来又吃力的专业，他实在不知道自己未来的就业出路，于是他告诉了班主任想要退学的念头。班主任很着急，询问他原因，他说："我真的很不喜欢自己的专业，我真的不知道自己每天在干什么，我已经离自己的理想越来越远了。"

专业不如意是很多大学生不能适应大学生活的重要原因之一。像徐同学一样，有的新生所读的是调剂录取后的专业，自己并不喜欢；有些学生从文科转到理科，或由理科转到文科，他们对未来十分茫然。另外，随着社会发展的日新月异，大学为适应社会的需求设立了很多新兴的专业，而大多数学生由于对某些热门专业的迷信和受先入为主观念的影响，对某些新兴专业不了解甚至有许多的误解，由此而对自己所读专业不满意。对专业不满的问题如果不能得到很好的解决，往往会导致学生对大学学习与生活的失望甚至迷失。

3. 不是理想自我

 身边的故事

我怎么变得微不足道了？

大一新生小高说："在中学，我只顾专心学习，各科成绩优异，经常受到老师的表扬，我自己也充满自信。然而进了大学以后，我感到周围同学都很聪明，许多同学都有自己的特长，唱歌、跳舞、摄影、绘画等样样都有人懂。相比之下，除了读书之外，我似乎样样不如人，变得微不足道，这让我感到很自卑，很压抑。"

很多大学生在高中的时候，在父母的心中是一块宝，是家庭生活的中心人物。很多人在高中都曾有过辉煌，都是学校的尖子，重点培养对象。但进入大学后，很多大学生面临着从中心角色向普通角色的转换，其自我评价可能会受到不同程度的冲击，可能导致产生失落感和自卑感。

4. 缺乏人生目标

 身边的故事

大学和我想象的不一样

大学新生小浦说，备战高考时，高中老师一直鼓励大家说："只要考上大学就好了，大学是很轻松、很丰富多彩的。"尤其是看过电影电视上那些讲述大学生活的故事后，不少人对大学生活十分向往。可是进入大学之后，小浦却发现大学生活和自己想象的反差很大，学习没有那么轻松，丰富多彩的生活也没有如期而至。他原本计划要好好学习，努力拿奖学金的，但是入学三个月以后看到其他同学都不怎么学习，也就随波逐流了。大家都是"你玩我也玩，你谈恋爱我也谈恋爱"，从来没有思考过"为什么要上大学""我到底该成为一个什么样的人"等问题。

对于多数高中生来说，考取一个理想的大学就是他们的最高目标，为了实现这一目标，他们挑灯夜战、废寝忘食地刻苦学习，高中生活过得紧张而充实。进入大学后，对不少同学来说，旧的目标已经达到而新的目标还未树立，因此缺少学习的动力。很多学生对大学生活缺乏了解，过分地理想化，认为大学不该有太大学习压力，甚至不需要奋斗就可以毕业，进入大学后容易产生松懈的心理。

进入大学后，由于生活和学习环境发生了巨大的变化，大多数大学生或多或少会出现适应性问题，相当一部分同学围绕生活和学习等问题会在心理上产生诸多焦虑和困惑，这个适应的过程所需时间长短不一。大学生应该掌握相应的知识、技能和技巧，主动积极地去适应学校环境，不断提高自身的综合素质，提高生活和心理的适应能力。

课堂练习

滚雪球

活动目的：

通过此活动，新同学彼此初步相识，加深彼此了解，有助于班级团结及建立良好的人际关系。

活动步骤：

1. 全体同学8人一组分成若干组，每个小组从其中一人开始，每人用一句话介绍自己，一句话中必须包含3项内容：姓名、来自班级、自己的一项喜好。规则是：当第1个人说完后，第2个人至最后的人都必须从第1个人开始，介绍他人和自己（在介绍的过程中，如果想不起来前面同学的情况，可以请求同组其他同学的帮助）。

2. 讨论与分享

（1）当全班各个小组介绍完毕后，请每位同学在组内谈谈在短短十几分钟内认识其他同学的感想。

（2）以"我理想中的大学"为主题，谈谈各自的感受。

（3）请每个小组选出一个代表，把全组成员一一向班内其他小组的成员进行介绍。

第三节 成就美好的未来
——提高适应能力

一、适应新的生活环境

1. 适应校园环境

与中学相比，大学校园规模大，物理环境、生态环境和人文环境都比较复杂，其文化、科学的内涵和底蕴相对深厚，大学里丰富的校园文化生活对大学生有着巨大的诱惑力，已经构成了一些同学大学生活中很重要的一个方面。高校上课的教室也不固定，一门课结束以后，往往要换到另一个教室，有的甚至路途很远。因此，大学新生入校后首先就要熟悉校园的"地形"，了解教室、图书馆、商店、食堂的具体位置，合理规划上课、吃饭、回宿舍等日常生活的路径，尽早适应校园环境。

2. 学会理财

大学生一般都没有太多理财经验，计划不当甚至没有计划常常让自己手忙脚乱。美国哲学家兼诗人爱默生把金钱看成一项管理工作，或是对人的挑战，因为金钱是把双刃剑，它可以助你一臂之力，也可以消磨你的意志。每位学生都要尽早了解生活中的开支情况,要清楚哪些开支是必须的,哪些开支是完全不必要的,哪些是可有可无的,量入而出。在此基础上制订每个月的"消费计划",使之切实可行,并且尽量按照计划执行,要尽可能地把金钱用在知识的获取、技能的提高上。

3. **合理安排时间**

大学生首先要学做时间的主人,应学会权衡,看看自己究竟有多少可支配的时间,合理地安排业余活动时间。对各类讲座、社团活动,要有选择地参加;要有意识地选择那些与本专业和自己发展目标有关的,有助于增长知识、开阔眼界、锻炼能力的活动;要学会自己支配活动时间,而不是让活动时间支配自己。

其次,要学会分配时间,追求时间的整体效益。要善于兼顾学习、生活的各个方面,除了全力保证学习时间外,还要安排好体育锻炼、业余爱好、娱乐、休息和社交活动的时间。这样既能保证学习任务的完成,又能增长多方面的知识和提高待人接物的能力,促进自己全面和谐地发展。

最后,还要提高单位时间的利用效率。要学会合理安排时间,充分利用时间,懂得珍惜时间,要善于把握时间的最佳利用时机。人的身体状态、工作效率在不同的时间是呈周期性变化的,这就是人们常说的生物钟。比如在一天之中,早晨7点至10点之间和晚上7点至10点之间,是人们头脑比较清醒的时候,一般效率较高,在这段时间安排学习,往往会收到事半功倍的效果;而在中午12点左右、下午4点前后和夜晚11点左右,身体一般处于低潮,容易疲惫,这段时间可以用于休息、睡眠、娱乐或锻炼。这样既有益于身心健康,又能使紧张的学习生活得到必要的调节。

 延伸阅读

时间管理

美国管理学家柯维提出的一个时间管理的理论,把工作按照重要和紧急两个不同的程度进行了划分,基本上可以分为四个"象限":既紧急又重要、重要但不紧急、紧急但不重要、既不紧急也不重要,如下图所示。

	紧急	不紧急
重要	A 有截止时间的任务 突发性的必应事件 危机处理 造成持续压力的问题	B 预防风险与危机 能力提升(学习) 调节心态,保持健康长远规划 开拓新的领域关系,资源的维护
不重要	C 例行工作 被动的电话 被动的会议 临时的"应对性"事件	D 无聊 没事找事 盲从 郁闷、发呆 情绪化反应 冲动

时间管理——四"象限"法则

柯维认为，按处理顺序划分：先是紧急又重要的，接着是重要但不紧急的，再到紧急但不重要的，最后才是既不紧急也不重要的（A－B－C－D）。

绘制你的时间四象限图

活动目的：

绘制自己的时间四象限图，合理安排目前阶段的重要事情，对自己的课后时间合理规划，及时调整。

活动步骤：

1. 每人将自己上一周的时间做一个时间四象限图，看看自己在哪个象限花的时间最多。

2. 对下周即将要做的事情进行分类，绘制下周的时间四象限图。

3. 在划分第一和第三象限时要特别小心，急迫的事很容易被误认为重要的事。其实二者的区别就在于这件事是否有助于完成某种重要的目标，如果答案是否定的，便应归入第三象限。

二、适应新的学习环境

1. 学习方式上的差异

中学的学习是以教师为主导，学生的学习内容、学习方法、课堂练习等一切都按老师的要求去做，学生学习的直接目标就是完成作业。在大学里，中学那种以老师为主导的教学模式变成了以学生为主的自学模式。课堂上老师讲的内容所蕴含的知识量非常大，学生不仅要消化理解课堂上的知识，还要大量阅读相关的资料，学习内容、研究方向等各方面均有较大的选择性和自由度。一般来说，大学生可以根据所学专业的特点选修某些课程，也可以根据自己的兴趣、爱好，选修某些课程以发展自己的专长，使自己成为"通才＋专长"的新型人才。就这个意义而言，可以说，中学靠老师，大学靠自己，自学能力成为大学生很重要的一种能力。如果总是使用中学时的学习方法，即便再努力用功也是事倍功半。

2. 制定可行的学习目标

俗话说：师傅引进门，修行在个人。高等院校尤其如此，大学里的学习气氛是外松内紧的。和中学相比，在大学里很少有人监督你，主动指导你，也没有人给你制订具体的学习计划、学习目标。但这不等于没有竞争，一切都要自己去独立面对。每个人都在把自己的昨天和自己的今天做比较，并在规划自己的明天；每个人都在调动自己的潜能，暗暗地与别人做比较。在大学里，许多同学已经认识到，考试分数并不是衡量一个人的最重要的标准，人们更看重综合能力的培养和全面素质的提高。在大学里，竞争是潜在的、全方位的，而这也需要一个慢慢适应的过程。对适应性差的同学来讲，这个过程则更漫长。所以，大学生要根据自身情况，制定长期目标和短期目标。比如大一、大二重点学好英语和计算机，争取尽早通过英语B级或四级考试，取得计算机二级或三级证书。确定了近期目标就要付诸行动，空余时间可以参加各类英语或计算机辅导班充实自己。如果准备升学，大一或大二就该为之准备了。总之，我们要设法让自己在大学期间尽可能忙起来，给自己施加一点压力，这样自然就会觉得踏实了。

善用网络资源

网络是一把双刃剑，虽然智能手机的普及给我们带来了极大的便利，但是智能手机的过度使用已经成为一个普遍的现象。我们观察到课堂上也会有一些同学用手机打游戏、看视频、聊天等，耗费了大量时间和精力。实际上，互联网在发明之初的一个最重要目的就是资源共享。网络上的学习资源是非常丰富的，几乎唾手可得，而在网络没有普及的时代，为了获得一些学习资源可能要付出很大的努力。每个学校的图书馆都有大量免费的电子书、论文资料和学习视频，大家一定要充分利用这些资源帮助自己更好地学习，去开阔视野，去深入钻研。除了学校的课程之外，网络课程是一个深入学习专业知识的便利、低成本、重要的途径。

推荐资源：网易公开课、中国大学MOOC、网易云课堂、学堂在线、中国国家图书馆、学校图书馆电子资源、喜马拉雅FM等。

三、建立良好的人际关系

对于大学生而言，人际关系是重要的外部环境，良好的人际关系不仅使自己在与他人相互感知和理解的过程中，在情感体验和情感联系上有一个愉快的心情，而且还可以在人际交往中得到帮助，获得教益，使自己更好地适应生活并得到发展。

1. 处理好与室友的关系

由于大学是一种集体生活，同学们每天都是朝夕相处，就像一个家庭一样，关系处理得不好，就会对同学们的心理造成很大的负面影响。同学们来自不同的家庭，而不同的家庭其文化背景、思维模式、知识结构、教育方式、生活方式等都不一样，所以大家要学会宽容，要在共同的学习、生活中互相交流、取长补短、求同存异，要坦诚待人，尊重他人的生活习惯及民族风俗。

2. 处理好与任课老师的关系

大学的老师被形容为"来也匆匆，去也匆匆"。许多不善于与老师交往的同学，由于不主动与老师联系，往往会觉得大学老师缺乏亲切感，在学习上遇到问题时也不敢向老师请教。其实，这是一个误区，如果与老师处理好关系，就会发现他们也很有亲和力，他们除了教同学们知识以外，还会教同学们如何做人，这是大学老师的又一特点。

3. 处理与各类行政管理服务人员的关系

大学是一个浓缩的社会，在这个社会里有各种机构，有各种不同身份的工作人员，作为一名高素质的大学生，应该尊敬他们。曾有一位大学生第一次到大学报到时，见到接待的老师不知道应该怎么称呼，居然叫了一声"阿姨"，让我们的老师哭笑不得。其实，在大学里，对工作人员都可以以"老师"相称。初入大学的学生在处理人际关系时更需要锻炼自己的技巧。

四、培养良好的心理承受力

1. 正确认识和评价自我

大学生应根据自己的学习要求、成长要求，恰当地分析自身的优缺点，学会根据自己的实际能力正确地制定目标。对于长期目标，可以依据实际情况分阶段完成，在成功中体验愉快和满足，逐步提高自信心。

2. 增强对失败的认知能力

失败是个人成长过程中不可避免的人生经历，大学生应该正确地认识人生挫折，正确地认识失败，学会多方面收集相关事件的信息，分析失败的原因，争取变不利因素为有利因素，化消极因素为积极因素，促使失败向成功方面转化，把失败当作成功的阶梯。

我最闪亮

活动目的：

通过活动，学生能够认识自我，接纳自我，建立自信心。

活动步骤：

1. 将全体学生以每组7～8人分成若干个小组。
2. 各小组分别围成一个圆圈，进行自我介绍。
3. 活动规定，每个人在做自我介绍时，必须包括以下内容：

（1）我在什么时候觉得自己最成功；

（2）我在什么时候觉得自己最好看；

（3）我在什么时候自我感觉最好；

（4）我在什么时候觉得自己最有效率。

4. 请各组选出一个代表，向大家介绍一下本小组最具创意的几个回答。
5. 注意事项：

（1）活动开始前，教师应鼓励大家用最有创意的方式回答这4个问题，尽量生动有趣。

（2）要求同学们在介绍时把握好自己想传达给别人的信息。

思考题

1. 结合自己的实际情况谈谈室友之间应如何相处。
2. 适应是人类生存与发展的前提,大学生只有适应才有发展,才能成功。对此,你有何看法?
3. 大学生常见的适应问题有哪些?适应大学生活的方法有哪些?

1. 书籍:《谁的大学不迷茫》

大学不是奋斗的终点,而是一个更精彩、更自由、更有意义的人生的起点。作者用最真实、诚恳、鲜活的语言,把她们的故事和经验分享给更多的人,激励正在大学就读或是将要进入大学的中国学子更充分地把握大学时光,努力、热情、勇敢、自由地追求自己的梦想。同时,作者还邀请来自世界多所名校的十余位毕业生来分享他们的故事,力争涵盖不同阶段和不同道路上的大学生的迷茫与探索、经历与反思、选择与成长、青春与梦想。

2. 电影:《中国合伙人》

这是一个关于一个"土鳖"、一个知识分子、一个浪漫骑士的"中国式成功"故事。20世纪80年代,三个怀有激情和梦想的年轻人在高等学府燕京大学的校园内相遇,从此开始了他们长达三十年的友谊和梦想的征途。出身留学世家的孟晓骏渴望站在美国的土地上改变世界,浪漫自由的王阳尽情享受改革开放初期那蓬勃激昂的青春气息,曾两次高考落榜的农村青年成冬青以晓骏为目标努力求学,并收获了美好的爱情。然而三个好友中最终只有晓骏获得美国签证,现实和梦想的巨大差距让冬青和王阳备受打击。一个偶然的机会,被开除公职的冬青在王阳的帮助下办起了英语培训学校,开始品尝到成功的喜悦。随后,在美国发展不顺的晓骏回国,这无疑推动三个好友朝着梦想迈进了一大步。这三个非同一般的中国人,是大时代下最具代表性、最激励人心的"中国合伙人"。

夫夷以近，则游者众；险以远，则至者少。而世之奇伟、瑰怪，非常之观，常在于险远，而人之所罕至焉，故非有志者不能至也。

——王安石

第三章　重新认识学习
——谈学习心理

 学习目标

▶ 知识目标

了解学习的概念和相关理论；

了解高职大学生在学习中常见的问题及原因；

理解和掌握常用的学习方法。

▶ 能力目标

理解和认同学习的价值；

能够对自己学习中存在的问题进行反思；

能够在学习实践中进行计划、监控和调节。

案例导入

小周一进入大学，就确定了自己要继续升本科院校读书的目标。所以他平时上课认真听讲，课堂笔记记得非常详尽，课后的时间大多数都花在学习上，有条不紊地进行备考。

就在考试前3个月，一场突如其来的新冠疫情席卷全国。专转本考试推迟，培训机构转为线上教学，复习资料几乎看完了开学还遥遥无期，学习效率忽然变得很低。按部就班的专转本考试因为疫情而被打乱，在对不确定的未来充满焦虑的同时，小周对自己的学习能力产生了怀疑。

小周觉得大学阶段要求自主学习，自己在疫情期间态度消极、备考状态很差，一定难以考上本科院校，即使考上了本科院校，自己也不具备顺利毕业的能力。

忽然，小周像变了一个人一样，每次学习都坚持不了一会儿，整个人烦躁不安，跟别人交流的时候，他都消极地表示自己不是学习的料。

讨论与分享
1. 为什么小周的备考状态从有条不紊变得消极？
2. 小周的哪些想法导致了他学习效率低下？

第一节 学习是什么
——学习心理概述

一、学习的概念

在探讨学习之前，我们需要了解什么是学习，然后对学习这一主题的心理学理论研究进行简要的概述，从而了解和掌握学习的本质及其形成机制。

在中国古代哲学中，关于学习的思想极为丰富。春秋时期孔子说：学而时习之，不亦乐乎。"学"即为多闻多见，"习"即为练习、复习，因而学习为知行的统一。在心理学中，一般认为学习是指个体因获得经验而产生的行为或行为潜能的相对持久的变化及其过程。它包含四个方面的内容：学习的结果是个体行为或行为潜能的变化；行为或行为潜能的变化是持久的，而不是暂时的；学习所引起的行为或行为潜能的变化是因经验的获得而产生的；学习是人和动物所共有的一种对环境的适应现象。

学习是一种复杂的心理现象，不仅与感觉、知觉、注意、记忆、思维等认知过程直接相关，而且还涉及人的情绪、动机、人格和社会化等问题。即学习过程需要人的全部心理活动的积极参与。因此，大学生了解学习心理学，按照学习的规律学习，掌握科学的学习策略，有助于解决自己学习中遇到的问题，提高学习效率。

学习的相关理论

二、学习与心理健康

学习是学生的主要社会活动，除了学龄前的时间，学生大部分的时间里都与学习息息相关。学习与心理健康之间也有着紧密的联系。

1. *心理健康对学习的影响*

通常情况下，心理健康的大学生的成绩比心理不健康的人的成绩要好，能力发挥得更加充分。相反，心理问题、心理障碍会妨碍学习能力的正常发挥，从而导致在同等条件下成绩不佳的现象。这一点我们将在第二节中详细叙述。

2. *学习对心理健康的影响*

学习不仅能使人增长知识，锻炼和开发能力，还能够促进人的全面发展。如果能在学习的过程中体验到愉快的情绪，养成正确的认知方式，长期浸润在这些体验之中，学习无疑是能够促进心理健康的。但是，也有一些同学在学习的时候有很多痛苦的体验，如疲劳、枯燥、失望、自卑等，长此以往就会导致心理问题甚至心理障碍。

三、大学学习的价值

课堂练习

学习的价值

活动目的：
引导学生认识学习的重要性。
活动步骤：
1. 观看视频《学习是一种生活方式》。
2. 小组讨论：学习有哪些价值？
3. 小组代表陈述讨论的结果。

学习是一种生活方式（视频）

1. 学会生存

通过学习获得生存的技能和平台是大学学习的重要方面。对于高职大学生来说，通过大学学习获得一技之长是学习的重要目的，只有这样才能有尊严地在社会上谋得一席之地。无论是为了自己还是为了家庭，我们都需要通过学习来不断提升自己的"价值"。市场会给每个人的能力定一个"价格"，每个人都希望这个"价格"足够高，而在同等稀缺的情况下，这个"价格"取决于知识能力的高低，而提升这些能力的一个重要的、可控的、有效的方式正是学习。

2. 拥有选择

只有在生存的基础上人们才有了选择生活的自由。有一句歌词是这样写的：生活不止眼前的苟且，还有诗和远方的田野。很多人从内心是非常认同的，但是如果缺乏生存和发展的能力，现实就要残酷得多。哈佛大学穆来纳森教授在《稀缺：我们是如何陷入贫穷和忙碌的》一书中指出，处在贫穷之中，仅仅为了生存就已经筋疲力尽，根本没有精力、没有时间、没有金钱去体验"诗和远方"。有位知名作家在给儿子的家书中语重心长地说道：孩子，我要求你读书用功，不是因为我要你跟别人比成绩，而是希望你将来会拥有选择的权利，选择有意义、有时间的工作，而不是被迫谋生。当你的工作在你心中有意义，你就有成就感；当你的工作给你时间，不剥夺你的生活，你就有尊严。成就感和尊严，给你快乐。可以说，学习为我们提供了更加丰富、充实的工作和生活的可能性，而这种丰富性和多样性的生命体验是每个人的内心都渴望的。

3. 提升修养

子曰："由也！女闻六言六蔽矣乎？"对曰："未也。""居，吾语女。好仁不好学，其蔽也愚；好知不好学，其蔽也荡；好信不好学，其蔽也贼；好直不好学，其蔽也绞；好勇不好学，其蔽也乱；好刚不好学，其蔽也狂。"孔子告诉弟子，从个人修养的角度来说，如果不善于学习，六种美德就会变成六种缺陷。

可以说，每个人的人格中都会存在一些不足的地方。通过学习能够不断完善自我，这个过程不仅有利于我们更好地适应环境、更好地热爱工作，还给我们带来了深刻的幸福感。

4. 学会学习

可能大学里的很多课程看起来并不能直接帮助你找一份高薪的工作，所以有些同学会觉得这些课程好像是没有价值或者没有意义的。但是从某种角度来看，这些课程的学习，并不仅仅是为了掌握课程的内容，更重要的是在长期的学习过程中，帮助我们建立一个知识框架，掌握一套行之有效的学习方法，养成一种凡事认真对待的态度。在以后的工作中，遇到任何未知的知识和技能，我们都可以在之前累积起来的知识框架、学习方法和处世态度的基础上迅速地、高质量地学会，这是大学学习重要的意义所在。很多用人单位对大学生成绩的重视也是基于这样的考虑：成绩的优秀意味着这位同学学得更快、学得更好，能够迅速学会处理很多问题。大学正是一个让我们学会如何学习的最佳平台。

5. 发挥潜能

人本主义心理学的需要层次理论中指出，每个人都有自我实现的需要。我们每个人都希望能够在生活中充分发挥出自己的能力。社会学也提出了"心流"的概念，所谓"心流"，指的是人们在从事某种活动时全身心投入其中会获得一种非常美好的生命体验。类似的，在大学的学习中，当一个人能够全身心投入学习的时候，他就会感到过得很"充实"。相反，如果这个人总是无所事事，自己的潜能在大学的学习生活中总是处于压抑状态，他就会体验到一种"空虚"。而那些能够在学习中充分发挥潜能的同学，不仅在内心体验上经常处于充实、快乐的状态中，还会获得更好的成绩和较高的社会成就。

在大学里我们有着充足的时间、良好的学习氛围、充沛的精力和相对较小的生活压力，一旦错过，以后将很难再遇到这么好的机会，希望同学们能够深刻理解学习的价值，好好把握这个机会，充分发挥自身的潜能。

第二节 我的学习怎么了
——常见的学习问题及原因

一、高职大学生常见的学习问题

1. 动力不足

高中时期我们有一个强有力的目标，就是考大学，一切向考试成绩看齐，每天朝着这个目标努力成为我们生活的全部，这也让我们很有动力。很多同学反映，进了大学后自己就像泄了气的皮球，漫无目的，感到很迷茫，不知道该做什么。一些高职大学生的表现是：平时不爱上课，学习没有计划，厌恶和回避学习，做一天和尚撞一天钟；学习时注意力不集中，无精打采，作业拖拉；没有成就感，没有目标，没有压力和紧迫感；每日无所事事，或沉迷于游戏、小说，或沉溺于情爱之中。一些同学在中学时代没有认

真思考过学习目标，也不懂得如何制订远期、中期、近期的学习计划。很多同学过了大一的新鲜劲之后就陷入了迷茫和无聊，缺乏了目标的引领，更容易沉迷于各种娱乐。一个合适的目标可以让我们体验到更深刻的愉悦感、价值感和使命感，还能为我们将来的就业和深造做好充分的准备。

2. 丧失乐趣

很多同学经历了小学、初中、高中的压迫式的学习之后，在心里对学习有了一种持久而弥漫的厌恶感。即使一些成绩比较好的同学，也只是把学习当作获得成绩和自尊的一种手段，而没有去体会学习本身的乐趣。一些同学在高职学习中表现得比较消极，不是因为他们没有正确的目标，而是无法克服心里对学习的厌恶感。有时候他们也会尝试去激励一下自己，好好努力，但是经常不能坚持下去，一个最重要的原因就是无法从学习的过程中体会到乐趣，缺乏稳定持续的动力。

当然，这里还要澄清一个误解。在整个学习的过程中不可能总是充满乐趣的，有很多同学开始就假定自己对某个学科非常不感兴趣，因此不愿意投入精力。其实"学一行，爱一行"也是一个不错的选择。学习任何一门学科，开始的时候枯燥是难免的，只要我们坚持下去，在掌握了基础知识之后我们就能体会到学习这一门学科的乐趣。

3. 被动依赖

中学的学习是比较被动的，每天接受老师的安排就可以了。学习内容、学习时间、学习环境、学习强度等因素都不需要自己去考虑，大多数人已经适应了这种被动安排的学习方式。到了大学以后很多同学会很不适应，突然感觉到没人管了，和班主任见面的机会比较少，家长好像也不关心自己的学习了。没人管会让这些同学感到不知所措，会使他们感到没有依靠。很多同学仍然希望有一个"心灵导师"——他能够把一切细节都告诉自己，告诉自己未来的路应该怎样走，这本质上仍然是一种被动依赖。每个人都需要主动起来，主动安排自己的学习，主动规划自己的职业发展，主动对自己的人生负责。

 延伸阅读

自主学习者的基本特征

1. 能有目的地学习。目标明确、态度端正，对学习的价值观认识恰当，能主动地规划和安排自己的学习。

2. 能有选择地学习。能准确地选择学习内容，对信息有敏锐的感受力、捕捉力和理解力，能有效地发现、收集、获取和处理信息。

3. 能独创性地学习。不满足于现成的答案或结果，对学习内容能进行独立思考，能从多种角度去认识同一事物，并且善于把它们综合起来，或者创造性地运用所学去适应新的情况、探索新的问题，不断拓展自己的视野。

4. 能在学习上进行自我调控。对自己的学习动机、兴趣、策略、学习结果等具有

自我认识和调控能力，能敏锐地发现学习中已出现或即将出现的问题，及时拿出针对性的措施。

5. 对自己今后的学习前途和人生道路有美好的憧憬和丰富的想象力，并有实现理想的愿望和责任感。

6. 能主动适应个体、团体的生活，知道并自觉遵守其规则，能为群体、团体所接纳。

7. 具有人际交往的意愿和能力，能和群体成员相互协作、互相尊重，根据个体的需要自觉承担和转换自己的角色，能在群体活动中主动学习。

8. 善于构建实体学习小组或在线学习小组，参与建构和维护学习者的共同体。

4. 不够自律

无论如何，学习是一项艰苦的脑力劳动，我们必须付出诸多的努力才能维持学习行为。不管在什么情况下，我们都难以像打游戏或者购物那样轻松愉快地完成一门课程。在上课的时候低头盯着手机已经成为一种普遍现象，在智能手机和互联网普及的今天，获得一些肤浅快乐的感觉是如此容易，比如刷"抖音"、打游戏、逛"淘宝"。相反，认真听课、做笔记以及与老师互动，则需要较强的自律能力：一方面要抵制唾手可得的诱惑，另一方面还要坚持完成一些困难的任务。

要想获得任何学习上的成就都必须付出足够多的努力。虽然有些同学也有一些重要的目标，比如升入本科学习等，但是因为自律能力不足，最终这些目标都难以真正实现。

5. 缺乏自信

案例分析

缺乏自信的王同学

在一次心理健康课上，老师问小王有没有什么好的学习方法可以跟其他同学分享，小王漫不经心地说："如果我有什么好的学习方法，我还会在这里（高职院校）学习吗？我觉得我这辈子就这样了，不会有什么进步的。"

思考与讨论

1. 小王在学习上真的无法取得进步了吗？
2. 你觉得小王的这种心态会对他的学习有什么影响？

当一个人确信自己有能力进行某一项活动时，他就会产生高度的自我效能感，并会持续实施这一行动。比如你听课的时候知道认真听课能带来理想的成绩，而且自己能够听懂老师讲授的内容才会认真听课；相反，如果你觉得不管自己怎么努力都听不懂，可能很快就会放弃听课。

是否自信影响着我们在学习中潜能的发挥。大家可以思考一下，为什么具有同样智力和技能的人在同一任务环境中会有不同的行为表现？一个重要的原因就在于他们的自信程度不一样。

"自信与成就" 心理实验

心理学家科林斯曾经对儿童的自我效能（可以理解为自信程度）和成就行为进行过研究。他按数学能力的高低将儿童分为三个水平等级，再将同一水平等级的孩子分为高自我效能和低自我效能两组，然后给他们解数学难题，结果发现，数学能力相近的儿童，高自我效能者比低自我效能者能够解决更多的难题，学习表现优劣和自我效能高低密切相关。著名的罗森塔尔效应也证明了这一事实。

在学习上缺乏自信的同学在遇到困难时可能会产生自我怀疑，继而产生强烈的焦虑和无助的感觉，好像无法克服这些困难。这些痛苦的感受和无法克服困难的预期最终会导致其对困难的畏惧和逃避。这类同学在学习的过程中更容易产生无助、紧张、焦虑、畏惧、抑郁的情绪，更容易产生放弃的行为。

我们观察到，因为高中的学习经历和高考的成绩，一些高职大学生的自信水平比较低，从内心预先认定自己无法获得更好的成绩，无法成为更优秀的人才。这样会导致这些同学在学习中容易自我怀疑，产生焦虑和无助的感觉，在学习新知识和遇到困难时更倾向于选择放弃，最终丧失自信，产生厌学情绪。

6. 方法不当

学不好英语的郁同学

小郁的英语基础比较差，大学期间她努力学习，希望能通过英语等级考试并顺利毕业。她学习很认真，每次都是拿起一本英语词汇从头开始，按照字母排序不停地背。但这种方法的效果并不好，她的英语成绩始终没有起色。在她的理解中，学英语就是背单词，背单词就是按照顺序一个个背下去。我们可以明显地看到她的努力，但是她的学习效果却不尽如人意，为此她还哭过好几次，觉得自己怎么这么无能。但是，当有同学指出她的做法需要调整的时候，她依然坚持使用这种方法。

思考与讨论

1. 小郁真的没有学好英语的能力吗？
2. 如果班主任让你帮助小郁，你会给她什么建议？

有一些高职学生看起来学习很刻苦、很勤奋，在学习上投入了大量的时间和精力，但由于持续使用低效的学习方法，结果身心俱疲，成绩停滞不前。他们缺乏自我调节的意识，不懂得如何进行计划、监控和调节。在面对不同的身心状态、学科知识、学习环境、学习时间、学习伙伴、学习要求的时候仍然会重复使用那些熟悉却低效的学习方法。这种未经思考的、下意识的学习方法无法帮助他们取得良好的效果。他们可能还会得出一些错误的结论，觉得自己智商不够高、意志不够坚强、缺乏学习某个学科的能力，给自己贴上错误的标签，由此导致学习的时候情绪低落。因此，当我们发现自己学习效果不好的时候，要反思是不是自己的学习方法不当造成的，应该如何调整自己的做法。

7. 过度努力

 身边的故事

"拼命三郎" 王同学

王同学学习特别努力，上课的时候认真听讲，下课的时候也不去休息，总是抓紧时间做题、复习知识。如果不学习，她就会有种浪费生命的感觉，觉得除了学习之外其他事情都没有什么意义。周末的时候她很早就起床去图书馆，打算一刻不停地学习。平时与宿舍同学接触也比较少，室友们都觉得王同学是一个特别用功的人。但实际上有时候她只是坐着发呆，感觉自己无法集中注意力，记忆的效果也不好。王同学特别焦虑，想夜里再少睡一个小时，多学一点。但王同学越是努力，学习的效果越差，最后感觉自己连课都听不懂，注意力很难集中，大脑像僵住了，运转很慢。以前可以轻松完成的题目好像变得很难，这更加让王同学寝食难安。

跟一些每天"混日子"的同学相反，在高职院校中还有一些同学非常努力，在图书馆和自习室经常会看到他们的身影。他们恨不得把所有的时间都用来学习，忽视了基本的睡眠、饮食、娱乐。他们把学习当作主要的甚至是唯一的精神支柱，认为只要获得好成绩，其他一切都不重要，如果时间不用来学习就会有负罪感。实际上，长期超负荷地学习，会导致焦虑、失眠、记忆力减退、注意力难以集中等问题。过度努力不仅会导致学习效率低下，还会对身心健康造成伤害。

二、高职大学生学习问题产生的原因

（一）社会因素

"知识改变命运"仍然是当今社会的主流观点，但社会中也有不少偏见使一些大学生对学习的价值产生了怀疑，比如"学习无用论"。而认为学习是人生唯一的生存发展之道，对学习寄予过高的期望，也会给我们带来过多的压力和焦虑，也可能妨碍学习的正常进行。

（二）家庭因素

1. 家庭经济

总的来说，经济条件比较好的家庭能够给予学生更多的资源，比如更好的老师、书籍、开阔视野的机会、更好的学习环境、平和的心态等。经济条件比较差则可能会造成自卑的心理、匮乏的学习资源。但更重要的是，我们能够根据自己家庭的情况做出最合理的选择，充分发挥自身的能力。

2. 父母的心理健康

通常情况下，如果父母是心理健康的，子女一般也会是心理健康的。相反，如果父母患有精神疾病、严重的心理障碍或心理问题，那么子女往往也容易产生心理健康问题。对于有心理障碍或者心理问题的同学来说，适应正常的生活都有困难，也就没余力去专心学习了，他们的学习成绩自然会受到很大的负面影响。

3. 父母的受教育程度

相对来说，父母受教育程度较高可能会对子女的学习更加重视，会投入更多精力和资源，创造良好的环境，这有利于子女更好地学习。另外，他们还会帮助子女对学习进行长远规划，在学习方法上进行相对科学的指导。相反，如果父母受教育程度比较低，则缺乏这样的能力，子女需要靠自己独立摸索，走弯路的可能性也相应增大。

（三）学校因素

1. 校风学风

在学习氛围比较差的学校，很多同学都不在乎学习或者普遍对学习缺乏信心，每天沉迷于小说、游戏、手机之中，即使有些同学想认真学习也会觉得比较困难，甚至会被身边的人嘲笑。相反，良好的校风和学风能够促使同学们的学习态度更加认真，在学习上表现出更多的自律，从内心认同学习的重要性。最重要的是在精神层面上，绝大多数人都能保持一种积极向上、充满希望的状态。

2. 师资水平

2016年人大附中拟选聘教师的公示名单引起了网友的热议，所有新教师都是来自国内外知名高校的硕士和博士，能够得到这些老师的指导，对学生的学习有着怎样的影响是不言而喻的。在我国，各地区学校的师资水平参差不齐，有一些中小学的老师知识水平比较低，无法给予学生有效指导和正确示范，这就会导致这些学生到了大学之后仍然不懂得如何高效学习。

另外，一些教师本身存在心理问题或心理障碍，他们可能会用比较有伤害性的方式对待学生，给学生带来心理阴影，影响学生正常学习，这也就是我们常说的"师源性心理问题"。

3. 同辈群体

我们经常能看到类似这样的新闻报道——某学院一个宿舍所有同学都升入本科或考研到了更高的学府，这就是同辈群体的良性影响。青少年受同辈群体的影响是超过父母和老师的，同辈们如何看待学习、怎样学习以及有着怎样的目标都会对其产生深刻而广泛的影响。

 身边的故事

异类？还是正常人？

张同学高考的成绩不太好，他被录取到了一所全省排名很低的高职院校。张同学打算参加专升本的考试，但是身边的同学让张同学对自己的这个决定产生了怀疑。在张同学努力学习的时候，身边的同学都在玩，而且还不断告诉张同学："我们成绩都一样的差，你是不可能考上的。"还有一些同学嘲笑张同学是个书呆子，他们觉得学习是很无趣的事情，不如一起打游戏。张同学觉得自己像一个异类，很孤独，但是他还是坚持下来了。最后，他参加的专升本考试的结果很不错，他顺利升入了一所比较好的本科院校。学习了一段时间之后，张同学发现同学们有空就去图书馆学习，都有自己的目标，每天都在积极地忙碌，在这样的氛围之中他终于感觉自己是一个"正常人"了。

（四）个人因素

1. 思维方式

有很多同学无法长期坚持学习的时候就认为是自己的意志不够坚强，这种归因既不正确又对学习的进步毫无帮助。之所以产生这样的归因，是因为很多同学思维过于简单，而且对学习活动这一系统工程的了解不够。表面上的学习成绩犹如我们肉眼可见的树枝树叶，但是枝叶长得粗壮还是瘦弱取决于其复杂的根须。在这里，大家需要树立这样一种理念：学习是一件非常复杂的事情，受诸多因素的影响，简单的想法和行为是不可能产生深刻而持久的影响的。比如有些同学希望通过激励自己的方法提高意志水平，从而取得良好的学习效果。

如果我们简单地认为学习成绩取决于某种单一因素，那是大错特错的。这会导致一个后果：一旦我们这样归因，我们就只能是把所有希望都寄托于该因素之上，而且我们无法确定这一因素会对学习的效果有怎样的影响。比如有同学认为长期坚持学习只是由意志决定的，那么我们能做的就只能是去调整意志水平，如果这一方法失效，就只能陷入被动和无助的境地。更何况，意志是一种宝贵的、有限的心理资源，是会枯竭的，并不是可以无限使用的。相反，如果我们对每一个影响学习的因素都进行观察和思考，比如我们的性格、情绪、想法、归因方式、自我价值感等，并进行有针对性的调整，也许就会出现不一样的结果。又比如说，在选择学习方法的时候，我们还需要考虑个性特点、思维状态、不同学科等因素。

另外，影响学习行为的各种因素之间也会相互影响。比如身体疲劳会影响我们的记忆力、注意力，降低学习效率；而当我们学习效率低下的时候则容易对自己产生怀疑甚至是否定，这又会导致情绪低落，从而进一步降低学习效率，形成恶性循环。所以同学们在观察各个因素是如何影响学习的时候，不能孤立地、僵化地去观察。我们需要建立一个复杂的、动态的、相互联系的思维模型，只有在这个基础上我们才能逐渐认清学习的全貌，而不至于像盲人摸象那样只了解学习的一小部分。否则我们不仅难以在学习的实践过程中取得进步，还会在错误的方向上陷得更深，最终事倍功半，甚至是南辕北辙。

2. 心理健康

（1）情绪状态对我们的学习有着重大影响。研究表明，如果一个学生经常感到心情愉快、无忧无虑，就能充分调动他的智力活动的积极性，促进学习活动的开展；反之，如果在烦恼、焦躁、担心、抑郁、惧怕等情绪状态下学习，就会压抑他的智力活动的积极性和主动性，使其感知、记忆、思维、想象等认知机能受到阻碍。实验证明，在学习活动中，挫折和压力（由失败、威胁、强制、过分的要求或心烦意乱所引起）等不健康的心理可能以各种方式损害智力效率。处在压力之下，许多人往往无所用心或思维变得机械呆板，在解决问题的尝试与检验过程中，他们不会改换另一种方式，他们往往限制、歪曲或混淆对问题情景的考察。压力还会干扰注意、记忆和象征性再现表象这些心理过程。

（2）健康的意志对学习活动有重要的推动作用。在学习活动中，人们总会遇到各种困难，而克服这些困难就要做出意志努力，如认真观察、保持关注、记忆、思考等。可以这么说，没有意志的努力，学习活动就难以开展。

延伸阅读

美国著名心理学家推孟对1528名超常儿童进行了系统的追踪研究，50年之后，他对800名被试儿童中成就最大的160名和成就最低的160名进行了比较，发现两组被试儿童中最明显的差别是意志品质，成就最大的一组在意志品质，如坚持、自信、恒心、百折不挠等方面明显高出成就最低的那一组。

（3）人际关系对学习也有较大影响。在学校中融洽的师生关系和同学关系往往能让我们情绪愉快，能促进我们专注学习；反之，排斥、疏离、冲突等关系则往往会带来焦虑、烦恼、嫉妒、抑郁等情绪，从而干扰学习活动的正常进行。人际关系问题本身也预示着我们对自身的某些问题和体验持有畏惧、拒绝、排斥的态度，这些态度也会融入学习活动，在遇到问题时无法直接面对和解决，无法如他人那样把精力真正地投入学习，也就难以取得良好的学习效果。

（4）人格是影响学习的深层原因。有一位著名的心理治疗师说过，任何竞争到最后都是人格层面的竞争，包括学习的竞争。没有健康的人格，一方面我们无法掌握最高级别的学习技能，另一方面我们即使掌握了最高级别的学习技能也没有办法将其发挥到极致。最重要的是，如果人格不健全，我们就没有办法享受我们在学习中取得的成就。

总的来说，心理健康会对学习活动的正常开展产生重大影响，良好的心理状态能够较好地促进学习，而不健康的心理状态则会严重阻碍我们的正常学习。心理健康水平更高的人会获得更好的成绩。有心理问题或者心理障碍的人，要面临很多情感的痛苦和大量挥之不去的纠结、矛盾。他们要耗费大量的精力去应对自己的心理问题，无法把所有的心理资源用在学习上，经常出现难以集中注意力、记忆效果差、思维混乱等情况。这就需要我们在学习的过程中经常关注自己的心理健康状态，因为有时候学习上的困难有可能是心理健康问题引发的。对于如何保持心理健康，相信通过对全书的认真学习，同学们会有深刻体会。如果通过自身的努力难以解决的心理问题，可以向学校心理中心的老师寻求专业帮助。

3. 身体健康

我们的学习能力很大程度上是大脑机能水平的一种体现。人作为一个统一的有机体，其大脑功能与整个身体的健康状况密切相关：身体不健康，脑功能的正常发挥就会受到影响，从而也影响学习活动的进行。美国心理学家科勒斯涅克指出：一个不注意听讲、反应迟钝、成绩不好的学生，不一定没有学习动机和学习能力，他可能只是觉得不舒服，或者有某种至今没有发现的严重疾病；反之，一个人如果身体健康、精力充沛，由于在学习活动中大脑机能水平比较高，通常能获得更好的学习效果。心理健康和身体健康是密切联系在一起的，长期和严重的不健康心理状态会导致身体上的异常或病态，如长期过度的焦虑、忧愁、烦恼、抑郁、愤怒等。

第三节 我们可以这样学
——优化学习理念及方法

认知心理学家诺曼说：真奇怪，我们期望学生学习，却很少教他们如何学习；我们希望学生解决问题，却很少教他们解决问题的思维策略。类似的，我们有时会要求学生记忆大量材料，却很少教他们记忆术。事实确实如此，很难想象，我们竟然在没有学习过如何学习的情况下持续学习了十几年。这就好比一支军队没有受过任何的军事训练却被要求上战场、打胜仗。在我们过去的学习生涯中，很少有同学接受过比较系统的学习动机、学习理念和学习方法方面的教育和指导。绝大多数人似乎都是通过"自发形成"的学习方法在完成自己的学习，这些方法的系统性和科学性往往存在较多不足之处。在本节，我们将对这些内容进行讨论，促进大家去思考如何改善自己的学习习惯，以期在学习中不断取得进步，提升学习能力，获得优秀的成绩。

你会学习吗？（问卷）

一、调节学习动机

学习动机是动机在学习活动中的表现，是引起和维持个体进行学习活动，并使学习活动朝向一定的学习目标，以满足其学习需要的一种心理状态。学习动机在学习中发挥着十分重要的作用，但是我们每个人的学习动机存在着很大差异：有些人学习的热情忽高忽低；有些人特别厌恶学习；有些人的学习看起来则轻松愉悦，能够很好地坚持学习。这些都涉及学习动机的问题，毫无疑问，如果想取得良好的学习成绩，必须要有适度的学习动机。

怎样维持适度的学习动机则是比较复杂的事情，这不是看一些成功学案例或者一时的自我激励就能解决的。客观地看，学习动机是多重力量冲突和斗争的结果，只有具体了解有哪些推动学习和阻碍学习的心理力量并进行分析总结，才能做到有的放矢，达到事半功倍的效果。我们将从以下几个方面来了解学习动机变化发展的原理，在此基础上大家可以尝试把自己的学习动机调整至最佳水平。

1. **维护自我价值**

每位同学都能感觉到，我们在学习的过程中其实会不断地对自我价值进行评估：是聪明的还是愚蠢的？是意志坚强的还是意志薄弱的？是大有希望的还是令人绝望的？是能变得更好的还是永远都很糟糕的？反过来，当这些评估出现在我们内心的时候，它们又会反过来影响我们的学习动机和学习行为。心理学家科温顿认为，当自我价值受到威胁的时候，每个人都会竭尽全力去维护它。如果我们觉得自己是有价值的、好的，我们就会更加努力地去学习；如果我们觉得自己是没有价值的、坏的，我们就会憎恶学习。

总的来说，我们在学习的过程中总是在保护自我价值，只是不同类型的人使用了不同的方式而已。一些同学通过不断学习来增强自我价值；一些同学通过逃避学习避免失败引发对自我价值的怀疑和否定；还有的同学则非常希望通过获得成就来证明自己的价值，但因为内心仍然觉得自己是没有价值的，所以就会出现"用力过猛"的情况，因为过度努力以及心底的不自信往往会使学习不能坚持到底，情绪也容易起伏；那些彻底放弃学习的同学则是通过放弃的方式来避免自我价值被学习进一步伤害。所以，在学习的过程中，我们要尽量维护自我价值，对一些长期破坏自我价值的学习行为和习惯应该坚决予以改正。

我是怎么破坏自我价值的？

活动目的：

避免在以后的学习中重复破坏自我价值的做法。

活动步骤：

1. 准备好纸笔，并进行思考。
2. 写下三个破坏自我价值的具体做法。
3. 反思：如果下次出现破坏自我价值的行为时，应该如何做出调整？

2. **利用强化原理**

强化和惩罚都是行为主义心理学的重要概念，强化是指通过施加一个正性刺激在个体做出某种行为之后，从而增加该行为出现的概率；相反，如果对某种行为施加负性刺激，则会降低该行为出现的概率，这就是惩罚。

如果想增强学习动机，我们就需要在学习的过程中或者在学习之后给自己一个"正性刺激"。所谓"正性刺激"，可以简单理解为让自己感觉舒适、快乐的事物。它可以是外部的，如考试高分、老师的赞扬、同学的认同、物质的收获等；也可以是内部的，如学习的成就感、价值感、力量感等。比如，当我们完成学习的时候，得到父母的表扬会增强我们的学习动机；反过来，如果得到的是父母的批评则会降低我们的学习动机。如果在学习的过程中能够很好地胜任这些学习任务，就会感到自己有能力，从而提高学习动机；相反，如果每次学习都在不断打击自己的自尊，感觉自己很糟糕，则会不断降低我们的学习动机，甚至从内心厌恶学习。

所以在学习的过程中，我们还要尽量避免"惩罚"，即负性的刺激。因为如果总是感觉自己被质疑（如感觉你的能力不足）、被否定（如感觉自己很愚蠢、很糟糕），那么学习便可能被看作是令人挫败和沮丧的活动，内心自然会越来越抵制学习。另外，学习过程中感到疲劳、枯燥、被控制、有过度的压力等，都会构成对学习行为的惩罚效应，导致学习动机的降低。

延伸阅读

让三组学习能力相近的学生学习同样的材料，在学习过程中对A组学生每一阶段的学习都给予总结和表扬，让他们获得价值感；对B组的同学则经常批评他们做得不好的地方；完全忽略C组，不给他们任何反馈。

一个星期后，通过比较三组学生的学习成绩发现，A组进步最快，学习的积极性很高；B组也有进步，但学习的积极性不高；C组的同学几乎没有进步，处于一种散漫的状态。

总的来说，在学习的时候我们需要注意自己的一些习惯性做法会对自己造成怎样的影响，给我们带来的是正性的刺激还是负性的刺激。另外，在某种行为之后移除负性刺激也能增强这一行为重复出现的概率。

3. 树立合理目标

延伸阅读

心理学家阿特金森有一个经典的实验，他把80名大学生分成四组，每组20人，给他们一项同样的任务。他对第一组的学生说，只有成绩最好者才能得到奖励（成功的可能性为1/20）；对第二组学生说，成绩前5名会得到奖励（成功的可能性为1/4）；对第三组学生说，成绩前10名可以得到奖励（成功的可能性为1/2）；对第四组的学生说，成绩前15名都能得到奖励（成功的可能性为3/4）。

结果成功可能性适中的两个组成绩最好。第一组学生中的大多数认为，即使自己尽最大努力，成为第一名的可能性也太低；第四组学生中的大多数则认为自己肯定在前15名之列，所以这两组学生都认为自己不需要努力了。研究表明，最佳的成功率是二分之一左右。在这种情况下，因为大多数学生会认为，如果尽自己努力就很有希望成功；如果不努力的话，就可能失败。

所以在确立目标的时候并不是随心所欲的，既不能太高，也不能太低。如果目标太高，容易因为成功的可能性太小而放弃；如果目标太低则会因为太容易，缺乏挑战性而让人不愿意付出努力。在确立学习目标以及选择学习内容的时候可以借鉴苏联心理学家维果茨基提出的"最近发展区"理论，遵守"跳一跳，够得着"的原则，即需要做出一定的努力才能达成目标。树立过高或过低的目标会让我们觉得太绝望或没有挑战性，从而影响学习的动力和最终的成绩。

4. 培养成长心态

大家想一下，你觉得你的能力是固定不变的还是可以改变的呢？很多人可能会说，这跟学习也有关系吗？答案是肯定的。心理学家德维克认为，人们对能力持有不同的内隐观念，即这一观念处于"后台"运作，由此，他提出了两种不同的心态：一种叫固定心态，持这种心态的人认为能力是稳定的、不可改变的，依据这个观点，一个人的学习能力是固定不变的；另一种叫成长心态，持这种心态的人认为能力是不稳定的，是可以控制的，是可以随着知识的学习、技能的培养而加强的，通过努力工作、学习和练习，知识和能力都能得到提高。

持有固定心态的同学倾向于选择比较简单的学习内容，一般不愿意做出努力或觉得努力是没有用的，他们通常会回避挑战，在面对困难时也会轻易放弃，在面对批评时则容易感到自尊被伤害，轻易拒绝有益的负面意见和建议。所以这类同学无法充分发挥自身的潜能，难以获得长足的进步。

持有成长心态的同学寻求的则是那些能够真正锻炼自己的能力、提高自己技能的任务。他们认为陌生的知识、困难的问题都意味着能力的增长，所以他们更倾向于积极面对各种挑战和困难。他们能够在批评中学习，愿意正视能力的不足。当他人获得成功的时候，他们通常不过度比较，而是从别人的成功中获取经验和灵感。他们会更积极地寻求各种帮助，因为他们不认为向别人寻求帮助就是对自己能力的否定。总的来说，持有成长心态的人的知识会不断累积，能力会不断增长，能够使用较高水平的认知策略，运用更有效的学习方法。所以这类同学更能充分发挥潜能，不断取得新的成就。

也许我们会注意到自己对能力的观念，但是可能想不到它会对我们的学习有着如此深刻而广泛的影响。在平时的学习过程中，我们需要反复提醒自己：能力不是固定不变的，它会在努力的过程中得到提升。

二、做好时间管理

华罗庚曾经说过，凡是较有成就的科学工作者，毫无例外地都是利用时间的能手，也都是决心在大量时间中投入大量劳动的人。学习也是如此，想要获得优秀的成绩必须首先成为时间管理的能手。

时间管理就是为了实现目标对时间进行计划、安排、控制、分配、使用和反馈等活动。时间管理有着重要的作用：良好的时间管理能力有助于提高学习效率；善于管理时间的同学能够出色、快速地完成学习任务；良好的时间管理能力有利于维护同学们的身心健康和生活质量。

下面为大家介绍几种常用的时间管理的方法。

（一）重点分配法

重点分配法是依据事情价值的大小来分配时间的方法，也就是说要区分事情的轻重缓急，把时间和精力投入有较大意义的事情，保证重点任务首先完成。时间管理的"帕瑞托原则"认为，20%的目标具有80%的价值，而剩余的80%的目标只有20%的价值。因此，我们必须对不同价值的任务分配以不同的时间，把80%的可控时间分配给20%最重要、最需要完成的学习任务。

（二）性质分配法

性质分配法是按事情的性质来分配时间，将时间划分为硬性时间和弹性时间。前者是每天必需的常规性课堂学习时间、睡眠时间、吃饭时间等，后者则是可调节使用的学习时间、社交时间、休闲时间等。性质分配法的优点在于，我们完全可以利用这种"弹性"原则，在高质量地完成某项任务的基础上，将"挤出来"的时间分配给其他任务，让时间得到"增值"。

弹性活动记录

活动目的：

帮助学生"挤出"更多时间。

活动步骤：

1. 将从事过的活动以表格的形式记录下来，并写下当时计划完成的时间和实际花费的时间（开始和结束时间）。

2. 思考每一项活动可节余的时间。

所从事的弹性活动	计划时间	实际开始时间	实际结束时间	可节余时间

（三）学会细化目标

明确的目标可以为我们的努力指明方向；设置界限，能够促进我们发挥潜能，更快、更好地完成学习任务。长期朝向一个目标前进并不是一件容易的事情，很多同学应该有这样的体会。那么怎么设立目标才能比较合理呢？

（1）分层设置目标。首先要做的是将目标分层。把目标分为长期、中期和短期三个层次，如学年目标、本学期目标、每月目标，并定期进行评估。

（2）预设周计划和日计划。在设置了短、中、长三个层次的目标之后，我们还要清楚每周和每天应该完成哪些具体任务。通过每周时间安排表，我们可以预设一周内所需要完成的任务和截止时间。在这个过程中，计划需要有一定的弹性。在每天的计划中，我们需要将事情分得更加详细，并对这些事情的性质通过重点分配法进行划分。

  苏联昆虫学家柳比歇夫从 26 岁就开始实行自己的"时间统计法"，每天都要进行核算，日清月结，年终总结核算并订出下一年的计划。他有许多个"五年计划"，并且过了五年就把自己的时间支出和事业成就做一番对比研究，从中找出得失，吸取教训，直到他去世的那一天。56 年如一日，从不让时间白白流逝，所以他的一生取得了很大成就，发表了 70 余部科学著作，而且每篇论文都有时间的"成本核算"。

（四）用好零碎时间

  首先，可以利用零碎时间处理学习上的杂事；其次，可以利用零碎时间读短篇或看报纸杂志，拓宽自己的知识面，或者背诵诗词和外文单词；此外，零碎时间还可以用来和同学、老师讨论，有助于自己创造性思维的启发。

  宋代文学家欧阳修博学多才，成就卓著，创作了《醉翁亭记》《上随州钱相公启》《丰乐亭记》等传世佳作。同时他又是一代名臣，政治上有很高的声望。他有这样一句话："余平生所作文章，多在三上，乃马上、枕上、厕上也。盖唯此尤可以属思尔。"

三、增强记忆效果

  大家可能都听过狗熊掰棒子的故事：狗熊走进玉米地里，掰了个玉米棒子夹到腋下，走了几步后又掰了个玉米棒子夹到腋下，但原先的玉米棒子却掉了。狗熊在玉米地里忙活了半天，最终手上就只有一两个玉米棒子。

  这个故事说明能够牢记已经学过的知识非常重要，在学习中如果我们不能及时巩固之前所学习的知识，学习就变成了狗熊掰棒子：学了后面的知识，忘了前面的知识。下面我们说说哪些做法能够提高记忆的效果。

1. 合理调整内容呈现的位置

  细心的同学可能会发现，当我们学完一系列的词汇以后马上进行测验，我们对开始和结尾的几个词的记忆效果一般要比中间的词好得多。人们倾向于记住开始的事情，可能是由于我们对最初呈现的内容倾注了更多的注意和努力，造成了首因效应。另外，由于最后的内容和测验之间几乎不存在其他信息的干扰，由此造成了近因效应。根据首因效应和近因效应可知，开始阶段和最后阶段所获得的信息比其他信息更容易记住。所以在学习的过程中，重要的信息可以放在开始或者最后。在记忆一段内容的时候也不要每次从头到尾地背诵，适当调整开始和结束背诵的内容会有更好的效果。

2. 及时复习

重复是记忆之母，但什么时间进行重复，学习效果才是最好的呢？德国心理学家艾宾浩斯通过实验发现，遗忘的进程是不均匀的，呈现出先快后慢的特点，在学习之后最初的很短的时间里遗忘的速度最快。如果过了很长时间才复习，那几乎就等于重新学习一遍。根据这一规律，复习最好要趁热打铁，及时进行。复习的"黄金两分钟"是指在学习后的 10 分钟内就进行复习，只用两分钟往往就能取得良好效果。

延伸阅读

艾宾浩斯记忆遗忘曲线

德国心理学家艾宾浩斯研究发现，遗忘在学习之后立即开始，而且遗忘的进程并不是均匀的。最初遗忘速度最快，以后遗忘的速度逐渐减慢。他认为"保持和遗忘是时间的函数"，他用无意义音节（由若干音节字母组成，能够读出，但无内容意义，即不是词的音节）作为记忆材料，用节省法计算保持和遗忘的数量。根据他的实验结果绘成的描述遗忘进程的曲线，就是著名的艾宾浩斯记忆遗忘曲线。

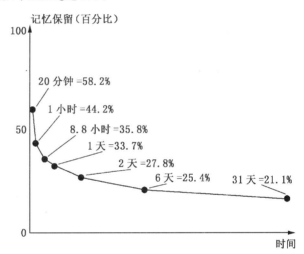

3. 集中复习和分散复习

集中复习是指集中一段时间重复学习很多次，分散复习是指每隔一段时间重复学习一次或几次。大家应该有这样的感觉：考试前几天临时抱佛脚或许能够帮你顺利通过考试，但是过一段时间就会忘得一干二净。相反，分散复习有助于使所学内容长期保持。学习之后通常要复习四五次才能将所学内容牢牢记住。一般认为开始复习的时候时间间隔要短，以后则要长一些。大体时间安排一般为：十分钟、一天、一周、一个月、两个月、半年之后对同一材料各复习一次。

4. 自问自答或尝试背诵

所谓自问自答或尝试背诵的学习，是指在学习一篇材料时，自己向自己提问或者背诵。这样做的好处是能够根据自己回答或者背诵的情况，检查自己的错误和薄弱环节，做到有的放矢。反复阅读多是平均用力，缺乏重点，学习效率相对不高。

5. 过度学习

过度学习是指在达到一次完全正确的再现之后继续学习的方法。如我们背诵一篇文章，阅读10次能够准确再现（就是会背了），那么接下来如果继续重复阅读这篇文章我们就能够记得更加牢固。当然，过度学习是有限度的，并非学习次数越多学习的效果就越好。如果把学习某种知识掌握到当时再现时不出错的训练量界定为100%，但是完全掌握这一知识仍然需要继续学习，一般认为达到150%的训练量效果最佳。如果超过这个限度就会因为学习疲劳产生边际效应，学习效果将逐渐下降。

6. 主动参与

在完成各种学习任务的时候能够亲自参与，要比单纯听课学得更好。另外，灵活运用所学的内容也是一种有效的学习方法。如果将所学的知识用于实验、写成报告、做出总结或向别人讲解，将会获得更好的学习效果。著名的费曼技巧就是要求把所学的知识去教别人，这对知识的掌握程度要求很高，这样做会推动你连接知识的网络，深入理解这些知识，知识保持的效果就会非常好。

四、尝试自我调节

心理学家齐默尔曼对有成效学习者如何自主学习这一问题进行了长达25年的研究。他发现，学习成效高的学生不论在什么地方什么学校，他们在阅读、研习、写作和应试的技巧方法上都出奇的相似。他通过与低效学习者的比较发现，高效学习者会为自己设置更为明确的具体目标，使用更多的学习策略，对学习过程有更多的自我监控，而且能够更系统地根据自己的学习效果来调整所投入的精力。

能够及时、合理地自我调节，要求我们能够对学习方法使用过程中自己的想法、感受、行为以及相应的结果有清晰的认识，从而不断做出尝试和调整。根据自身特点、学科特点、学习时间、学习环境、学习内容、身体状态、情绪状态做出合理的安排。当学习遇到困境的时候，能够通过对学习过程的监控来分析为什么会出现这样的困境，进而调整自己的学习信念、策略和行为，并对今后的学习效果进行跟踪，直到找到克服这一困境的方法。希望同学们课后能够对自己的学习习惯和方法做一个反思，尝试做出一些合理的调整，以提高自己的学习能力。

自我调节的三种策略

五、学会科学用脑

与很多人认为的"学习就是轻松地坐着"这一观念不同，事实上，学习是一项高度复杂的、非常艰苦的脑力劳动。它需要大脑和身体的高度参与，会耗费大量的身心能量——大脑的耗氧量大约占全身耗氧量的四分之一。在学习的过程中，如果不能科学用脑就可能导致我们的记忆、专注、思维等能力下降，进而导致学习效率的降低。长期的不科学用脑还可能导致心理障碍。我们要保持高效的学习就要掌握大脑运行的规律，合理使用自己的大脑。

1. 做到劳逸结合

持续的学习活动容易导致大脑疲劳，而疲劳之后学习的效率就容易大打折扣。要保持较高的学习效率就要尽量在学习疲劳之后充分休息，在大脑得到充分恢复之后再投入学习。上节案例中的王同学的一个错误做法就是不允许自己得到应有的休息，过度压榨自己，看似非常努力，实际上导致自己身心俱疲，用这样的方式追求良好的学习效果无疑是缘木求鱼。

2. 避免边际效应

在学习的过程中存在比较明显的边际效应。边际效应是经济学中的一个概念，它是指其他投入固定不变时，连续增加某一种投入，所新增的产出或收益会逐渐减少。也就是说，当增加的投入超过某一水平之后，新增的每一个单位投入换来的产出量会下降。我们观察到，王同学在下课之后还在孜孜不倦地努力学习，再次上课的时候又全身心地投入课堂学习；或者有一些同学去图书馆会持续学习很长时间（如一个上午不停学习四个小时）不休息。这样的做法对大脑和身体都是一个很大的挑战。事实上，成人持续的注意力集中时间大概是40分钟，如果学习了40分钟之后还要继续学习，那么在投入的时间和精力不变的情况下，学习效率就会越来越低。有一些同学甚至到了眼睛看着书但大脑几乎停滞的状态。这种学习方式不仅会导致学习效率严重下降，还会给我们带来痛苦的感觉，从内心产生对学习的抵触，而且主观上还会让人产生强烈的无助感和绝望感——无论自己怎样努力都无法获得自己想要的结果。

3. 把握身心节律

不管是课堂上的学习还是自学，我们在学习的时候都应该根据大脑和身心感受的节律做出计划。俗话说，文武之道，一张一弛。持续的紧张学习之后一定要学会放松。在持续学习40分钟后务必让自己停下来，让大脑和身体有充分休息的时间，然后再投入学习中。当然，个体之间可能有比较大的差异，有些同学集中注意力的时间可能稍微长一点，有些则可能短一点。比如，很多人使用的番茄工作法，一般把集中精力的时间设置为25分钟（1个番茄），然后休息5分钟，每4个番茄时间段休息时间稍微长一点。一般的休息方式能够让自己的身心得到放松，如静坐、闭目养神、简单的身体活动等。尽量不要使用娱乐方式，比如手机游戏、看小说等，因为这些方式其实还是对身心资源的一种消耗，并不能达到很好的休息效果。

延伸阅读

我的"生物钟"

A	我在清晨头脑清醒，大脑思维活跃，反应敏捷，记忆和思维效率高。
B	我觉得自己在上午和傍晚这两段时间思维活跃，学习效率高。
C	我一到夜间大脑就转入高度兴奋的状态，而且特别清醒，注意力集中。
D	对于学习时间段，我没有特别的偏爱，在上午、中午和晚上学习效果都差不多。

"生物钟"因人而异，根据学习者对不同学习时间的偏好，可以将学习者分为四种类型：选A的同学属于百灵鸟型；选B的同学属于麻雀型；选C的同学属于夜猫子型；

选D的同学属于混合型。百灵鸟型学习者在6—9时效率最高；麻雀型学习者在9—11时和16—18时这两个时间段学习效率最高；夜猫子型学习者的记忆效率则在22时达到最高峰；而混合型学习者各个时间段学习效果差不多。我们要充分了解大脑的工作机制，根据自己的"生物钟"合理安排学习时间。

4. 保证充足睡眠

睡眠如同阳光、空气和水一样，是个体生命必需的。在一定的条件下，睡眠比个体的物质需求具有更重要的意义。需要多少睡眠时间是因人而异的，应该以自身感觉为度。对大学生来说，不但不应该过多地牺牲睡眠时间，而且是越学习紧张越应保证有充足的睡眠，长期的睡眠不足甚至会造成大脑的损伤。有些同学认为应该把所有时间都用于学习，他们把其他活动必需的时间看成是学习的敌人，这是很错误的观念。

延伸阅读

SQ3R 阅读法

1. 浏览（Survey）。这是读书的第一步，当拿到一本书后，首先应概要地读一读该书的提要、目录，以便对该书有个大体的了解。此过程包括三个方面：

（1）看书名、章节标题、作者信息，做好学习新材料的思想准备；

（2）查阅每个标题和副标题，深入阅读之前在头脑中确定材料的整体架构；

（3）浏览前言和后记以了解作者写作的背景和意图，并通过浏览抓住材料的核心观点，这可以帮助我们在后续阅读中组织观点。

2. 提问（Question）。提问的简单做法是将标题转换成自己尽可能想出的几个问题，然后通过阅读来寻找问题的答案。这样可以激发我们的好奇心，从而增强对新材料的理解。例如，标题是"学习策略"，可以这样提问：什么是学习策略？学习策略有哪些种类？学习策略的作用是什么？我们怎样掌握学习策略？

3. 阅读（Read）。阅读可以填充我们头脑中建立起来的框架。细读章节来回答上一步提出的问题，不要逐字逐句地读，要积极地寻找答案，抓住实质内容。在这个过程中，我们可能会提出一些疑问，将这些问题记录下来，对重要的、难解的部分反复读。在阅读过程中，要做到眼到、口到、心到、手到，也就是边读、边思考、边圈点、边画线。

4. 陈述（Recite）。即"回忆印象"，离开书本，看看有多少内容已经能够被记住，还有哪些没有能够透彻理解并记下来，需要进一步加工。这是自我检查学习效果的方法，也是巩固记忆的手段。要尝试回答上面提出的问题，最好能用自己的语言举例说明。如果不能清晰地陈述答案，那就在重复阅读后再尝试陈述。进行这一步的时候最好能结合笔记，摘记一些短语作为陈述提示。

5. 复习（Review）。按照以上步骤通读之后，查看笔记，鸟瞰全部观点以及它们之间的关系，然后合上笔记尝试回忆主要观点及每一个观点下的次级观点。

六、选择正确内容

俗话说，好钢用在刀刃上。我们每个人的时间和精力都是有限的，在学习中如果把它们用在错误的学习内容上，学习效果必然大打折扣。如果能够把它们投入到正确的学习内容上，我们就能在相同的时间和精力成本的基础上获得更高的效益。

1. 选择学习区的内容

"刻意练习"理论认为，人的学习内容可以分为三个区，分别是舒适区、学习区和恐慌区。最里面一圈的是舒适区，是指没有学习难度的知识或者习以为常的任务；中间一圈是学习区，对自己来说有一定挑战，因而感到不适，但是不至于太难受；最外面一圈是恐慌区，超出自己能力范围太多的任务或知识。

科学家们在考察花样滑冰运动员的训练时，发现在同样的练习时间内，普通的运动员更喜欢练自己早已掌握了的动作，而顶尖运动员则更多地练习各种高难度的动作。普通爱好者打高尔夫球纯粹是为了享受打球的过程，而职业运动员则集中练习在各种极端不舒服的位置打不好打的球。真正的练习不是为了完成运动量，练习的精髓是要持续地做自己做不好的事。

我们观察到有一部分同学在学习的时候会无意识地选择舒适区的学习内容，比如做题时总是选择自己比较擅长或者熟悉的题目。这些同学看起来很勤奋，好像做了很多事情（如进行题海练习），却很少能取得切实的进步。而我们知道，从学习的角度来说，最重要的就是对自己不知道的新知识的掌握。所以我们要避免自己停留在舒适区。一旦已经学会了某个东西，就不应该继续在上面花时间，而应该立即转入下一部分的内容。长期使用这种方法进行训练必然能达到事半功倍的效果。

另外一部分同学则选择了学习恐慌区的知识。因为这些内容是远远超出学习者的能力的，所以在学习这些知识时，学习者的自信会不断遭遇打击。我们观察到的现象就是，这些同学经常是"三分钟热度"，在做过短暂的努力之后就选择了放弃。出现这种情况不是因为这些同学的意志不够坚强，而是学习内容选择的错误造成的。

2. 选择重点内容

对一些同学而言，学习就意味着"地毯式轰炸"，把所有的内容全部掌握。这个选择要求我们掌握巨量的知识，由此也就会带来严重的学习负担。这些同学在学习中的表现就是学习的速度、进度都很慢，而他们自己也感到着急、疲劳，努力也于事无补。之所以会做出这样的选择，通常是因为这些同学担心那些不重要的内容考试也会考到。这样的一种担心其实是不必要的，所有的学习内容都有轻重之分，我们需要把知识进行重要性的区分，大量的精力和时间应该放在重点的知识上，而不应该纠结于很多细枝末节。这些同学需要记住的是，我们每个人都不可能掌握所有的知识，不可能控制所有事情，不可能做到完美无缺，如果我们能够接受这些不可能，就不必为此感到焦虑了。

3. 合理区分轻重、主次内容

还有一个常见的现象是，有些同学在记笔记的时候会记录得非常详细，但考试成绩却未见提升。这是典型的以战术上的勤奋掩盖战略上的懒惰的案例。这种情况包含了两种可能：一是因为讨厌和害怕陌生知识而通过事无巨细的记录来进行回避，以此让自己处于舒适的状态；二是因为担心遗漏老师在课堂上讲解的内容而努力抓住每一个细节，被焦虑的情绪所驱使。不管是出于何种心态，这种轻重不分、眉毛胡子一把抓的做法是错误的、低效的。

如何做好笔记

1. 记录老师讲课要点（包括重点、难点、疑点）。上课内容很多，如果逐字逐句记录，既浪费时间，也严重影响听课质量。所以最好以提纲式的方法将要点记录下来。

2. 运用速记符号。课堂上老师讲课内容很多，有时语速较快，为了能将上课内容的要点记下来，可以采用一些自己容易辨认或熟悉的速记符号。

3. 尝试用自己的话记录重要概念。尝试用自己的语言记下一些新知识、新概念，这是对学习材料的一种精加工，有助于记忆与理解。当然，这更需要我们有较强的学习能力，能力一般的同学必须经过一定的训练。

4. 以听为主，以记为辅。要处理好听课与记笔记的关系。课堂上应该以专心致志听课为主，因为只有听明白了，记下来的东西对自己才有意义。机械地照抄知识，意义不大。有一些同学的笔记记录得非常详细，其实是在用战术上的勤劳来掩饰战略上的懒惰。看起来好像课堂上记录了很多内容，其实他根本没有积极去听老师讲，没有对学习内容的重要性做出辨别，缺乏主动思考的精神，所以学习效果一般都不好。

七、克服考试焦虑

考试焦虑是指因考试压力过大而引发的一系列异常的生理、心理现象，包括考前焦虑、临场焦虑（晕考）及考后焦虑。适度的心理紧张对学习有激励作用，会导致良好的学习效果；但过度的考试紧张则会导致考试焦虑。考试焦虑者怀疑自己的能力，忧虑、紧张、不安、失望，由此导致行动刻板、记忆和思维受阻，并伴随一系列的生理变化，如血压升高、心率加快、面色变白、皮肤冒汗、呼吸加深加快、大小便频次增多等。这种心理状态持续时间过长会导致坐立不安、食欲不振、睡眠失常等症状，影响身心健康。考试焦虑的成因以及什么样的人易产生考试焦虑，就成为一个需要重点研究的问题。

你有考试焦虑吗？（问卷）

（一）引起考试焦虑的原因

1. 考试本身

这主要是指考试的重要性、考试难易程度对考试焦虑的影响。一般来说，考试越重要、越难，越容易引起考生的紧张。

2. 知识掌握的程度

考试的难易程度是相对的，现在有一部分学生上课不认真、下课不复习，推崇考前一周效应，平时不努力，临阵磨枪，匆忙上阵，面对考题感到太难，便产生考试焦虑。

3. 遗传方面

有些考生因受父母遗传基因影响，对环境刺激较为敏感，易产生紧张反应，这一类人的考试焦虑程度较高。

4. 健康状况

身体健康与否也影响考试焦虑。身体健康的人，精力充沛，情绪稳定，能够正确面对考试；而体质不良的人，对将要面对的考试尤其是重要考试会产生心理焦虑。

（二）克服考试焦虑的方法

1. 控制焦虑水平

对考试失败的恐惧，使一些人容易产生高强度、持续且起伏不定的焦虑感，他们更可能对压力情境做出过度反应，使情况恶化。高焦虑会极大地扭曲我们的感知和思维，从而对我们的身心造成损害。焦虑会使得我们不停地采取不需要的行动，因而精力被消耗光。一般来说，焦虑和考试表现之间的关系呈倒"U"形曲线。焦虑水平低时，人们只会在简单的任务上表现良好；中等焦虑水平会提高我们的表现，直至达到某个点；但高焦虑时，人们会变得心烦意乱、注意力不集中，因此考试表现会越来越差。同时，人们的最佳焦虑水平，即能够取得最佳表现的焦虑水平有很大的个体差异。

2. 做好充分准备

有效应对考试焦虑的方式是考前做好充分的准备，这一策略可以提高自信，从而减轻考试焦虑。首先，平时要养成良好的学习习惯，注重知识的储备和对所学知识进行及时复习，以加深理解和记忆。其次，一定要做好充分的复习，掌握考试的技巧，如考前明确考试要求和考场环境，了解考场位置，准备考试所需用品，考试中掌握科学的应试技巧，如先难后易或者先易后难。考试结束后进行科学归因，调整自己的期望和心态，降低不恰当的心理期望。

3. 学习放松方法

有很多放松方法可以降低焦虑压力导致的躯体唤醒，如生物反馈、冥想、肌肉放松以及腹式呼吸。腹式呼吸是最简单的降低压力的技巧之一。它本质上包括通过横膈膜做更深的呼吸。横膈膜是附着于下部肋骨上，把胸部和腹部分开的穹顶状肌肉片。你可以选择坐在一张舒服的椅子上或者躺下。不管采用哪一种姿势，把一只手放在你的腹部，感受一下当你通过横膈膜呼吸时它的起伏；通过鼻子深呼吸，并尽可能地用这种方法呼吸六七次；然后想象着放松的时候像平常一样呼吸几秒钟；重复腹式呼吸和正常呼吸的顺序，思想集中在放松的愉快想法上。当下次你因考试再感到紧张时，练习几分钟腹式呼吸，看看它怎样帮助你放松。

课堂练习

自我放松训练

活动目的：

学会在焦虑的时候进行放松。

活动步骤：

坐在感觉舒适的椅子上，微闭双眼，全身放松，每一个动作保持6秒，按照下列步骤进行：

1. 紧握拳头——放松；伸直五指——放松。
2. 收紧小臂——放松；收紧大臂——放松。
3. 耸肩向后——放松；耸肩向前——放松。
4. 保持肩部平直，转头向右——放松；保持肩部平直，转头向左——放松。
5. 屈颈使下颌接触胸部——放松。
6. 张大嘴巴——放松；闭口咬紧牙齿——放松。
7. 使劲伸长舌头——放松；卷起舌头——放松。
8. 舌头用力顶住上颌——放松；舌头用力顶住下颌——放松。
9. 用力睁大双眼——放松；紧闭双眼——放松。
10. 深吸一口气——放松。
11. 胳膊顶住椅子，弓背——放松。
12. 收紧臀部肌肉——放松；臀部肌肉用力顶住椅子——放松。
13. 尽可能地收紧腹部——放松；紧绷并挺腹——放松。
14. 伸直双腿，脚趾上翘——放松。
15. 屈趾——放松；翘趾——放松。

休息2分钟，再做一遍。

4. 进行积极暗示

如果你的表现受到考试焦虑的干扰，一些减轻焦虑的策略可能会有用。例如，当你发现考试过程中产生焦虑时，可以使用一些减轻焦虑的陈述，进行积极地自我暗示。如"我知道我能行"和"我每次就解决一个问题，每个问题都全力以赴"。给出消极自我暗示的学生，如"我这次考试又完了""我又要不及格了""这些题目怎么这么难"，这么做容易将注意力从考试中分散，因而会使得考试表现比较差。

 思考题

1. 你觉得学习有哪些重要的价值？
2. 高职大学生常见的学习问题有哪些？分别是什么原因造成的？
3. 我们可以通过哪些做法来改善我们的学习？

 推荐资源

1. 书籍：《学习之道》

本书的作者乔希·维茨金是一位美国人，他认为在竞争激烈的高阶领域，决胜的关键不仅在于知识多寡，还包括心理层面的锻炼：承受压力、把阻力化为优势，以及体能和情绪迅速复原的能力。而真正的学习赢家，能够在追求卓越的过程中持续总结心得，最终以健康的心态和纯熟的技巧，表现出最好的自己。他指出，在通向成功的道路上我们要注意以下几点：学习从热情出发；先学会输，才有机会赢；让我们攀上高峰的不是奇招，而是熟能生巧的基本功；专注当下，使生活更丰富精彩。维茨金的这些关于学习的思考和认识给很多人带来了极大的帮助，希望同学们能够从中有所收获。

2. *电影：《风雨哈佛路》*

丽子出生在美国的贫民窟里，从小就开始承受家庭的苦难，父母酗酒吸毒，母亲患上了精神分裂症。在她15岁时母亲死于艾滋病，父亲进入收容所。贫穷的丽子只得出去乞讨，流浪在城市的角落，生活的苦难似乎无穷无尽。随着自己的成长，丽子知道只有读书才能改变自身命运，才能摆脱糟糕的现状。她一边打工一边上学，用两年时间学完了高中四年的课程。她尝试申请各类奖学金，当她得知《纽约时报》的全额奖学金可以支持她念完大学时，她努力申请到了这份奖学金。最后，她迈着自信的脚步走进了哈佛的学堂。贫困并没有阻止丽子前进的决心，在她的人生里面，从不退缩的奋斗是永恒的主题。

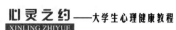

> 知人者智，自知者明，胜人者有力，自胜者强。
>
> ——老子《道德经》

第四章　成就最好的自己
——谈自我意识

▶ **知识目标**

了解自我意识的概念及内涵；

了解大学生自我意识的特点和发展过程；

了解大学生自我意识发展中常见的偏差；

掌握塑造健全自我意识的方法。

▶ **能力目标**

能够学会正确认识自我，积极悦纳自我，并努力提升自我；

能够对自我意识的偏差进行合理的调整，确立良好的自我形象。

小李因高考发挥不佳，与理想中的大学失之交臂，成为了一名高职院校的大一学生。开学时，家庭经济条件一般的小李，办理了助学贷款，带着简单的行李，坐了十几个小时的火车孤身一人来到学校。他对学校不满意，对专业不感兴趣，初入大学的他充满着迷茫和失望。

在生活上，身边有些同学追求时尚的消费，让生活节俭的他倍感压力。当宿舍里同学讨论动漫、游戏、品牌等话题时，一无所知、插不上话的他感觉自己是多余的，因为他高中时绝大部分时间都在学习，对学习之外的东西不感兴趣，他认为那是浪费时间。

在学习上，对专业丝毫不感兴趣，每次上课时他总是一个人坐在最后一排，听不进老师讲课的内容，在遇到问题时也不敢与老师沟通。因为普通话不标准，除了上课被老师点名回答问题外，他从不敢主动在班级里说一句话，担心同学们会嘲笑他。

他不参与班级的任何活动，似乎成了一个游离在集体之外，躲在角落的"隐形人"。一个学期快结束了，身边的同学有的都已经开始谈恋爱了，可他在女生面前连头都不敢抬,一学期都没说上几句话,更别说和女生的交流了。

在校园里,常常看到小李低着头快步前行,他不知道前面的路该走向何方,他觉得自己一无是处。

讨论与分享

1. 小李是一个什么样的人?
2. 哪些信息让小李建立起了这样的自我认识?他对自己的认识是否有偏差?
3. 小李可以通过哪些方法更客观地了解自己?又如何能够提升自我?

第一节 柳暗花明见云日
——认识真实的我

一、自我意识的定义和内涵

我是谁

活动目的:

学会发现自我,认识自我。

活动步骤:

1. 请写出 20 个关于"我是一个怎样的人"的句子,要求尽量选择一些能反映个人风格的语句,避免出现类似"我是一个男生"这样的句子。

2. 将你所列出的 20 项内容进行归类。

(1) 身体状况(属于你的体貌特征,如外貌、身高、体型等)。

(2) 心理状况(你常持有的情绪情感,如开朗、烦恼、沮丧等;你的才智状况,如有能力、聪明、灵活、机智、迟钝等)。

(3) 社会关系状况(与他人的关系、在群体中的地位和作用、对他人常持有的态度和原则,如乐于助人、爱交朋友、坦诚、孤独等)。

3. 最后请在写出的每句话前面标上"+"或"-","+"表示你对自己满意,肯定的态度;"-"表示你对自己不满意,否定的态度。统计"+"与"-"的数量,如果"+"的数量多于"-",说明你对自己的评价是比较积极的,反之则是比较消极的。

(一) 自我意识的定义

意识是心理活动的一种高级水平,为人类所独有。一般把意识定义为一个人对于内部和外部刺激的知觉。

自我意识是对自己身心活动的觉察,即自己对自己的认识。它是个体在社会实践中形成、发展的对于主体自身身心状态、心理特征及其与他人、外部世界关系的主观反映和由此引起的情感体验与行为意向，是主体对自身的自觉能动的心理。美国心理学家罗杰斯认为，自我意识是个人对自己多方面的综合看法以及对自己所做的肯定或否定的评价。

自我意识是意识的核心部分，是个体在社会化的过程中逐渐形成发展起来的。对于大学生来说，大学阶段是自我意识快速发展和逐渐走向稳定的一个重要时期。与自我意识相关的概念主要包括自我概念、自我同一性、自我认识、自我认同、自我评价等。自我意识是一个主观的过程，每个人的自我意识水平与心理健康状态存在着密切的关系，诸多研究表明，积极健全的自我意识有助于个体心理健康水平的提升。

（二）自我意识的内涵

1. 从内容上划分

自我意识是人对自我及其周围关系的意识，包括个体对自身的意识和个体对世界的意识两大部分。从内容上看，自我意识可以分为生理自我、心理自我和社会自我。

（1）生理自我。生理自我是个体对自己的身体和生理状况等的意识，如性别、年龄、相貌、身材、健康状况、体能等，生理自我受遗传影响很大，很难改变。

（2）心理自我。心理自我是个体对自己的心理和行为特征的意识，如能力、态度、情绪、兴趣、动机、气质、性格、理想、行为表现等。

（3）社会自我。社会自我是个体对自己的社会关系和人际关系的意识，如社会关系、社会角色、社会地位、社会责任与义务等。

2. 从结构上划分

自我意识的结构是自我意识包含的成分。由于自我意识既是心理活动的主体，也是心理活动的客体，是涉及认知、情绪、意志过程的一个多维度、多层次的心理现象，因此，从结构上看，自我意识由自我认识、自我体验和自我调控三个部分组成。

（1）自我认识。自我认识是个体对自己的身心状况及自己与周围环境关系的认识，主要涉及"我是怎样的人""我为什么是这样的人""我怎么看待自己"等问题。

（2）自我体验。自我体验是个体在认识自我的过程中所产生的情感体验，反映了个体对自己的态度，主要涉及"我对自己感觉怎么样""我对自己是否满意""我是否悦纳自己"等问题。

（3）自我调控。自我调控是个体对自己的行为和心理活动的调节与控制、自己对待他人和自己的态度的调节和控制，主要涉及"我怎样调控自己""我怎样成为自己想成为的人"等问题。

健全的自我意识的标准就是要有正确的自我认识、良好的自我体验和有效的自我调控，见表4-1所示。

表 4-1　自我意识的内涵

内容＼结构	自我认识	自我体验	自我调控
生理自我	对性别、年龄、相貌、身材、健康状况、体能等的认识	漂亮、有魅力、迷人、健康、喜欢自己等	追求物质的满足、锻炼身体、增强体能等
心理自我	对能力、态度、情绪、兴趣、动机、气质、性格、理想、行为表现等的认识	聪明、有能力、果断、温和、敏锐、敏感、坚韧、内敛等	完善个性、调整行为、确立目标、发展个人能力等
社会自我	对社会关系、角色、名望、地位、责任与义务等的认识	自信、自爱、自尊、自豪、自卑、自怜、自负、自恋等	追求社会地位和声望、争取获得他人的认可、积极参与竞争、知足常乐、随遇而安等

3. 从自我观念上划分

从自我认知的自我观念来看，自我意识又可以分成现实自我、投射自我和理想自我。

（1）现实自我。现实自我是个人从自己的立场出发对自己目前的实际状况的看法，是个体对自己的现实观感。

（2）投射自我。投射自我又称"镜中我"，是个体想象自己在他人心目中的形象，是由想象他人对自己的评价而产生的自我观感。如果一个人的现实自我和投射自我大体上一致，个体就会有良好的自我认同感。反之，个体很可能会出现自我认同混乱。

（3）理想自我。理想自我是个体想要达到的完善的自我形象，是个体追求的目标。理想自我对个人的认知、情绪和行为有很大的影响。如果理想自我和现实自我的差距过大，以至于根本无法达到，个体就会产生挫败感，经常性的挫败体验会带来强烈的自卑感。

二、自我意识的产生和发展

自我意识不是天生就有的，它从发生、发展到相对稳定和成熟，需要 20 多年的时间，是个体在后天的社会实践和社会交往过程中，随着语言和思维发展而发展起来的。这个过程起始于婴幼儿时期，萌芽于童年少年期，形成于青春期，发展于青年期，完善于成年期。

著名心理学家埃里克森提出人格的心理社会发展理论，认为人的心理发展持续一生。他把心理的发展划分为八个阶段（表 4-2），指出每一阶段的特殊社会心理任务，并认为每一阶段都有一个特殊矛盾，矛盾的顺利解决是人格健康发展的前提，若矛盾得不到顺利解决，就会产生不健全的人格。

表 4-2 埃里克森人格发展理论的八个阶段

阶段	心理—社会转变期主要矛盾	发展顺利者的人格特征	发展障碍者的人格特征	主要获得的品质
婴儿期 （0—1岁）	信任感与怀疑感	对人信任，有安全感	面对新环境会焦虑不安	希望
幼儿前期 （1—3岁）	自主感与羞怯感	能按社会要求表现目的性行为	缺乏信心，行动畏首畏尾	意志力
幼儿后期 （3—6岁）	主动感与内疚感	主动好奇，行动有方向，开始有责任感	畏惧退缩，缺少自我价值感	目的
学龄期 （6—12岁）	勤奋感与自卑感	具有求学、做事、待人的基本能力	缺乏生活基本能力，充满失败感	能力
青春期 （12—18岁）	自我同一与自我混乱	有了明确的自我观念与自我追寻的方向	生活无目的、无方向，时而感到彷徨迷失	忠诚
成年早期 （18—25岁）	亲密感与孤独感	与人相处有亲密感	与社会疏离，时而寂寞孤独	爱
成年期 （25—65岁）	创造力与自我专注	热爱家庭关怀社会，有责任心，有义务感	不关心别人与社会，缺少生活意义	关心
老年期 （65岁以上）	完美感与失望感	随心所欲，安享余年	悔恨旧事，消极失望	智慧

大学生处于青春后期和成年早期的阶段，在大学阶段个体需要完成两个心理发展任务，即"形成自我同一性"和"开始学会建立亲密关系"。因此处于大学生阶段的个体需要完成"我是谁"和"我如何与他人相处"这两个人生重要的课题。本章将着重探讨第一个课题，第二个课题将在后面的章节中具体阐述。

埃里克森的心理社会发展阶段理论

三、自我意识与心理健康的关系

 案例分析

为什么刘同学的心理健康会出问题？

刘同学出身书香世家，父母均是名牌大学毕业，他从小被寄予厚望，中考前学习成绩优异，但高中三年成绩下滑，最终考入专科院校，他在同辈的兄弟姐妹中高考成绩最低。父母时常对他表现出失望和不满。在高中期间，周围强者如林，刘同学比初中的时候更加努力，每天学习到凌晨，咖啡当水喝，虽然付出了很多努力，但依然班级排名垫底，慢慢地他开始怀疑自己的能力，觉得自己什么都不如人。从高一开始，他出现过几次突发的心慌、呼吸急促、手麻、身体僵硬、出汗等症状，持续一会儿，才慢慢缓解。

第四章 成就最好的自己
——谈自我意识

刘同学进入大学后，一方面对自己的现状非常不满，想早日升本成功；另一方面，又觉得自己什么都不会做，也做不好，强烈的自卑感整日困扰着他，学习上没有自信、不敢与人交往、不愿参加各类社团活动。不久，他再次出现了焦虑、抑郁等症状，这严重影响了他的学习和生活，他不得不向学校心理中心求助。

"我没有能力做好，我什么都做不好。"这些是刘同学的自我评价。在他的成长过程中，父母给他的评价是负面的、失望的，与同学和兄弟姐妹相比，他在学习上是差劲的，这些他人寄予的评价和自我评价，逐步使刘同学形成了"我无能、我不行"的自我认知。这样的自我意识，让小刘在遇到所有的事情时都觉得自己不行，什么都做不好，所以他选择了逃避，不去做，由此造成恶性循环，严重影响了自己的心理健康。

自我意识不但是人认识客观世界、改造客观世界的前提，同时也是一个人能否获得主观幸福感、能否保证心理健康的关键所在。如果一个人认识到自己的优缺点，就能够帮助其开展积极的自我教育；当一个人对自己不了解或是了解有偏差的时候，往往很难去真正管理自己，获得个人成长。因此个体具有成熟的自我意识和健康的自我形象是心理健康的重要标志，也是良好心理素质的体现。

1. 自我意识是心理健康的重要标志

东西方的许多心理学家在界定心理健康的标准时，不约而同地将自我认知作为主要的指标，一致认为基本的自我接纳是达到心理健康其他标准的先决条件。例如，心理学家马斯洛和密特尔就把有充分的自我安全感、能充分了解自己和恰当估计自己的能力作为重要心理健康标准。心理学家奥尔波特认为健全人格应具备的特点包括扩展的自我、自我接纳与安全感。我国学者王登峰也把"了解自我、悦纳自我"作为心理健康的首要指标。

健全的自我意识是心理健康的重要标志。只有客观准确地认识和了解自我，并对自己持一种接受和开放的态度，才有可能充分发掘自己的潜能，取得成功；反之，则会影响到身心健康和个人发展。

2. 良好的自我意识是成功的基础

自我意识不仅影响人的心理健康，而且影响人的成就水平。正如马斯洛所指出的那样，有一个稳固基础的自我意识是迈向自我实现的先决条件。

自我意识得到良好建立，人才会对生活有信心、有动力，了解和接纳自己的优点和缺点，对自己有合理的期望，满足、从容、处事积极，善于利用每一个成长的机会改进自己；与人交往能真情流露，展示自己的内心世界，容易与人建立深厚的情谊；对自己充满信心，相信自己的生命拥有内在控制的能力，自己有能力达到个人的目标，从而进一步迈向成熟的阶段。人如果未能建立良好的自我意识，就可能会产生一种角色混淆的感觉，不知道自己是谁，也不知道自己属于谁，与人愉快相处也会有困难。

3. 自我意识的偏差会导致心理疾病

国内外的诸多研究成果都表明，自我意识与心理健康密切相关。健全的自我意识能够促进心理健康水平的发展。相反，当自我意识发生偏差时，自我认同程度降低、不能自

我接纳、自我调节功能受损，往往会带来情绪抑郁、人际关系紧张和滥用药物等现象。

四、大学生自我意识发展的特点

个体的自我意识发展是一个漫长的过程，高职大学生的年龄一般在18—21岁之间，正处于青春期向成年期的过渡时期，处于身心发展走向成熟、自我意识日趋完善的重要时期。进入大学后，他们在年龄上已经进入成年期，他们开始了全新的生活和学习方式，大学赋予了他们新的生活环境、新的学习活动和新的人际关系，在此过程中他们的自我意识会进入一个重新探索和全新发展的时期，因此高职大学生的自我意识会呈现出许多新的特点。

1. **自我认识的自觉性明显提高**

大学生不仅会关注自身外在的特点，如外貌、体型、仪表等，努力让自己更健康、美丽，而且会更加注重内在品质的养成，如能力、性格、修养、道德等，尽力让自己成为个性独特、有修养、有内涵的人。大学生的自我认识以肯定性的评价为主，他们对自我的评价都是积极肯定的，优点多于缺点。对大学生开展"我心中的自己与他人眼中的我"的调查研究结果表明：大学生中大多数人对自我的评价与他人的评价是一致的，并能够根据自身的情况从长处进行规划发展。

大学生有美好的愿望，希望自己和他人一样品质优秀。他们已对自己的能力、素质和发展前景有了初步认识，但是还需要不断完善。有些大学生能够清晰地认识自我，有理想、有目标，又不脱离现实，并且能够严格要求自己，对未来充满信心。但也有一些大学生的自我认识出现了偏差，脱离现实，不能形成正确的自我意识。一些未能如愿进入本科院校的高职大学生，面对现实的巨大落差，更容易出现否定性的自我评价，怀疑自己的能力，对自己失去信心。

2. **自我体验的深刻性不断增强**

自我体验是指自己对自己的情绪体验，也就是主观的我对客观的我所持有的一种情绪体验，自尊、自信、自卑、自责等都是自我体验。自我体验反映了"主体我"与"客体我"之间的关系，如果"客体我"满足了"主体我"的需要就会产生肯定的自我体验，为自我满足；反之，就会产生否定的自我体验，为自我责备。自尊感是指个体能够悦纳自己并尊重自己，对自己持肯定的态度；自卑感则是个体对自己不满，对自己持否定的态度。它们是自我体验中两种相互对立的情感。调查中发现，绝大部分大学生的自我体验是积极的、肯定的，对自我满意，他们自信、乐观、充满活力。但也有些大学生有着过强的自尊心，这些人往往又是极其脆弱的，他们特别在意别人对自己的评价和批评，稍微受到伤害就无法承受。如果屡屡受挫，他们便会羞愧无比，感到无脸见人，使得过强的自尊心走向另一个极端——过度自卑，从而产生严重的自责、自怨等挫折反应。

3. **自我调控的能力明显提高**

随着知识和经验的不断丰富，以及思维水平的发展，大学生的自我调控能力有了明显的提高。大多数大学生能较理性地思考和行动，自主安排学习和生活，制订行动计划并付诸实施；能正确对待生活中遇到的成功与失败，自觉调控情绪；能对自我进行反省，并对自己的行为进行调控。对于高职院校的大学生来说，有相当一部分学生的自我调控能力易受到外界的影响，没有计划、没有目标、没有方向，对未来充满迷惘，沉迷于手机、追剧、追星等，或者虽然有目标但极易动摇，难以实施，有决心无恒心。

自我和谐量表(SCCS)(问卷)

五、大学生客观认识自我的途径

延伸阅读

周哈里视窗

周哈里视窗（Johari Window）理论是美国心理学家 Joseph Luft 和 Harry Ingham 在 1955 年提出的关于人的自我认识的窗口理论。该理论认为，人对自己的认识是一个不断探索的过程，它通过两个维度，即"自己知道或不知道"和"他人知道或不知道"，将自我分成了四个部分：公开的自我、盲目的自我、隐藏的自我和未知的自我。

	自己知道	自己不知道
别人知道	公开的自我	盲目的自我
别人不知道	隐藏的自我	未知的自我

公开的自我：是自己知道、别人也知道的信息。例如，我的姓名、外貌、家庭情况、部分经历和爱好等。

盲目的自我：是自己不知道、别人却可能知道的盲点。例如，性格上的弱点或者坏的习惯、我的某些处事方式、别人对我的一些感受等。

隐藏的自我：是自己知道、别人却可能不知道的秘密。例如，我的某些经历、痛苦、尴尬、心愿、阴谋、秘密、好恶等。一个真诚的人也需要隐藏区，完全没有隐藏区的人是心智不成熟的。

未知的自我：是自己和别人都不知道的信息，是无意识范畴。如尚待开发的能力或特性，也包括弗洛伊德提出的潜意识。对于未知的自我，可以通过自我反省、自我观察、自我实践获得更多的了解。

每个人的四个自我的大小分布都是不一样的，一个人公开的自我越大，自我认识越客观准确，心理就越和谐。通过给别人反馈和获得别人的反馈，人对自我的认识就会更多、更客观。

现代人有很多文化经验、科学知识，可以说无所不知，但有时却很少自知。而自知是一个人自我意识发展的基础。一般而言，认识自我的途径主要有以下四个方面：

1. 从他人的反馈中认识自我

个体了解自己的一个途径就是了解他人对自己的评价，通过在与他人的关系中获得互动和反馈，观察他人对自己的反应。对于大学生而言，来自师长、同学、好友和亲密伴侣的态度和评价，会对其自我意识的形成产生重要的影响。所谓"当局者迷，旁观者清"，有时候站在他人的角度能够更好地看清楚自己，他人的反馈和评价有助于我们了解自己忽视的问题。当然，因为每个人的思维方式和立场不同，他们给出的对同一件事情、同一个人的看法和评价也会有比较大的差异，我们需要辩证地看待他人的评价，既不能因为他人评价过高而盲目自信，也不要因为他人评价过低而妄自菲薄。在看待他人评价时需要重视关系密切者对自己的评价，重视大多数人异口同声的评价，重视逆耳但有理的评价，在重视他人评价的同时也需要有自己的判断，有自己的主见。

2. 从自我的反省中认识自我

古人云：吾日三省吾身。大学生已经具备了一定的自我观察和自我评价能力，我们可以通过自我的反省来认识自我。我们可以在镜子中观察自己的形象是否得当，反思自己的行为和动机是否正确，行为过程中有何不足，行为的结果和成效如何，有哪些收获和遗憾，从中发现自己的优缺点，以便有的放矢地进行自我调整。

3. 从自我的实践中认识自我

大学生可以通过自我的实践活动来更好地认识自我，在从事社会实践活动的过程中展示自己的聪明才智、情感取向、意志品质等，通过分析实践活动中自己的表现和成果，客观认识自己的知识才能、兴趣爱好、潜在能力等，从而进一步发挥自己的长处，弥补自己的短处。我们只有积极参加社会实践，才能增加生活阅历，扩展交往空间，多方面、多角度地认识自我，实现自我价值。

4. 从专业测试中认识自我

我们也可以选择专业的心理测试量表来对自己的心理特征进行全面的测评，参考测量结果分析自我心理特征上的优势与不足。专业的心理测试量表是经过科学设计的，把测量结果与大样本的测量常模参照，可以帮助我们更加科学、客观地认识自我。

古人云：人贵有自知之明。正确认识自我是健全自我意识的基础。如果一个人能对自我有一个较为全面、客观的认识和评价，往往能更好地扬长避短、取长补短、提升自我、完善自己。

他人眼中的"我" VS 自己眼中的"我"

活动目的：

本练习可以帮助学生了解自我评价和他人评价，澄清现实自我和理想自我，促进自我同一性的形成。

活动步骤：

1. 请根据自己的感觉，写出父母对你的认识、好朋友对你的认识，最后写出"自己眼中的'我'""理想的'我'"。

2. 将这些信息进行比较后看看，周围的人对你的认识一致吗？别人对你的认识与你对自己的认识一致吗？是否每个人对你的评价都是客观的？

3. 综合大家的看法和自己的认识，形成一个较为客观和完整的自我认识。

父亲眼中的"我"	
母亲眼中的"我"	
好朋友眼中的"我"	
自己眼中的"我"	
自己理想中的"我"	

——悦纳独特的我

不敢在大家面前讲话的吴同学

吴同学是某高职院大二的学生，学习成绩非常好，总是排在班级前几名，在外人看来，她是一位十分优秀的学生。然而通过与小吴的接触，可以明显感受到她的自卑或者是不自信。她总是把自己的缺点与别人的优点相比较，得出的结论就是自己不行。譬如小吴同学不喜欢在大家面前发言，平时显得比较拘谨、内向，她总认为那些能够在大家面前侃侃而谈的同学比她优秀许多，因此她感到非常自卑。越是这样想，她就越发不敢在大家面前说话，哪怕只是说一句话也显得非常紧张，她陷在这种恶性循环中而不能自拔。

思考与讨论

1. 吴同学的自卑源于什么？她对自我的认识和评价是什么？这两个问题有什么内在联系？

2. 吴同学为什么不能突破自我？其困境在哪里？

分析与提示

一、大学生自我意识发展的偏差

诸多研究表明，大学生自我意识发展的总体趋势比较好，但是由于他们的心理尚未完全成熟，加上社会背景、成长经历、追求目标等因素的影响，部分大学生在自我意识发展过程中存在着一些偏差，需要加以重视和调整。主要表现在以下几个方面：

1. 自我中心

自我中心就是在思考问题时，只考虑自己的观点，无法接受别人的观点，也不能将自己的观点和别人的观点协调。其突出的表现有：十分自私自利，不能站在他人的立场上考虑问题，不能理解他人，却抱怨他人不理解自己。自我中心是大学生在成长的环境中父母给予了过多的关注和满足所带来的结果，自我中心较强的学生在大学集体生活中很容易受挫，尤其是高职院校的学生，最突出的表现就是难以与他人建立良好的人际关系。

2. 自我否定

自我否定的大学生对现实中的自我评价过低，认为"理想我"与"现实我"之间的差距很大，缺乏自信，看不到自己的价值，觉得自己一无是处，不能接纳自己，有严重的自卑心理。因为高考失利的原因，部分高职大学生在自我否定上的表现尤其严重，感觉在亲人、朋友面前无法抬头，他们对现实自我强烈不满，认为"理想我"与"现实我"之间的差距太大，大到无法改变，甚至产生自暴自弃的想法，放弃自我。

测一测你的自信心

罗森博格自尊量表（Self-Esteem Scale，SES）由罗森博格于 1965 年编制，最初用以评定青少年关于自我价值和自我接纳的总体感受，目前是我国心理学界使用最多的自尊测量工具。

该量表由 5 个正向计分和 5 个反向计分的条目组成。请根据以下描述判断是否符合自己的情况。

	非常同意	同意	不同意	非常不同意
1. 我认为自己是个有价值的人，至少与别人不相上下	4	3	2	1
2. 我觉得我有许多优点	4	3	2	1
3. 总的来说，我倾向于认为自己是一个失败者	1	2	3	4
4. 我做事可以做得和大多数人一样好	4	3	2	1
5. 我觉得自己没有什么值得自豪的地方	1	2	3	4
6. 我对自己持有一种肯定的态度	4	3	2	1
7. 整体而言，我对自己觉得很满意	4	3	2	1
8. 我要是能更看得起自己就好了	1	2	3	4
9. 有时我的确感到自己很没用	1	2	3	4
10. 有时我觉得自己一无是处	1	2	3	4
总　分				

量表分四级评分，"非常同意"计4分，"同意"计3分，"不同意"计2分，"非常不同意"计1分，1、2、4、6、7正向记分，3、5、8、9、10反向记分，总分范围是10-40分，分值越高，自尊程度越高。

3. 自我扩张

自我扩张，也称自我膨胀，指过度自信到了自负的程度。自我扩张的大学生往往高估自己，对自己肯定的评价超出自己的实际水平和能力，他们习惯夸大自己的优点和别人的缺点，经常拿自己的长处和别人的短处相比，从而产生盲目乐观和骄傲的情绪，一旦无法完成任务，就会推卸责任，指责他人。他们缺乏自我批评意识，听不得不同意见，没有自知之明，把自己的意志强加于人，很难与人和谐相处，容易失败，易受挫折。一些自我否定的同学为了掩饰自己的自卑、满足虚荣心，常常通过语言和行为夸大自己的形象和财富等，以此来获得内心的满足。

4. 自我矛盾

大学生自我意识的发展，使他们开始意识到以前不曾关注的关于"我"的诸多方面和细节，也带来了"主观我"和"客观我"的矛盾，"理想我"与"现实我"的矛盾也逐步加剧。这些矛盾给大学生带来了明显的内心冲突，甚至带来了自我混乱的痛苦和不安，妨碍了他们对自我的判断和认知，严重地影响到了他们的心理健康水平。大学生自我意识的矛盾主要表现在以下几个方面：

（1）"主观我"与"客观我"的矛盾。

"主观我"是指自己眼中的我，"客观我"是指别人眼中的我。自我评价与别人评价之间往往存在着差距。大学生对自我的认识不太稳定，弄不清楚自己到底是怎样的人：有时能客观、全面地评价自己，有时又比较主观片面；有时对自己很满意，觉得自己很能干，有时候又很不满意，认为自己很无能；有时候觉得自信满满，有时候又觉得超级自卑；有时候自认为是一个缺乏自信、能力不够、毫无魅力的人，但在别人眼里却是一个自信、能干、令人羡慕的人；有时候在自己心目中是一个高大、迷人、有魅力的人，但在同学眼中却是一个不受欢迎、得不到认同的人。

（2）"理想我"与"现实我"的矛盾。

"理想我"是指自己想成为的那个人，自己所期望的未来的自我形象；"现实我"是现实中真实的自我形象。大学生自我意识矛盾最突出的表现，主要就是来源于理想自我与现实自我之间的差距。他们有理想、有抱负、有强烈的成就欲望，对未来充满信心和希望。然而，对于高职院校的大学生来说，他们一方面对社会的了解和接触甚少，另一方面又认为自己与本科院校的学生之间有着较大的差距，自己的现实条件和理想目标相距甚远，这给他们带来了很大的苦恼和心理冲突。正是这样的差距和冲突激励着大学生们不断积极进取，提升现实自我，缩小现实自我与理想自我之间的差距。当然，对于一些大学生来说，他们的理想自我与现实自我之间一直不能趋近并统一，由此引起自我的分裂，带来一系列心理问题。

(3) 独立意向与依附心理的冲突。

进入大学后，大学生的独立意向迅速发展，他们希望在学习、生活、经济、思想各方面独立，强烈要求摆脱父母和老师的约束。但由于他们长期以来习惯于被父母和老师过多保护和安排，在独立面对自己的生活和学习时，心理上的依赖感无法迅速摆脱，无法真正做到人格上的独立。这种独立和依赖的矛盾也一直是大学生自我发展中苦恼的问题。

自我矛盾的大学生，他们的"理想我"与"现实我"难以统一，对自己的行为缺乏"我是我"的整合感，会产生"我非我""我不知我"的分离感，自我意识矛盾强度大，持续时间长，自我认识、自我体验、自我控制缺乏稳定性和确定性，内心充满矛盾和冲突，无法统合出新的自我。每位大学生都会经历自我矛盾的阶段，最终绝大部分大学生都会完成自我统一，但依然会有极少数的大学生一直处于自我矛盾的状态中。

二、积极悦纳自我的途径

大学生心理健康的标准之一是能保持正确的自我意识，悦纳自我。在客观、全面、准确地认识自我之后，要树立健康、合理的自我意识就需要做到悦纳自我，也就是接受并喜欢自己。自我接纳是指自己认可自己，肯定自己的价值，对自己的优势和劣势都能客观评价、坦然面对，不会过多地抱怨和谴责自己。做到悦纳自我可以从以下几个方面努力：

1. 无条件接受独特的我

我们要学会做自己的朋友，关心并接受自己的身体和心理状况，不带任何附加条件地接纳自己的一切。要在接纳自我的基础上勇于行动，做一些自己能够做的事情，让自我逐步得到改善。悦纳自我，就是要接受独一无二的"我"，要看到"我"的全部，接受不完美的自己。我们每个人都不可能做到"十全十美"，每个个体都是独特的。"尺有所短，寸有所长"，人只有接受自己的一切并喜欢自己，才会有价值感、幸福感、满足感。另外，每个人都有犯错的时候，要允许自己犯错，重要的是在犯错后要及时改正，以弥补自己的错误，并不再犯同样的错误，这样才能让自我获得提升。学会从独特的角度去欣赏和接纳自己，而不是用好和坏的标准去评价自己，欣赏自己的独一无二，为自己的这份独特感到自豪。

延伸阅读

缺角的圆

有一个圆，被切去了好大一个三角楔，想要自己恢复完整，因此四处寻找失去的部分。因为它残缺不全，只能慢慢滚动，所以就在路上欣赏花草树木，还和毛毛虫聊天，享受阳光。它找到过各种不同的碎片，但都不合适，所以只能继续往前寻找。

有一天，这个残缺不全的圆找到一个非常合适的碎片，它很开心地把碎片拼上了，开始滚动。现在它是完整的圆了，能滚得很快，快得使它注意不到路边的花草树木，也不能和毛毛虫聊天了。它终于发现滚动太快使它看到的世界好像完全不同，便停止滚动，把补上的碎片丢在路旁，开始慢慢地行走。

2. 肯定自己的长处

积极地肯定自己的长处，可以最大限度地调动个体的能动性，使其心情愉悦，让个体的智力和创造力得到充分的发挥，从而朝着自我完善的方向积极迈进。每个人都必须学会自我肯定，这是提升自信心的关键。对于缺乏自信心的大学生来说，发现自己的优点尤为困难。我们可以通过练习，找到自己的优点，并表达出来，写出来或者大声念出来，不断强化。这样的练习可以使大学生学会肯定自我，进行积极的自我暗示，增强信心。

课堂练习

天生我材

活动目的：
通过自我欣赏和聆听他人的自我欣赏，发现自己与他人的优点，增强自信心。

活动步骤：
1. 每位同学按照下表中的提示，写出未完成的语句。
2. 完成后，在班级同学中分享。

我最欣赏自己的外表是：
我最欣赏自己对朋友的态度是：
我最欣赏自己对学习的态度是：
我最欣赏自己的性格是：
我最欣赏自己对家人的态度是：
我最欣赏自己做事的态度是：
我最欣赏自己的一次成功是：

3. 善待自己的短处

学会正确对待自己的短处是积极悦纳自我的关键。人的短处无外乎两种：一种是自己可以改变的，如不良习惯、懒惰、自私自利等，对此要坚决改正。另一种是自己不能改变的，如先天的生理特征——身高、外貌等。首先要勇于面对现实、坦然接受，然后可以通过适当的修饰加以弥补，也可以通过在其他方面取得的成就进行"补偿"，如提高自己的内在修养、提升自己的学业水平、培养自己多方面的能力、完善自己的个性等，相信"虽然外貌一般，但是我很有才华"这句话的道理。

自我激励的锦囊妙计

1. 每天、每月、每年定期回顾自己的成就。记住，肯定有！
2. 为小的、中等的、大的以及可以称得上是自己里程碑性的成就，建立自己独特的、喜欢的个人奖励机制，向自己保证永远尽力而为。
3. 定期回顾自己的个人目标，追求自己能得到的一切。想象自己实现梦想后会是什么样子。
4. 保存一份你的成功档案，记录你所有的成就。注意，不要忽略任何一点点。
5. 吃好、休息好，并做适度的锻炼，使自己强壮、机警、健康。
6. 谈论自己时多从积极的角度出发。
7. 保存一份信心档案，将喜欢自己的、崇拜自己的地方罗列成表。
8. 经常对自己说些肯定与鼓励的话。
9. 不要和别人比高下。

4. 悦纳自我不等于放纵自我

有同学会担心：如果我什么事情都悦纳自己了，会不会就是放纵自己呢？其实，悦纳自己并不等于放纵自我。放纵是放任自己而不加约束，想做什么就做什么。而悦纳自我是愉快地接纳自己并喜欢自己，更多的是指在对自己的态度上的接纳。如果一个人害怕在公众面前讲话，但又想让自己拥有出色的口才，那么放纵自我的人可能会因为焦虑和害怕而选择逃避，找到借口回避公众场合的演讲；悦纳自我的人会允许自己有焦虑，接纳自己的情绪，并在行动上会选择积极尝试，锻炼自己，提升自己的演讲水平。

小故事：神奇的发卡

有一个女孩认为自己的相貌很一般，总觉得自己不会讨男孩子喜欢，因此有一点自卑。一天，在早上上学的路上，她偶然在路边的商店里看到一支漂亮的发卡，当她戴上它时，店里的顾客都说她很漂亮。于是，她高兴地买下发卡，戴着它去学校。接着奇妙的事发生了，许多平日不太跟她打招呼的同学纷纷来跟她接近，男孩子也约她出去玩，更有不少人向她表示好感，原本死板的她，似乎一下子变得开朗、活泼了。这个女孩心想，这一切的变化都是因为我戴了奇妙的发卡。随即她想到那个商店里似乎还有很多其他样式的发卡，应当都买来试试。于是放学后，她立刻跑回那家商店。岂知她才进店门，老板就笑嘻嘻地对她说："我就知道你会回来拿你的发卡。早上我看你刚戴上发卡，发卡就掉到了地上，而你已经一溜烟地跑去上学了，所以我就暂且替你保管着。"这时她才发现自己的头上根本就没有戴什么神奇的发卡。

这个故事告诉我们，自信和自尊并非源于有形的东西，而是构筑于我们的内心。面对客观条件，我们不要埋怨什么，而是要首先改变自己。我们无法改变容貌，但我们可以展现笑容；我们无法左右天气，但我们可以改变心情；我们无法预知明天，但我们可以把握现在；我们无法控制他人，但我们可以把握自己。

第三节　百尺竿头进一步
——成就卓越的我

积极改变成就自我的王同学

王同学是某高职院的一位大学生，在高中的时候一直不起眼，内向、不善言辞、退缩、自卑。刚进入大学时，他在见识、能力、交流等方面都不如周围的同学，总觉得自己与周围人相差一大截，非常沮丧、难过。后来，他决心改变自己，变被动为主动，从参加学校的各类社团开始，只要招新成员，他就递交简历。他没有任何面试经验，在经历了第一次无比紧张、语无伦次的面试失败后，他吸取了教训，开始向其他同学请教方法，并搜集资料，充分准备发言稿，反复练习，终于获得了一个进入社团锻炼的机会。从社团开始，他一点点锻炼自己，语言表达、沟通、与人交往的能力都得到了提升。在这个过程中，他学会了正确的方法，给自己鼓励，看到了自己的进步，确立了自信。他想："我的起点本来比别人低，想要一步就跟他们齐平，这是不可能的。但我在缩短与他们的差距，十年、二十年或许是三十年，我总可以跟他们差不多，如果坚持下来，说不定我会更厉害。"后来，经过一年的努力，他发现自己比原来自信、坚强、独立、有主见了，他为自己感到自豪。他对自我的提升不仅仅局限于此，在其他方面也是有计划地一步步实现自己的目标。

完善自我意识需要在客观认识自我和积极接纳自我的基础上，进行有效的自我管理，努力提升自我，通过这一不断实践的过程，最终达到塑造自我、超越自我的目标，这是健全自我意识、完善自我的根本途径。进行有效的自我调控和管理，可以从以下几个方面入手：

一、确立"理想我"，设立合理目标

大学生之所以学习动力不足，是因为不知道自己到底想成为什么样的人，"现实我"和"理想我"之间的差距太大。合理的"理想我"是既符合社会需要又符合个人特点的个人发展目标。对于大学生来说，如果能从自身实际出发确立合理的"理想我"，就能为提升自我、健全自我意识提供内在动力。

确立"理想我"需要根据个人实际设立合理目标。什么是合理的目标呢？一个合理的目标是指个体经过一定努力能够达到的目标，其中有两个关键词，一是经过努力，

二是能够达到，这两者缺一不可。过高的目标在实现过程中会让人屡屡受挫，可能会加深挫败感，从而使其失去自信心；过低的目标不需要付出太多努力就可轻易实现，可能会使其失去动力。所以，我们设立的大目标可以分解成若干小目标，逐步完成；小的目标设定在需要付出一定努力才能实现的范畴之内，既能激发起内在的动力，又能够体验到实现目标的成就感和价值感。

自我规划表

活动目的：
帮助学生确立目标，进行自我规划，更好地提升自我。
活动步骤：
按照表格中的提示完成相应内容。

自我理想与目标 (希望自己大学毕业后做什么？希望自己成为一个怎样的人？)	
兴趣发展 (要实现目标，需要培养、发展哪些兴趣？通过什么途径来完成？)	
知识技能储备 (要实现目标，需要掌握哪些知识、技能？通过什么途径来完成？)	
能力培养 (有哪些能力是自己可以提高的？通过什么途径去提高？)	
习惯或个性优化 (哪些行为或习惯是可以改善的？哪些个性可以优化？分别通过什么途径去优化？)	
其他	

二、提升"现实我"，增强自制力

从"现实我"到"理想我"的实现需要经历一个较为漫长的过程。大学生要努力提升"现实我"，就要敢于自我剖析，发现"现实我"的不足之处，制订改变、提高"现实我"的计划，循序渐进，才能逐步实现理想，登上辉煌的人生顶峰。有些大学生虽然有自己的理想，但小事不愿做，大事做不了，最终他们只能望着人生的顶峰兴叹。

自制力是指一个人自觉调节和控制自己行为的品质，自我调控是自我意识在意志中的表现，是有明确目标的实际行动与环境相互作用的过程。自制力强的人能够理智地对待周围发生的事件，有意识地调控自己的思想和情绪，约束自己的行为，成为驾驭现实的主人。

课堂练习

测一测你的自制力

下面有一些描述,符合你情况的请给予肯定回答,不符合你情况的请给予否定回答。答案没有对错之分,只是反映你的实际情况,请如实作答。

1. 很多事情,我都是拖到不得不做的时候才会动手去做。
2. 很多时候,我明明知道有些事情对我来说是重要的,但就是不想做。
3. 如果想要得到什么东西,我一定要立刻得到,等待会让我觉得痛苦。
4. 对我而言,各种计划总是停留在设想阶段,很难进入实施阶段。
5. 遇到不想面对的难题时,我总是选择逃避,想着拖久了或许问题就没有了。
6. 遇到问题时,我更多是在抱怨,而很少从自己身上找原因。
7. 更多时候我不愿意做选择,感觉选择了就要负责,这让我不安。
8. 我害怕充满变化的环境,不想不断改变自己去适应环境。
9. 很多时候,我更愿意用自欺欺人而不是面对现实的方式处理问题。
10. 我常常沉迷于一些能带来一时快乐的东西不可自拔,如上网、打游戏。

以上10个问题,你的回答中有几个"是"?如果符合你的情况比较多,那么你在获得自律性这条道路上还需要走很长的路。

1. 学会延迟满足,远离贪图安逸

培养自律性,增强个体的自制力,首先需要培养延迟满足的能力。延迟满足是指一种甘愿为更有价值的长远结果而放弃即时满足的抉择取向,以及在等待期中展示的自我控制能力。它的发展是个体完成各种任务、协调人际关系、有效调控自我的必要条件。

"学会延迟满足"对个体来说并不陌生,从小父母就会教导孩子要先完成功课,然后再去玩。大家所经历的事情也说明,把别人用来玩耍的时间用于努力学习考上大学才是正道。同样,发展心理学有关延迟满足的经典实验也揭示,自制力强、能懂得延迟满足的人往往是最容易获得成功的。相反,那些缺乏自律的孩子,他们在面对问题时往往不愿意思考,做事缺乏耐心,遇到诱惑控制不住,贪恋网络游戏,"先享乐,后付费"的习惯让他们的学习生活陷入无序和混乱。

学会面对问题然后解决它,是真正做到延迟满足,享受自由的关键所在。忽略问题的存在,反映了人们不愿意推迟满足的心理。只有现在承受痛苦,才有可能在将来得到更大的满足感,而如果不谋求解决问题,将来的痛苦会更大,延迟的时间也更长。请记住,为避免问题而忽略问题存在,并指望问题会自行消失,这是不可取的。

许多大学生有发展自我的良好愿望,也制订了行动计划,但在实施的过程中,没有足够的自制能力和意志,经受不住挫折、打击,遇到困难时往往半途而废,或是抵制不住周围的诱惑,克服不了自己的惰性,无法实现自我理想。丘吉尔在剑桥大学演讲时说,他成功的秘诀有三个:第一,决不放弃;第二,决不放弃;第三,还是决不放弃。因此,自制力的强弱对个体能否实现既定目标起着举足轻重的作用。大学生只有不断培

养坚持性和自制力，增强挫折耐受力和延迟满足能力，努力排除干扰，才能达成既定目标，实现自我理想。

延迟满足实验

20世纪60年代，美国斯坦福大学心理学家沃尔特·米歇尔设计了一个著名的关于"延迟满足"的实验。这个实验是在斯坦福大学的幼儿园开始的。研究人员找来数十名儿童，让他们每个人单独待在一个只有一张桌子和一把椅子的小房间里，桌子上的托盘里有儿童爱吃的棉花糖。研究人员告诉他们可以马上吃掉棉花糖，或者等研究人员回来后再吃，后者可以再得到一颗棉花糖作为奖励。如果在实验过程中无法等待，他们还可以按响桌子上的铃，研究人员听到铃声会马上返回。对这些孩子们来说，实验的过程颇为难熬。有的孩子为了不去看那诱惑人的棉花糖而捂住眼睛或是背转身体，还有一些孩子开始做一些小动作——踢桌子，拉自己的辫子，有的甚至用手去打棉花糖。结果，大多数的孩子坚持不到三分钟就放弃了。一些孩子甚至没有按铃就直接把糖吃掉了，另一些则盯着桌上的棉花糖，半分钟后按了铃。大约三分之一的孩子成功延迟了自己对棉花糖的欲望，他们等到研究人员回来兑现了奖励，等待时间差不多有15分钟。

实验之后，研究者长时间地追踪直至实验者35岁以后。研究的结果显示：这些实验者的成长发展与他们小时候"延迟满足"的能力存在某种关系。那些急不可耐只吃1颗糖的孩子，在青少年时期，无论是在家里还是学校里，都更容易出现行为上的问题，考试分数也较低，他们通常更难面对压力，注意力不集中而且很难维持与他人的友谊，并且在成年后有更高的体重指数，还更容易存在吸毒方面的问题。

实验说明：那些能够延迟满足的孩子自控能力更强，他们能够在没有外界监督的情况下，适当地控制、调节自己的行为，抑制冲动，抵制诱惑，坚持不懈地努力以保证目标的实现。

2. 勇于直面问题，主动承担责任

很多人都有不能及时解决的难题，这些难题会像一座座山一样横在我们面前，我们必须敢于面对这些问题。但是很多人遇到问题的时候，总是会找各种各样的借口，不是指责旁人，就是责怪周围的环境；或者是太忙没时间，要么就是现实情况不允许。这种认为"不是我的问题"或者期望别人来解决问题的逃避思想会严重阻碍个体获得自律性。所以最好的方式是告诉自己："这是我的问题，还是由我来解决。"愿意承担责任并着手解决问题，是获得自律的必经之路。美国作家克里佛曾经说过：如果你不能解决问题，你就会成为问题。这里所说的承担责任并不是事事负责。事实上，个体只有发展到足够的心智成熟时才能正确认识自己并客观评价自己和他人应该承担的责任，然后承担起自己应该担负的责任。

我可以做得更好

活动目的：

结合自我认识和他人反馈，全面认识自己的优势和弱势，重点针对现实自我中的弱势提出有效的应对措施。

活动步骤：

根据表格中的提示完成相应内容。

	我的优势	我的弱势	应对措施
自己评价			
他人评价			

3. 克服拖延心理

有效地提升自我，还需要克服拖延心理。不少大学生有目标、有理想、有计划，但是缺少有效的行动。拖延是阻碍他们提高"现实我"、实现"理想我"的重要因素。在日常的学习生活中，很多大学生深受其害。拖延的典型路径是这样的：发誓要好好完成任务；觉得时间还很充足，暂时不去做；时间比较紧迫了，感到压力和焦虑，但是仍然不想开始去做；最后期限快到了，只能粗糙地、没有质量地完成任务；发现凭自己的能力其实应该能以很高的质量完成任务，感到后悔。拖延最大的危害是大大地阻碍了我们能力的正常发挥，会引发强烈的、令人难受的焦虑，完成任务的质量低下或者经常无法完成任务。

因此，如果发现拖延心理阻碍了自己，就要尝试进行自我分析：我为何要拖延？拖延让我得到了什么？我可以做些什么来战胜拖延？下面介绍几种克服拖延症的方法。

克服拖延症的方法

1. 确立一个可操作的目标（可观察、具体而实在的），而不是那种模糊而抽象的目标。不是"我要停止拖延"，而是"我要在十月八日开始准备英语考试"。

2. 设定一个务实的目标。不要异想天开，而要从小事做起；不要过于理想化，而要选择一个能接受的程度最低的目标；不是"我绝不再拖延了"，而是"我会每天花一个小时的时间来学习数学"。

3. 将你的目标分解成短小而具体的迷你目标。每一个迷你目标都比大目标更容易达成，小目标可以累积成大目标。不是"我打算要写那份报告"，而是"今晚我将花半个小时设计表格。明天我将花另外半个小时把数据填进去,再接下来一天,我将根据那些数据花一个小时将报告写出来"。

4. 现实地(而不是按照自己的愿望)对待时间。问自己:这个任务事实上将花去我多少时间?我真正能抽出多少时间投入其中?不是"明天我有充足的时间去做这件事",而是"我最好看一下我的日程表,看看我什么时候开始做。上午学习所花的时间超出了我的预期"。

5. 只管开始做!不要想一下子做完整件事情,每次只要迈出一小步就很好。记住,千里之行,始于足下。不是"我一坐下来就要把所有事情做完才行",而是"我可以采取的第一个行动是什么"。

6. 利用接下来的15分钟。任何事情你都可以忍受15分钟。你只有通过一次又一次的15分钟才能完成一件事情。因此,你在15分钟时间内所做的事情是相当有意义的。不是"我只有15分钟的时间了,何必费力去做呢?",而是"在接下来的15分钟时间内,这件事的哪个部分我可以上手做呢?"

7. 为困难和挫折做好心理准备。当你遭遇到第一个(或者第二个、第三个)困难时,不要放弃。困难只不过是一个需要你去解决的问题,它不是你个人价值或能力的反映。不是"这篇英文阅读理解我好像看不懂,我先刷一下微信朋友圈",而是"这个不懂的部分正是我需要提高的部分,我要想办法弄懂它"。

8. 可能的话,将任务分派出去(甚至可以扔掉不管)。你真的是能够做这件事的唯一人选吗?这件事情真的有必要去做吗?记住,没有人可以什么事情都做——你也是。不是"我是唯一可以做好这件事的人",而是"我会给这件事找个合适的人来做,这样我就可以去做更重要的事了"。

9. 保护你的时间。学会怎样说"不",不要去做额外的或者不必要的事情。为了从事重要的事务,你可以决定对"急迫"的事情置之不理。不是"我必须对任何需要我的人有求必应",而是"在我计划的学习时间里不要接听电话,我会收看留言,然后在我做完事情之后再联系他"。

10. 留意你的借口。不要习惯性地利用借口来拖延,而要将它看成是再做15分钟的一个信号。或者利用你的借口作为完成一个步骤之后的奖赏。不是"我累了(抑郁/饿了/很忙/很烦),我以后再做",而是"我累了,所以我将只花15分钟写作业,接下来我发一会呆"。

11. 奖赏你一路上的进步。将奖赏聚焦于你的努力,而不是结果。小心非此即彼的思维方式:你可以说杯子是半空的,也可以说它是半满的。记住,即便是迈出一小步也是进步。不是"除非我全部完成,否则我就会感觉哪里不对",而是"我已经走出了几步,而且我做事非常努力,这种感觉很好。现在我打算去看一部电影"。

12. 将拖延看成是一个信号。停下来问自己:"拖延传递给我的是什么信息?"不是"我又在拖延,我恨我自己",而是"我又在拖延,我的感受是怎样的?它意味着什么?我可以从中学到什么?"

你能够做出自己的选择,你可以拖延,也可以行动。即便在你心里不舒服的时候,你还是可以行动。你不必等到完美之后才觉得自己具有价值。你可以从学习、成长和挑战自己中获得快乐。

三、勇敢超越自我

超越自我是对自身能力或素质的突破，这不仅仅是心理潜能的激发，更多的是人性的完善、境界的提高或智慧的凝结。完善自我、超越自我不是一帆风顺的过程，需要付出艰辛的努力和沉重的代价，是一个"新我"形成的过程，是从"小我"走向"大我"，从"昨日我"向"今日我""明日我"迈进的过程。珍惜已有的自我，追求更好、更高的自我，做一个自如的、独特的、最好的自我。有些大学生由于在学业上经历了较多的挫折，表现出过度的自卑，往往沉迷于现状，对未来缺乏信心，有的甚至自暴自弃。心理学研究表明：每个人都具有无限的潜能，我们要相信自己，在全面认识自我、积极悦纳自我、有效调控自我的基础上，只要坚持不懈地努力奋斗，我们就一定能超越自我。

延伸阅读

阿德勒——自卑与超越

奥地利心理学家阿尔弗雷德·阿德勒（Alfred Adler）1870年出生于奥地利维也纳郊区的小镇，家庭富裕。他的父亲是一名犹太富商，他在家里七个孩子中排行老三。三岁时，睡在身旁的弟弟去世，幼年时他又有两次被车撞的经验，他对死亡的恐惧感十分强烈。

阿德勒幼年曾患佝偻病，4岁才学会走路。阿德勒的早年记忆都围绕着疾病和医疗干预而来。"我所能回忆起来的最早往事是，由于我患佝偻病，我被绷带绑着坐在椅子上，健康的哥哥坐在我对面。他上蹿下跳，来去自如，然而我每动一下都会极度紧张，非常费力。每个人都尽力帮我，父母更是呕心沥血。"在5岁那年，他又得了一次十分严重的肺炎，医生当时判断治疗无望。出人意料的是，阿德勒最终活了下来，当时他即立志要当一名医生。

阿德勒从小就有着深深的自卑感，他一直很嫉妒大哥，从童年到青少年时期和大哥的关系相当紧张。身高不足5英尺5英寸、自觉长相丑陋的阿德勒总觉得受制于身材魁梧、相貌英俊的哥哥，他和哥哥之间的竞争持续了一生。后来，他便通过在学业等其他方面获得的成功来补偿自己的身体缺陷。

阿德勒在学校成绩平平，数学成绩极差，他的老师建议他父亲让他去当鞋匠算了，这使他很受刺激，于是立志发愤图强。在父亲的支持和鼓励下，他终于成为班上数学最好的学生，其他学科的成绩也名列前茅。后来他考上了维也纳大学医学系并取得了医学博士学位，毕业后他先是成为一名眼科医师，后来转为研究一般医学，最后则专攻精神病学，最终成为心理治疗领域自成一派的大师，也被认为是个体心理学的先驱和人本主义学派的先锋。

阿德勒的理论有许多是从自己的经历中感悟和发展起来的。自卑与补偿是阿德勒个体心理学的重要组成部分，也是他个人追求卓越的基本动力。他在《自卑与超越》一书中谈到，每个人都有程度不同的自卑，自卑可以超越。他认为自卑感是所有人都具有的一种正常的感觉状态，也是所有人行为的原始的决定力量或向上意志的基本动力。在他看来，人生本来并不是完整无缺的，有缺陷（包括身体缺陷）就会产生自卑，而自卑能摧毁一个人，使人自暴自弃或发生精神疾病；另一方面它又能够使人发愤图强，振作精神迎头赶上，积极解决原始缺陷和追求优越之间的矛盾。人对某些缺陷的补偿是自卑的重要内容和表现。一个器官有缺陷的人会产生自卑情结，这会令他尽最大的努力去补偿以取得超越。

因此，在阿德勒看来，自卑感非但不是弱点和异常，反而是创造的源泉，它会促使人们追求精熟、优越以及完美。特别是在幼年时代，在自卑感的驱动下，人的发展能够持续地往更高层次迈进。

思考题

1. 什么是自我意识？自我意识包括哪些内容？
2. 大学生如何客观认识自我和悦纳自我？
3. 你觉得自己最大的缺陷是什么？你打算如何提升自我？

推荐资源

1. **书籍：《自信力：成为最好的自己》**

自信是人成功与幸福的先决条件，然而缺乏自信却是普遍存在的问题。为了帮助人们建立自信，《自信力：成为最好的自己》这本书通过生动的案例和条理清晰的论述，结合运动心理学和积极心理学等心理学知识，总结出了一些技巧和练习，以"做什么"和"不做什么"的简单结构来帮助读者树立自信，在生活中收获更多美好。

2. **电影：《跳出我天地》**

比利·艾略特是一名矿工的儿子，他每天除上学之外还要照顾生病的奶奶，在放学之后要练习拳击。比利的未来差不多已经定了：和他的爸爸和哥哥一样，上学、练拳击，然后成为矿工。他偶然遇到了威尔金森夫人，她发现了比利的芭蕾舞潜质，于是开始全心地培养他，还鼓励他去报考伦敦的皇家芭蕾学校。比利发现自己在芭蕾中得到了难以形容的激情和快乐。为了真正走上芭蕾之路，他必须克服三重阻碍：父亲、钱和皇家芭蕾学校的考官们。父亲坚持认为：芭蕾是没有男子气的运动，只能属于女孩子。煤矿工人们正在罢工，家里的经济情况面临危机。而在遥远的陌生的伦敦，考官们会欣赏这样一个愣头愣脑的乡下孩子吗？最终比利克服重重障碍，成长为一名舞蹈家，努力做到了最真实的自我。

个性就是差别，差别就是创造。

——爱迪生

第五章　我行我道，我有我法
——谈个性心理

学习目标

▶ 知识目标

了解个性的基本理论；
掌握个性特征和个性结构；
把握个性形成的影响因素。

▶ 能力目标

充分认识自己的个性；
掌握个性完善的方法。

张同学，女，某高职院大三学生。出生于一个普通的农村家庭，长相一般，体形微胖，幼年时常受到同学的捉弄与嘲笑，时常独自伤心落泪。她性格内向，平时不爱与别人交流，由于自卑及对自己外形的不满，她对周围同学都持冷漠敌视的态度，从来不与他人有过多的交往，平时上课时也是一个人坐在角落里。由于特殊的幼年经历，她内心敏感多疑，爱猜忌，室友们都不爱理她。一次室友小赵买了一套护肤品，室友们都在尝试效果，这本不关她的事，她却在一旁冷嘲热讽，双方发生了争执，她竟然摔碎了小赵的化妆品，从此与室友的关系彻底闹僵。事后她也后悔，却又不愿意主动认错，整日为此烦恼，以致精神恍惚。

李同学，女，某高职院大三学生。她乐观开朗，热情主动，良好的性格不仅为她赢得了不错的人际关系，还为其成长道路奠定了坚实的基础。老师和同学对她的评价都很高，大三时，她被几位专业课老师一致推选去参加省级的专业技能大赛。在比赛中，与她同行的一位同学因创意方案与另外一所学校参赛选手的相似而发生口角，彼此都认为是对方在休息途中趁机剽窃自己的方案。当时现场局面一度紧张，她见状急忙向前劝阻，把同行的那位同学劝下台，这才没耽误比赛。事后，经过她反复做工作，在离别之际，之前产生口角的两位同学化解了矛盾，还互相留了联系方式，并相约以后一起出去旅游。

讨论与分享

1. 张同学与李同学的个性特征分别是怎样的？
2. 影响张同学与李同学个性的因素有哪些？
3. 根据案例，分析大学生该如何形成良好个性。

第一节 揭开人格的面具
——个性概述

一、个性知多少

个性是个人稳定的心理特征的总和，包括两层含义：个性倾向性和个性心理特征。个性倾向性指一个人对待现实的态度和行为的动力系统，它主要包括人的需要、动机、兴趣、信念、理想和世界观等。个性心理特征主要由气质、性格和能力组成，是一个多方面、多层次、多水平的统一体。

二、探索个性特征

1. 知行合一，体现整体（整体性）

个性的整体性指包含在个性中的各种心理特征构成了一个有机的整体，虽然不能通过直接观察得到，却表现在日常行为中。人的各种行为表现出来的特征是一个整体，体现了其独特的精神风貌。

事实上，个性的任何成分也只有在个性整体系统中才具有其特定的意义。例如，一个人在完成某项工作任务时，不仅可以表现出思维的快慢、能力的强弱、处事的果断或谨慎、性情的急躁或冷静，同时也可以表现出他的成就动机、工作态度以及整个精神面貌。

DID 多重人格障碍

2. 稳中有变，表现真我（相对稳定性）

偶尔出现的人格特征不属于个性。我们通常说一个人脾气暴躁、性格外向，是通过一段时间的了解和他的一些行为表现才产生的评价。所以，个性特征在一段时间内具有相对稳定性。"江山易改，本性难移"就是对个性稳定性的形象说明。

个性具有相对的稳定性，但并不表示一成不变。个性在某一个特定阶段或环境中具有相对稳定性的同时，也会随着年龄、环境、教育等因素的变化而改变。如果一个人在某种场合偶然表现出对他人冷淡、缺乏关心，我们并不能以此就认为这个人具有自私冷酷的个性特征。只有一贯的、在绝大多数情况下都得以表现的心理现象才是个性的真实反映。

弗洛伊德人格结构：本我、自我和超我

3. 独特率真，张扬个性（独特性）

人与人之间的心理和行为都是不相同的，究其原因，每个人构成个性的因素在其自身的侧重点和组合方式上是不一样的。比如说，在认识、情感、意志、能力、性格等方面都能看出每个人独特的一面，有的人认识比较片面，有的人却很全面；有的人情感丰富，有的人比较薄情；等等。德国诗人歌德有句名言：一棵树上很难找到两片叶子形状完全一样，一千个人之中也很难找到两个人在思想情感上完全协调。这句话说的就是个性的独特性。在网络文化、市场经济的冲击下，高职大学生的学习和生活观念呈现多元化趋势，思想理念也发生了极大的变化，在学习、消费、娱乐方面的观念趋向个性化，从保守、单一向开放和多元转变，这些也体现了高职生个性的独特性与多样性的特点。

 延伸阅读

九型人格

九型人格（Enneagram），又名性格型态学、九种性格，是婴儿时期人身上的九种气质，包括活跃程度、规律性、主动性、适应性、感兴趣的范围、反应的强度、心理的素质、分心程度、专注力范围/持久性。它是近年来倍受美国斯坦福大学等国际著名大学MBA学员推崇的最热门课程之一，近十几年来风行欧美学术界及工商界。全球500强企业的管理阶层均有研习九型人格，并以此培训员工，建立团队，提高执行力。

九型人格不仅仅是一种精妙的性格分析工具，更主要的是它能为个人修养与自我提升、历练提供更深入的洞察力。与当今其他性格分类法不同，九型人格揭示了人们内在最深层的价值观和注意力焦点，它不受表面的外在行为变化的影响。它可以让人真正地知己知彼，可以帮助人们明白自己的个性，从而完全接纳自己的短处、表现自己的长处；可以让人明白其他不同人的个性类型，从而懂得如何与不同的人交往沟通及融洽相处，与别人建立真挚、和谐的伙伴合作关系。

九型人格测试（问卷）

4. 社会实践，成熟发展（社会性）

人的个性是人的社会化产物，社会性是个性的最根本特征。个性在形成的过程中会受到自然环境和社会环境的影响。具体的社会生活环境对个性的形成与发展起决定作用。比如说，不同的人在社会实践活动中扮演不同的社会角色，而不同的社会角色要求以不同的方式去认识和行动，当人对事件做出相应反应时，自身就会表现出特定的结构性质和动态性质。这样一来，个体的个性特征在社会实践活动中就逐渐发展、成熟。目前，大多数高职大学生认为，市场经济对人才素养和职业技能的要求越来越高，大学生的培养与教育也应该不断追求知识和技能的创新，只有这样才能适应社会的发展与需求。

狼 孩

1920年，在印度加尔各答附近的一个山村里，人们在打死一只大狼后，在狼窝里发现了两个由狼抚育的女孩，其中大的七八岁，被取名为卡玛拉；小的约两岁，被取名为阿玛拉。后来她们被送到一个孤儿院去抚养。阿玛拉在第二年去世，卡玛拉一直活到1929年。狼孩刚被发现时，其体态特征是：下颌骨发达，犬齿比一般的牙高出一半，眼睛适应黑暗并熠熠发光，怕火、光和水，白天睡觉，晚上出来活动；鼻子扁平形圆，嗅觉极佳；耳朵形大扁平会扇动，听觉极灵敏；皮肤异常敏感，胳膊长及膝盖，用四肢行走；面颊颧骨似大疙瘩般高耸，头颅细长，前额狭窄不端正且有许多皱纹；生活习性与狼一样，只知道饿了找吃的，吃饱了就睡；不吃素食而要吃肉（不用手拿，放在地上用牙齿撕开吃）；不会讲话，每到午夜后像狼似的引颈长嚎。卡玛拉经过9年的教育，才掌握了45个词，勉强地学了几句话，开始朝人的生活习性迈进。她去世时估计已有16岁，但其智力却只相当于三四岁的孩子。

三、个性影响因素

个性的任何特征都不是短时间内形成的，它是多种因素综合作用的结果。影响个性形成的因素有很多，如遗传因素、社会因素、家庭因素、学校因素和自我因素等。

1. 形成个性的自然基础——遗传因素

人的个性并非与生俱来，而是在人的高级神经活动类型的基础上，通过社会生活过程的影响逐渐形成和发展起来的。生物遗传因素是个性形成的自然基础，它为个体的个性形成与发展提供了可能性。

具体表现在三个方面：第一，一个人的相貌、身高、体重、肤色等生理特征，会因外界环境的评价与自我认知的作用而影响到自己的自信心、自卑感、骄傲、谦逊等性格特征的形成。第二，生理成熟的早晚也会影响个性的形成。一般而言，早熟的学生社交能力较强，有着较强的担当意识与责任感，晚熟的学生则往往凭借自我态度和感情行事，责任感不强，在某些方面较少考虑他人感受与社会准则等。第三，某些神经系统的遗传特性也会影响特定个性的形成，这种影响表现为起推进作用或起延缓作用。

2. 发展个性的环境因素——社会因素

不同的国家和地区有不同的文化特征，如有不同的语言、不同的价值取向、不同的民风民俗、不同的生活方式等，这些都会在人的个性形成过程中打上不同的烙印。如西方人比中国人奔放、直率，情绪波动比较强烈，如英国人的绅士风度与保守，法国人的浪漫与激情等。个人与社会既是对立的又是统一的。社会因素对学生个性的影响主要通过社会风尚、大众传媒等得以实现，如电脑、电视、电影、报纸杂志、文学作品等。

美国的心理学家曾做过一个实验，实验证明电视节目里的许多攻击性行为对年幼无知的孩子的行为发展影响很大。其实验是这样的：让一组八九岁的儿童每天花一些时间观看具有攻击性行为的卡通节目；而另一组小孩则在同样长的时间里观看没有攻击性行为的卡通节目。在实验中，同时对这两组儿童所表现出的攻击性行为加以细致的观察记录。结果发现，观看含攻击性行为的卡通节目的儿童，其攻击性行为增多；但那些看不含攻击性行为的卡通节目的儿童，在行为上却没有改变。十年后的追踪研究发现，以前参与观看含攻击性行为节目的儿童，即使到了 19 岁，仍然比较具有攻击性，只是女性没有这种相关现象存在。此外，在社会大背景下，社会文化影响着社会成员共同的行为模式，在同一文化层次的人群中，多数人具有共同的心理特征。同样，社会上一些主流思想对他们的影响也是不言而喻的。在激烈的社会竞争和经济全球化的背景下，很多高职学生对于社会的竞争及就业压力信心不足，并且对于自己的学历颇为担忧，社会环境的压力对高职学生无形中产生了巨大影响。

3. 影响个性品质的形成——家庭因素

"孟母三迁"的故事家喻户晓，类似的故事还有很多，无不说明环境对个性品质形成的作用。在种种环境中，家庭环境又显得格外重要，家庭因素最早影响一个人个性的形成。这一因素在人们小时候就已经开始慢慢起作用了，并且随着年龄的增长，其作用越来越明显。

有一种现象极为普遍，并且被大部分人所认同：孩子在小时候，出于对家庭成员尤其是父母的极大信任与依赖，在日常生活中常会不自觉地将他们作为模仿对象，天长日久，在潜移默化的作用下，他们的身心逐渐受到熏染，从而影响到自身个性的形成与发展。家庭成员之间，特别是父母之间的相互关系处理得好坏，也会直接影响儿童性格的形成。一般来讲，家庭成员之间和睦、愉快的关系所营造的家庭气氛对儿童的性格有积极的影响；家庭成员之间相互猜疑、争吵，极不和睦的关系所造成的家庭紧张气氛，尤其是父母的离异对儿童性格有消极的影响。大量研究表明，离异家庭的儿童比完整家庭的儿童更多地表现出孤僻、冷淡、冲动、好说谎、恐惧焦虑，甚至反社会等不良的性格特征。由此看来，家庭因素对于个性发展也有着重要作用。

4. 促进个性良性发展——学校因素

教育是培养人的一种社会活动，19 世纪末在德国出现的文化教育学学说指出：人是一种文化的存在，人类历史是一种文化的历史，教育过程是一种历史文化过程。可见教育与文化是密不可分的。学校教育更是"以文化人"的重要教育形式。学校是文化传承的场所，教育是"文化的别名"，学校教育一直是主流文化的重要传承之所。

古人云："近朱者赤，近墨者黑。"校园文化对学生的个性形成既可起到直接明了的推动作用，也可以产生潜移默化的长远效果。校园文化由精神层面、行为层面和物质层面三方面组成。

（1）精神层面是核心，如价值观念，人生观念等。首先需要我们高校的思想教育工作者以理性平和的态度、生动平实的话语与学生交流，在提高理论说服力的基础上传播思想和价值观的正能量，为大学生行为和思想的发展营造良好的氛围。学校如果单纯强调应试教育，只以学生成绩为导向，学生很容易出现高分低能现象，在个性的形成上也会受到负面影响，容易出现不善于与人交往、沟通能力较差、公众场合容易怯场等现

象。丰富多彩的校园文化为学生提供了发现自己、完善自己、发展自己的机会，有利于学生形成坚强、自信、积极、乐观等良好的性格特征。

（2）行为层面包括教师的风尚风德、学生的综合素质和平时行为表现等。著名教育学家陶行知先生曾说过，"学高为师，身正为范"，意思是说学识渊博的人成为老师，行为端正的人成为典范。同样，这句话也是个人修身养性的名言。教师的风尚风德会成为学生模仿学习的典范，直接影响学生未来的发展。这种影响对年龄越小的学生影响会越大，也越深远，年龄小一点的学生有时甚至会模仿老师的言谈举止、穿着打扮。

（3）物质层面包括学校的各种硬件设施环境。如学校食堂、教室、操场、活动中心等基础性设施建设的人文氛围。事实证明，良好的外部环境、完善的设备设施会对人的心理产生一定的积极影响，有利于为师生营造舒适的工作和学习环境，帮助学生养成良好的行为习惯，从而促进学生个性的良性发展。

5. 个性形成的内在动力——自我因素

自我教育是良好个性形成与发展的内在动力。人与动物本质的区别就是人有主观能动性，有很强的自我调控能力。法国思想家帕斯卡尔有句名言：人是一支有思想的芦苇。意思是说，人的生命像芦苇一样脆弱，宇宙间任何东西都能置人于死地。即使如此，人依然比宇宙间任何东西都高贵得多，因为人有一颗能思想的灵魂。因此每个人都可以通过自我教育塑造自己良好的性格。俄国伟大的教育家乌申斯基认为，人的自我教育是性格形成的基本条件之一，因为一切外来的影响都要通过自我调解而起作用。高职大学生普遍存在学习积极性不高、思想行为上知行不一、自我管理和约束力不强等缺点，这和自身的个性特点是密不可分的。

第二节 了解人格的要素
——个性特征

个性是在人的生理素质基础上，在一定社会条件下，通过社会实践活动和接受教育等逐步形成而发展成的一个人比较稳定的特性。其中气质、性格和能力是核心部分。

一、气质——与生俱来的内在修养

1. 气质知多少

气质是个人生来就具有的心理活动的动力特征，表现在心理活动的强度、速度和灵活性等方面，是典型的、稳定的动力方面的心理特征。

气质在社会活动中所表现出的是一个人从内到外的人格魅力，比如修养、品德、举止行为、待人接物、说话的感觉等，具体有高雅、恬静、温文尔雅、豪放大气、不拘小节等。所以，气质并不是自己说出来的，而是自己长久的内在修养与文化内涵的一种结合。

2. 气质类型大揭秘

根据巴甫洛夫的研究，大脑皮质的神经过程（兴奋和抑制）具有三个基本特性：

强度性、平衡性和灵活性。强度性指神经细胞和整个神经系统的工作能力和界限，平衡性指兴奋和抑制两种神经过程间的相对关系，而灵活性指兴奋过程更迭的速率。根据这三者的不同表现，巴甫洛夫提出了四种高级神经活动类型——兴奋型、活泼型、安静型和抑制型，分别与希波克拉底的四种气质类型相对应——胆汁质、多血质、粘液质以及抑郁质，如表5-1所示。个体的气质类型可以完全处于四种类型中的一类，也可以同时表现出混合型气质类型，如胆汁-多血质类型，抑郁-粘液质类型等。大多数人是接近于某种气质，同时又具有其他的气质特点，以某种气质的混合型居多，因此不能简单归结为某种气质。

巴甫洛夫学派的观点得到其后继者的进一步发展，如捷普洛夫和涅贝利岑等主张研究神经系统的各种特性及其判定指标；梅尔林主张探讨神经系统特性与气质的关系，强调神经系统的几种特性的组织是气质产生的基础。还有人将气质归因于体质、内分泌腺或血型的差异，最常见的气质分类如下表。

表 5-1　气质类型分类

神经类型（气质类型）	强度	平衡性	灵活性	行为特点
兴奋型（胆汁质）	强	不均衡		攻击性强、易兴奋、不易约束、不可抑制
活泼型（多血质）	强	均衡	灵活	活泼好动、反应灵活、好交际
安静型（粘液质）	强	均衡	惰性	安静、坚定、迟缓、有节制、不好交际
抑制型（抑郁质）	弱			胆小畏缩、消极防御反应强

不同气质类型反映的气质特点各不相同，下面我们分别从情绪表现、智力活动、行为表现和环境适应性来详细了解气质的不同特征，如表5-2所示。

表 5-2　气质类型特征

	情绪表现	智力活动	行为表现	环境适应性
胆汁质	直率热情、精力充沛、易冲动、易暴躁，且难以抑制	反应快、灵活性强，但理解问题不深刻	行动外向、富有生气、充满活力	较快适应环境
多血质	敏感、好自我表现、情绪易转变	反应迅速灵活、浮躁轻率，理解问题不深刻	外向、灵、迅速，喜欢参加集体性活动	较快适应环境
粘液质	不易兴奋、心情平稳、不易产生强烈的激情	喜欢沉思、三思而后行、深谋远虑	行动迟缓、沉着稳定、耐受性高	不易适应新的工作和生活环境，不善交际
抑郁质	对生活中的挫折有强烈体验，自尊心强、极为敏感，易动感情	敏感、想象力丰富、洞察力强	行动缓慢单调，很少与人交往，内心孤独	不易适应新的工作和生活环境，不善交际

延伸阅读

《西游记》中的四个主要人物分别属于哪种气质类型？

胆汁质（力量型）

优点：积极进取，不怕困难，热情高涨，精力充沛；

缺点：脾气急躁，行事鲁莽，办事不考虑后果；

代表人物：孙悟空。

孙悟空有勇有谋，能力特别强，一路斩妖降魔，但是容易不平衡，易发怒，办事不考虑后果（大闹天宫），属于强而不平衡的类型。

多血质（活泼型）

优点：活泼好动，感情外露，可塑性大，快人快语；

缺点：情绪不稳，粗枝大叶，喜怒无常，虑事不周；

代表人物：猪八戒。

猪八戒比较活泼，但有时做事轻举妄动，快人快语（整天嘟囔着回高老庄），属于强且平衡而灵活的类型。

黏液质（和平型）

优点：处变不惊，情绪不易变化和外露，严肃认真；

缺点：可塑性差，因循守旧，缺乏热情；

代表人物：沙和尚。

沙和尚是安静型，办事认真，执行力强（充分执行师父旨意），也不容易生气，比较平衡，但是不够灵活。

抑郁质（完美型）

优点：人缘好，办事谨慎可靠，易相处；

缺点：多愁善感，心理反应慢，犹豫不决；

代表人物：唐僧。

唐僧心理敏感，优柔寡断，坚持原则，难以被事情打动（冷静面对蜘蛛精和女儿国国王），但动作迟缓，能力较弱（经常被妖怪抓走）。

一个良好的团队的合作，一定离不开各种气质类型成员的互补。气质没有绝对的好坏，气质类型也不决定一个人成就的高低，但能影响其工作效率。因此不同气质的人应按照自己的特性放在合适的岗位。

气质类型测验（问卷）

3. 气质特点之辨析

气质即是我们平常所说的脾气禀性，是表现在心理活动的强度、速度、灵活性与指向性的一种稳定的心理特征。人的气质差异是先天形成的，受神经系统活动过程的特性所制约。气质体现了心理活动的动力特征，它给每个人的整个心理活动蒙上了一层独特的色彩。心理学上将气质分为胆汁质、多血质、粘液质和抑郁质四种类型。

气质本身无好坏之分，各种气质类型既有可向积极方向发展的一面，也有可向消极方向发展的一面，气质具有天赋性，它不能决定一个人的智力水平，也不能决定一个人活动的社会价值和成就高低。研究发现，人的气质类型主要由遗传决定，而且在一个人的一生中，气质是相对不变的。每种气质的人都可能获得成功，关键是要发挥自己气质类型的优势，克服消极影响。

延伸阅读

气质与爱情，气质与工作

1. 气质与爱情

胆汁质，又称兴奋型。拥有这种气质的人，心理活动往往比较强烈，而且心理变化很频繁、不平衡，对爱情的追求带有较强的主动性，有时会性急甚至出现狂热状态，表达爱的方式也比较直接，容易冲动。由于他们对自己的内心不加掩饰，因而很容易被他人了解。同时，这类气质的人对爱情的确认往往比较轻率，易受情绪波动的影响。因此，他们很难适应内向、深沉的人的择偶需求。

多血质的人，心理活动比较丰富、对事物比较敏感、情感丰富、性格开朗、主动性强，但是目标游移性比较大，追求爱情比较大胆、坦率。他们表达爱的方式丰富多彩，有些方式很具有浪漫色彩，易使爱恋对象感到惊喜。但这种人兴趣广泛，注意力持久性差，情感转移快，常常"身在曹营心在汉"，有时可能会给痴情的爱恋对象带来感情的困扰。

粘液质的人内心活动比较平衡，情感不易外露，更不易激动，目标性强。他们对爱情的追求有一定的计划，不轻率，不鲁莽，喜欢等待时机，然后果断出击。对另一半的等待极有耐心，情感深沉，但不善于表达，反应迟钝。他们一般不受开朗活泼的异性青睐，尤其在恋爱初期，在对方不完全了解的情况下，易给对方留下冷漠、缺乏热情的印象。

抑郁质的人心理承受能力很强，情感体验细腻而深刻，专一而持久，一旦陷入某种情感就会难以自拔。这种气质的人一般外在表现为沉默寡言、谨小慎微、不善交际、自我封闭等，对追求异性缺乏勇气，易陷入单相思状态。这类人很注意外界舆论的评价，因而会处处谨慎，以防不测。一旦遇到困难，态度往往比较消极。

2. 气质与工作

胆汁质的人往往具有外倾性。他们在面临择业就业时，通常表现出很高的积极性，喜欢主动，有着强烈的求职和竞争意识。这种热情和主动性往往为用人单位所赏识，面试时容易被录用。一般说来，他们倾向于选择冒险性和风险意识强的职业或者是社会服务型的职业，如体育运动员、企业改革者、航空、勘探探险者、演说家、教师等，有些甚至选择到偏远的地区开创事业或者是到陌生的地方闯荡。

多血质的人活泼热情、喜欢与人交往、兴趣和情绪容易变换。他们情绪丰富，求知欲强，容易应付和适应新的环境。他们在职场往往很受青睐，具有较强和有利的竞争优

势。相对来说有较宽广的选择范围和机会。他们一般适合于抛头露面、人际交往方面的职业。比如记者、律师、公关人员、艺术工作者、秘书和其他一些社会性工作等。

粘液质的人一般安静稳定、沉默寡言、情绪不易外露、善于忍耐，具有内倾性。他们容易养成高度自制、不急躁的品质，在工作选择中一旦认准自己满意的职业目标便坚持到底，不达目的决不罢休。这种坚持不懈的韧性往往能弥补他们其他方面素质的欠缺，从而获得成功。他们适合于医务、图书管理、情报翻译、营业员、教师、思想教育等方面的工作。

抑郁质类型的人情绪体验深刻，具有很强的感受性，善于觉察他人不易觉察的细节，具有内倾性。他们感情比较细腻和敏感，悟性很高，但因不善言辞常给人以木讷和大智若愚的感觉，在工作中往往"貌不惊人"。他们往往能够通过权衡比较，找到适合自己的工作。这类气质的人，一般适合于诗人、作家、画家、哲学研究、心理学和科学理论研究等方面的工作。

二、性格——生活中的双刃剑

（一）性格知多少

性格主要是对人、对己、对事的态度以及一些习惯化的行为方式。是社会关系在人脑中的反映，具有态度倾向性、社会制约性、稳定性及可塑性等特点。

性格的养成受到后天经历和后期培养的很大影响，有"环境塑造性格"之说，如勇敢、怯懦、腼腆、优柔寡断等。性格是分好坏的，良好的性格会助人一臂之力，不好的性格会使人饱受其苦，正所谓"性格决定命运"。性格通常在人的青春期后期会渐渐稳定，但也可能因为成人期所遭受的重大事件的影响或者通过主观努力而改变。

（二）性格探索之方法

1. 内观自省——吾日三省吾身

自省法就是通过自己做过的一些事情，客观公正地看待自己。客观公正就是不凭空猜想、不绝对肯定、不固执、不自以为是，能做到这些，就能多角度地看待问题，就能全面了解事物的本来面目。"智者事事反求诸己，愚者处处外求于人"。一个人一旦学会了自我反省，就会在不断的探索中变得成熟，就会在不断的改过中学会取舍，就会在不断的总结中得到指引，从而能够更好地生活。

2. 借助他人——客观了解自我

我们是通过与别人的关系来认识自己的，俗话说"金无足赤，人无完人"，通过他人的评价，我们可以认识到自我认知的一些盲区，从而实现个人的更好发展。观察别人怎么看待自我就可以发现很多塑造个人自我感的信息。同时，自我认知智能也是在人际探索中不断发展，如果自我认知发展得较好，自我认知的目的可能会放弃个人的事项，而努力去确保更大集体的和谐运转。通过和别人的互动，我们对个人的认同有了更深的尊重，并且通过了解我们是谁，我们也可以对别人的发展有所贡献。正如加德纳在多元智力理论中指出，智力的全面发展是能够让人际关系与自我认知的智能融为一体。

3. 心理测评——借助科学工具

人格测试中，最常见的心理测评工具有标准化的测试量表，如 MBTI、16PF。除此之外，还可以通过投射测验来反映被试者的性格特征。MBTI 职业性格测试是国际上最为流行的职业人格评估工具。MBTI 人格的四个维度在每个人身上会有不同的比重，不同的比重会导致不同的表现，关键在于各个维度上的人均指数和相对指数的大小。16PF 又称卡特尔 16PF 测验，是世界上最完善的心理测量工具之一。它用以测量人们的 16 种基本性格特质，广泛用于人员的选拔和评定。所谓投射测验是指那些相对缺乏结构性任务的测验，主要有罗夏墨迹测验、画人测验、主题统觉测验、句子完成测验、图片挫折测验等。还有一些测评量表是将性格和其他心理过程进行融合延伸而来，如性格与恋爱、性格与兴趣等，也扩展了性格测评的维度。

（三）性格结构与类型

1. 性格结构之表现

（1）态度特征——自我行为决定者。

性格的态度特征表现在对现实的态度方面，是性格的重要组成部分。主要包括：对社会、对集体、对他人的态度特征；对学习、劳动和工作的态度特征；对自己的态度特征，如诚实或虚伪，谦逊或骄傲等。

（2）意志特征——自我调节指挥棒。

性格的意志特征是指一个人在自觉调节自己行为的方式和水平上所表现出来的心理特征。主要表现在：行为目的明确程度的特征；行为自觉控制水平的特征；紧急或困难情况下表现出的意志特征；对已做出决定的贯彻执行方面的特征，如勇敢或怯懦，果断或寡断等。

（3）情绪特征——自我心境晴雨表。

人对情绪的控制水平和方式方法的特征就是性格的情绪特征。主要表现在：情绪强度方面的特征；情绪稳定性方面的特征；情绪持久性方面的特征；主导心境方面的性格特征，如热情或冷漠，开朗或抑郁等。

（4）理智特征——自我行为约束力。

表现在感知、记忆、思维、想象等认识方面的性格特征就是性格的理智特征，如思维敏捷、深刻，逻辑性强或思维迟缓、浅薄，没有逻辑性等。

2. 性格类型之展现

（1）向性学说。

瑞士心理学家荣格根据一个人的心理能量里比多（个人内在的、本能的力量）的活动方向来划分性格类型。里比多活动的方向可以指向于内部世界，属于内倾型；也可以指向外部世界，属于外倾型。内倾型指个性沉静，不善于社会交往的人；外倾型指个性好动，善于社会交往的人。

（2）独立和顺从说。

美国心理学家威特金（H. A. Witkin）等人根据场的理论，按照个体的独立性程度，将人的性格分成场依存型和场独立型。前者也称顺从型，后者又称独立性。顺从型的人独立性差，易受暗示，容易不加批判接受别人的意见；独立型的人则善于独立地发现问题，不易受次要因素干扰。威特金认为，人和人交往都有一定的场存在，场和场之间相互吸引、相互影响。

（3）ABC 型说。

根据人的言行和情感的表现方式，性格可分为 A 型、B 型、C 型三类。

A 型性格：较具进取心、侵略性、自信心、成就感，并且容易紧张。A 型性格者总愿意从事高强度的竞争活动，不断驱动自己要在最短的时间里做最多的事，并对阻碍自己努力的其他人或其他事进行攻击。

B 型性格：从未感到被时间所迫，亦未因时间不够用而感到厌烦；除非万不得已，不在别人面前自夸；万事顺其自然，不对别人产生敌意；消遣时，即身心松弛，心旷神怡，与世无争；休息而无罪恶感，不易为外界事物所扰乱；很容易使自己放下未完成之事而稍做休息或另觅生活之情趣。

C 型性格：指那种情绪受压抑的抑郁性格，表现为害怕竞争，逆来顺受；有气往肚子里咽，爱生闷气；过分压抑负面情绪，行为退缩，时常感觉无助、无望。

（四）性格与气质的区别和联系

性格与气质是两个完全不同的概念，但二者具有相互作用。首先，它们同时受到神经类型的影响，但对气质来说，神经类型是其直接的生理基础，而对性格来说，神经类型只是它的生物基础，性格的养成主要受到后天环境的影响。巴普洛夫指出，性格是神经类型和后天生活环境形成的合金，即性格具有某种遗传色彩，也显露出后天生活经历的明显印记。这说明性格同时具有生物性和社会性的特点。现代认知神经科学的研究发现，尽管神经类型在后天不会发生太多变化，但神经的突触却可以由于后天生活中的刺激而发生不同的连接，导致同一神经类型的个体可能具有不同的性格表现。其次，二者虽然一脉相承，但具有类似气质的个性可以由于日后环境的变化而具有完全不同的性格，所以，气质具有相对稳定性，而性格却可以发生很大的变化。

延伸阅读

一个人的性格可不可以改变？

哈德森的研究团队进行了一个改变人格的实验。他们招募了 377 名学生，让他们回答 60 个关于人格测验的问题，以确认他们现在的人格特质。接着让学生们选出他们想要改变的人格特质。接下来 15 周，学生们收到一系列的"任务"，任务的目的在于推动他们所希望的人格特质改变。

最终实验结束后，结论为：学生越成功完成任务，他们的性格特质变化越大。4 个改变性格特质的方法：

1. 有一个计划；

2. 改变自己的思维；

3. 专注于过程；

4. 假装自己是那样的人，付诸行动，坚持下去。

三、能力——影响活动效率

（一）何为能力

能力是完成一项目标或者任务所体现出来的素质，是顺利完成某一项活动所必需的主观条件，是达成一个目的所具备的条件和水平。人们在完成活动中表现出来的能力有所不同，能力直接影响活动效率。能力总是和人完成一定的实践相联系在一起，离开了具体实践既不能表现人的能力，也不能发展人的能力。

（二）能力类型

1. 模仿能力和创造能力

模仿能力指的是对于既有行为模式模仿复制的能力。创造能力是与发散思维有关的能力，是组织产生新思维的能力。

2. 流体能力和晶体能力

流体能力指在信息加工和问题解决过程中所表现的能力，它较少依赖于文化和知识的内容，而决定于个人的禀赋。晶体能力是指获得语言、数学知识的能力。它决定了后天的学习，与社会文化有密切的关系。晶体能力在人的一生中一直在发展，25 岁之后发展速度趋缓。

3. 一般能力和特殊能力

一般能力是一个人在普遍活动中表现出来的能力，如记忆力。特殊能力是人在特殊情况下表现出的能力，如即兴演讲能力。

4. 认知能力、操作能力和社交能力

认知能力是指与认知相关的能力，包括记忆、思维、想象等。操作能力是一个人控制肢体运动的能力。社交能力是指人在社会交往中运用的综合社会能力。

课堂练习

你能称出 4 升水吗？

活动目的：

通过思考锻炼学生的思维能力。

活动步骤：

如果你有无穷多的水，一个 3 升的提桶，一个 5 升的提桶，两只提桶形状上下都不均匀，问：你如何才能准确称出 4 升水？

现代人最缺乏的心理能力

第三节 塑造健全的人格
——完善个性

一、大学生个性的基本特征

健全人格是大学生人格培育的普遍性目标，也是个体身心顺利发展的重要保证，更是大学生适应社会、充分发挥自己能力的心理行为基础。大学生应该努力健全自我人格，促进身心和谐发展。

当代大学生中的所谓"代"，是指在一定的社会环境中，由于年龄差异所形成的具有一定特质的人群。由此可见，"代"具有两重属性，即自然属性和社会属性。"年龄"是代的自然属性；一代人区别于另一代人的社会特质，即一代人所共有的社会性特征是"代"的社会属性。"代"的差异主要不是年龄的差异，而是其社会性差异。这种社会性差异主要表现在个性特征上。个性体现着一个人在身心、才智等方面区别于他人的特性的总和。良好的个性品质与健康的身体同等重要，也是人才素质中不可缺少的一部分，并且愈来愈成为当代大学生走向社会后竞争力的重要组成部分。

大学生个性的基本特征有如下几点：

1. 追求自身独立，过度以自我为主

随着我国经济的迅猛发展，大学生的学习和生活条件日益舒适优越。他们大都是独生子女，一出生就成为家庭的中心，从小就习惯了更多的自我关注，喜欢以自我为中心，再加上很多家庭的教育都强调民主自由，因此大学生在思想上很强调独立，不喜欢被过多干涉或打扰，更不愿意以别人的要求作为自己的行动指南，他们注重自我展示，注重主观感受和个体意识，对生活的质量和品位有很高的标准。此外，当代大学生更习惯于通过亲身实践来接受某种结论，很少会盲目认同或追随某种价值观，表现出强烈的思想独立意识。他们不喜欢教条式的灌输和死板的教学模式，喜欢自主地进行思考，通过争论和实践形成最终答案，并以此引导自己的行为。但同时，他们有时会过度以自我为中心，过于张扬自我个性，缺乏团队合作意识和对人对事的一种忠诚感，人际关系的应对能力较差，心理承受力相对薄弱。

2. 信念薄弱，理想与现实脱节

由于身处市场经济发展和社会变革的大环境中，信息资源极度丰富，00后大学生对社会的信息认知程度比他们的前辈更加全面和多元。他们中很大一部分人关心国家的前途和命运，关注社会现实问题的解决。但另一方面，由于他们的目标定位受到市场经济大环境的影响，所以功利性较强。例如，面临选择的时候，更多考虑自身利益，对集体利益采取视而不见的态度。同时，他们大都不能从深层次上把握政治理论的内涵，缺少坚定的信仰支持，常常在理想与现实的矛盾中左右摇摆。此外，"网络成瘾""手机依赖"已成为当代大学生中普遍存在的问题，他们或沉迷于网络和手机的虚拟空间中，在网恋和网游中寻求精神寄托与刺激；或因现实生活中无法获得认同感而逃避社会，在面对家庭、学业以及就业压力时，选择在网络世界寻求精神解脱与慰藉，一旦回到现实世界中，他们就变得焦躁不安、盲从与逃避。

3. 有竞争意识，但耐挫能力较弱

近年来，社会对人才的要求越来越高，学习和就业的压力不断增大。大学生在学习专业知识的同时，更加注重自身各种能力的培养和提高，他们积极参与校内外各项活动，以提高自己的综合实力。但当代大学生绝大部分是独生子女，以自我为中心而形成的个人主义习气较重，通常在学习期间表现为动手能力差，缺乏吃苦耐劳的精神，一遇到突发事件时缺乏冷静的思考和沉稳的心态，心理承受能力比较脆弱，容易出现遇事束手无策、没有主见的情况，缺乏应对困难的勇气，从而表现出逃避、听天由命、不想奋斗的不良倾向。同时，他们之前的成长经历和所处环境相对比较封闭和简单，部分学生存在孤独、敏感和脆弱等心理问题，缺乏应有的承受能力、适应能力和分辨能力。近几年来，大学生心理健康问题层出不穷，成为影响大学生健康成长的突出问题。

延伸阅读

何为空心病？

空心病是指价值观缺陷导致的心理障碍，症状是经常感到疲惫、孤独，情绪差，感觉学习和生活没有什么意义。人生看不到希望，终日重复没有结果，生活迷茫，对未来没有任何希望，存在感缺失，感觉身心被掏空。

空心病的具体表现：

1. 从症状上来讲它可能是符合抑郁症诊断的；
2. 会有强烈的孤独感和无意义感；
3. 通常人际关系是良好的；
4. 对生物治疗不敏感，甚至无效；
5. 有强烈的自杀意念；
6. 出现上述的问题已经不是一两天；
7. 传统的心理治疗疗效不佳。

怎样预防空心病：

1. 保持乐观的情绪。要热爱生活，热爱自己的工作。善于在生活中寻找乐趣，在工作上要不断创造，在进取中实现自己的人生价值，不断感受成功的乐趣。

2. 善待别人，心胸大度。以谅解、宽容、信任、友爱等积极态度与人相处，会得到快乐的情绪体验。

3. 要有广泛的爱好。培养广泛的兴趣和爱好，比如收藏、体育、旅游、音乐等，全身心地投入其中，享受其中的乐趣，这样做既能增长知识，又能广泛交友。

4. 保持一颗童心。人到了而立之年以后，随着年龄的增长，如果仍保持一颗童心，对任何事物都有一种好奇心，不论对知识更新还是对身心健康都有好处。

5. 学会协调自己与社会的关系。随着社会的发展，我们要经常调整自己的意识和

行为，适应社会的规范，并不断学习，提高自己的适应力，从而减少由此而带来的困惑和压力，保持心理健康。

二、大学生的不良个性表现

1. 多疑、敏感

有些人在社交过程中格外敏感，总是担心和害怕别人嘲弄自己，精神上紧张而恐惧。易敏感的个体还常常对自身感到忧虑和怀疑，往往不能采纳别人的意见，遇事纠结，爱斤斤计较，严重影响自身的生活和学习。

 案例分析

大学生小宋在班上成绩一般，无特别爱好，独来独往，脾气古怪，所以班上同学都不太爱和她相处。她上课时爱分神，爱玩手机，经常不分时间场合地发出奇怪的笑声，引得同学们都用异样的眼光来看她，在宿舍里也不与室友交流。大二谈了男朋友，总怀疑男朋友对她不真心，经常吵架。恋爱失败之后，行为举止更加与之前不同了，不知道整理宿舍，衣服鞋子扔得乱七八糟，有些东西还不时发出异味，室友们对此反感不已。有室友实在看不下去，劝她收拾收拾，她反而说出些不可思议的话来反驳，令旁人感觉与她无法交流下去。

分析与提示

思考与讨论：小宋为什么不受同学欢迎？

2. 懒惰、拖拉

拖拉因惰性而生，是指可以按时完成的事因为懒惰而不能及时完成，总是往后拖延，当事情越积越多，便会因事情没办好而产生心理压力，导致做别的事情时注意力也不能集中，从而耽误时机。这种矛盾心理继而引发焦虑情绪，严重影响正常的学习和生活，从而慢慢地陷入一种恶性循环。懒惰、拖拉的自我调适中要注意以下几点：要重视勤劳的结果；要提高自己对辛劳的承受能力；无论做什么事情，越是简单的就越要认真；做事的时候，不要花太多的时间去计划。

 案例分析

某高职院小楚高考失利，没能进入本科院校学习。一开始她充满了对高考失利的懊恼和后悔，下定决心要好好学习，于是她给自己制订了一个学习计划，细化到每天早起背英语单词，睡觉前完成两篇阅读理解。然而从第三天开始就没能坚持下去，早上她总想再睡会儿，不行还有明天呢！晚上她想着大家都在玩，自己玩一会也没事，以后还有时

分析与提示

间。每天抱着这样的想法，每天都在荒废时间，到最后考试的时候，由于平时学习不努力，复习的时候她非常焦躁，很多复习内容记不住，最后考试挂科，这与她开学初所预想的相差太远。

思考与讨论：是什么导致小楚在大学里频繁挂科？

3. 虚荣心

每个人都会有虚荣心，适度的虚荣心可以理解，但是过分虚荣则有害无益。一些性格内向、情感脆弱的大学生都有很强的虚荣心，他们非常介意别人对自己的评价，总是千方百计地在他人面前维护自己的形象，以捍卫虚假、脆弱的自我。

 案例分析

小姜，一名全家年收入仅20000多元的贫困大学生，在家人为让他读书到处举债时，他却因为虚荣心作祟，将父母辛辛苦苦赚来和借来的钱随意挥霍，不但高档手机、时髦服饰应有尽有，甚至还要求父母借钱买苹果电脑充门面。由于父母经济能力有限，小姜同学在虚荣心的驱使下通过校园贷向借贷公司借下人民币近5万元，但无力偿还。终究纸包不住火，事情很快闹到学校和小姜父母那里，面对高额的校园贷，小姜父母无力偿还，小姜也无心学业，最后选择了退学。

分析与提示

思考与讨论：是什么原因导致小姜退学？

4. 自我中心倾向严重

过分以自我为中心的人考虑问题时总把自己放在核心位置，忽视他人的想法，喜欢以盛气凌人的姿态出现在别人面前，很难容忍他人的质疑与反驳。许多大学生都是独生子女，从小在宠爱中长大，因此很容易出现自我中心倾向。克服自我中心倾向最关键的方法是要学会换位思考。

 案例分析

某高职院大三学生小秦是家中的独生子，由于从小在家长的宠爱下长大，所以他事事都以自我为中心，对于周围事物缺乏应有的关心。与他人相处时，他总是忽略别人的想法，却还要求别人必须赞同他的做法和观点，不能容忍别人的质疑与反驳。久而久之，同学们只能疏远他，不与他相处。对于老师的教育，他一向怀有抵触心理，不服管教，平时还故意使坏，捉弄他人。一次，他在宿舍违章使用电器，同宿舍的其他三位同学上前劝阻，并告知违章使用电器的后果，小秦不但不听劝，还和室友大打出

分析与提示

手,将一名同学的头打破,最后小秦也被学校给予严重警告处分。

思考与讨论: 如果你是小秦你会怎么办?

三、大学生完善个性的基本途径

大学阶段的学生处于成年初期,这是人一生中完善个性最为重要的一个时期。这个时期的大学生,心理走向成熟,个性趋于完善和稳定,因此更应关注自己的个性发展,通过自我教育积极主动地塑造良好个性。

1. **培养良好的认知结构,全面地认识自我**

大学生首先要有自知之明,对于自己的容貌、能力、体质、经济等状况都要实事求是地接受与认可,理智而又全面地对待和处理自身问题。个人的需求、规划、理想等都要以现实为基础,切不可想入非非。

2. **培养乐观、积极向上的生活态度**

美国成功学专家拿破仑·希尔把积极乐观的心态或态度称为成功的黄金定律。乐观的人常常能看到生活的光明面,对前途充满希望和信心;消极的人只看到暗无边际的生活,担心忧虑,停滞不前。作为大学生,只有不断地探知个性,不断地塑造良好个性,才能对生活充满激情,对未来充满希望。更重要的是要具有管理自我情绪以及适应环境的能力,这样才能将个人的聪明才智发挥到最大限度,从而实现人生价值。

3. **建立和谐的人际关系**

人际关系能够体现一个人个性的完善程度,尤其是与拥有良好个性的人交友,对于大学生来说也是一种提高。在大学校园里想要拥有和谐的人际关系,就必须积极参加校园内的各类文化活动,在活动中既可以提高自己各方面的能力,又可以在集体氛围中培养开朗、外向的性格,增强集体荣誉感,这对于建立和谐的人际关系帮助极大。

学会换位思考

活动目的:

面对生活中经常可能发生的事件,学会从不同的角度去思考。

活动步骤:

1. 以小组为单位围坐在一起,请你回忆一下自己与他人发生矛盾冲突最严重的一件事。围绕这件事,讨论以下问题:

(1) 你认为他人应该怎样对你才是对的?

(2) 你认为自己应该怎样对他人才是对的?

(3) 对照以上两点,看看有何不同之处;分享一下自己从小组活动中得到的感悟。

4. 丰富人生经验，增强实践能力

大学生应该努力培养自身的创新意识和实践意识，将学到的书本知识运用到实践中去，并善于总结实践经验；在实践过程中树立正确的自我意识，养成良好的团结协作精神，培养自身健康的心理素质，逐步形成完整的心理特征和健康完善的个性。

思考题

1. 影响个性形成与发展的因素有哪些？
2. 简述自己的个性特征。
3. 作为当代大学生，应该如何完善个性？

推荐资源

1. 书籍：《九型人格》

九型人格又名性格型态学、九种性格。近年来它倍受美国斯坦福大学等国际著名大学 MBA 学员推崇并成为现今最热门的课程之一，近十几年来风行欧美学术界及工商界。全球 500 强企业的管理阶层均有专人研习九型人格，并以此培训员工，建立团队，提高执行力。

九型人格不仅仅是一种精妙的性格分析工具，更主要的是为个人修养的自我提升、历练提供深入的洞察力。与当今其他性格分类法不同，九型性格揭示了人们内在最深层的价值观和注意力焦点，它不受表面的外在行为变化影响，可以让人明白其他不同人的个性类型，从而懂得如何与不同的人交往沟通及融洽相处，与别人建立真挚、和谐的伙伴合作关系。

2. 电影：《美丽心灵》

这部影片讲述的是：英俊而又十分古怪的数学家约翰·纳什在读研究生时便创立了他的博弈理论，短短 26 页的论文在经济、军事等领域产生了深远的影响，他开始享有国际声誉。但纳什出众的直觉受到了精神分裂症的困扰，这使他向学术界最高层次进军的辉煌历程发生了巨大改变。面对这个曾经击垮许多人的疾病，纳什在深爱着他的妻子艾丽西亚的帮助下，与这个被认为是只能好转、无法治愈的疾病展开了斗争。经过十几年的不懈努力，完全通过意志的力量，他一如既往地坚持工作，并于 1994 年获得诺贝尔奖，他的博弈论也成为 20 世纪最具影响力的理论。纳什也成了一个不仅拥有美好情感，而且具有美丽心灵的人。

交朋友不是让我们用眼睛去挑选那些十全十美的,而是让我们用心去吸引那些志同道合的。

——罗曼·罗兰

第六章 快乐交往,拥抱朋友
——谈人际交往

学习目标

▶ 知识目标

了解人际交往的概念;

了解人际交往的影响因素;

了解人际交往的基本原则。

▶ 能力目标

了解人际交往中的偏差并掌握调试方法;

掌握良好人际关系的技巧。

小王是某职业院校大二的一名学生干部,在校园里她大方热情,爱交朋友,乐于助人,对朋友的要求有求必应。新冠疫情期间,她的一位在武汉读大学的朋友提出要去她家里玩,她内心矛盾,担心家人的健康,考虑再三拒绝了朋友的请求。后来,这位朋友在朋友圈说了一些类似于"被人歧视""世态炎凉""无情"的气话,并把她拉黑了。小王再也看不到她朋友圈的动态,感到很伤心。

小孙是大一学生,上大学快半年了,感觉和同宿舍的人关系不亲密,感觉自己受到排挤,认为大家都不愿意与她做朋友,想调换宿舍。她找到辅导员,她表示宿舍同学不是上网、唠嗑,就是看电视,没有志向,她是想转本科的,所以经常一个人去图书馆。她很迷茫,如果融入她们,自己的想法不知道还能不能继续;如果坚持自己的想法,难免会形单影只,上大学连个真心朋友都交不到。

讨论与分享

1. 有哪些原则可以促进人际交往?

2. 如何利用人际交往技巧,委婉拒绝不合理请求?

3. 如何摆正自己的位置,合理化解冲突?

第一节 了解人际交往之道
——人际交往概述

人是社会性动物，有了人类就有了人际交往。良好的人际关系对每个人来说不仅是必需的也是非常重要的。拥有良好的社会关系，我们会更健康、更快乐、更成功；反之，如果没有良好的社会关系，我们往往会感到孤独、寂寞、无助，进而影响到身心健康和幸福感。

对于大学生而言，人际交往是他们生活中的一个重要方面，尤其是大学新生，初到一个陌生的环境，开始过集体生活，这时候他们的人际交往比中学时代要广泛得多。如何适应新的生活环境，建立新的人际关系，恰当地处理各种人际交往，是每一个大学生都必须面临的首要问题，也是影响大学生心理健康的重要因素。

你的人际关系健康吗？（问卷）

一、人际交往的概念

人际交往是指人们运用语言或非语言符号相互间进行信息沟通、物质交换、情感连接以满足内心需要的动态过程。人际交往以情感为纽带，以满足双方需要为基础，以交往为手段，它实现人与人的相互认识、理解、合作与促进。据估计，大学生每天除了睡眠外，其余时间中有70%左右用于人际交往。对成功人士进行分析得出的结论为：85%的成功人士与良好的人际关系有关。因此，人际交往对大学生的成长起着重要作用。

人际关系是人与人在沟通交往中建立起来的直接的心理上的联系，它是交往双方经历了从无关到关系密切的一系列不同程度的相互关联状态，是一个动态变化的过程。良好人际关系的建立与发展要经过定向阶段、情感探索阶段、情感交流阶段、稳定交往阶段。

（1）定向阶段：包含着对交往对象的注意选择和初步沟通等多方面的心理活动，注意是自发的选择，它本身反映着某种需要的倾向。在这一阶段，交往双方暴露的关于自我的信息仅仅是最表面的东西。

（2）情感探索阶段：是彼此探索双方在哪些方面可以建立真实的情感联系，而不是仅停留在一般的交往上的阶段。在这一阶段，随着双方共同情感领域的发现，双方的沟通也会越来越广泛，自我暴露的深度和广度也会逐渐增加。

（3）情感交流阶段：发展到情感交流阶段时，双方关系的性质开始出现实质性变化，此时双方关系的安全感已经得到确定，因而谈话也开始广泛，涉及自我的许多方面，并有较深的感情投入。

（4）稳定交往阶段：人们心理上的相容性会进一步增加，自我暴露的信息也更广泛而深刻。在实际生活中，很少有人能达到这个阶段。

二、人际交往的必要性

我国心理学家丁瓒曾提出：人类的心理适应主要是对人际关系的适应，人类的所有心理病态主要是由人际关系的失调而引起。从个体生命的原初开始，每个人都在体验着各式各样的关系，如与父母的依恋关系，与老师的师生关系，与爱人的恋爱关系，与领导、同事的职场关系等。每一类关系的失调，都可能引发个体在认知、情感以及行为上的困扰，进而影响个体的身心健康状况。因此，培养个体良好的人际交往能力，有利于促进大学生形成积极健康的个性品质，使其能够更好地理解自己、悦纳自己，也能更好地宽容和接纳他人。

1. 人际交往是每一位大学生的基本需要

著名心理学家马斯洛曾提出人类个体有五种基本的需要，包括生理需要、安全需要、爱与归属需要、尊重需要以及自我实现的需要。"爱与归属"的需要是人类基本需要的第三层，在马斯洛看来，当人们不再有温饱、安全之忧后，就会努力去寻求社会交往需要的满足。此时，人会需要亲情、友情和爱情，需要得到他人的爱与关心，也需要能够去爱护他人，渴望与他人交流，期望能够被他人接受，参加各种团体活动以便能够归属于某一个团体。可见，交往是人永恒的基本需求。

延伸阅读

社会交往剥夺实验

长期与社会隔离，即所谓"关系剥夺"或"社会交往剥夺"会让人丧失很多能力。美国心理学家沙赫特曾做过一个"人际剥夺"的实验：他以每小时15美元的高薪招募应聘者到他创设的一个小房间里去居住，房内有一桌、一椅、一床、一凳，此外别无他物。三餐由人送至门底下的小洞口，住在里面的人伸手就可拿到食物。此人住进这个房间后即与外界完全隔绝，没有报纸、电话，不准写信，听不到外界的声音，当然更找不到人聊天，每天只供应饮食等必需品。先后有5个人应聘参加了这个实验。住的时间越长，得到的报酬越多。实验的结果是：1个人在小房间里待了2小时，3个人待了2天，只有一个人待了8天。这个待了8天的人出来以后说："如果再让我在里面待1分钟，我就要疯了。"

实验结果表明：人际交往是人类的一种生存需要，没有人能离开与别人的交往与互动，就像人需要吃饭、睡觉一样。

2. 人际交往有助于大学生提高社会化程度

社会化指的是个体从自然人到社会人，从一无所知到能思考、具有一定行为能力，并成为掌握一定社会生活准则的人的过程。简而言之，社会化就是把人从纯粹的动物变成社会成员的过程。我们每个人的听、说、读、写能力都是在人际交往中学会的，行为和思想的形成发展、社会信息的获得都不可能离开人际交往。社会化程度高的人往往清楚自己担任的多重角色，比如，你在家的时候是全家的中心，如果你离开家庭到大学后还认为其他人都应该以你为中心，处处要让着你，这就是社会化程度不高的一个表现。个体社会化在很大程度上是通过人际交往实现的。个体通过与他人建立各种各样的关系，逐渐发展和完善个性，通过不断的社会化来实现自身的价值。大学阶段是我们逐渐走向成熟、独立，进行社会化的重要阶段。

3. **人际交往有助于大学生获取信息、认识自我**

现代社会是信息社会，信息量之大、信息价值之高是前所未有的。随着信息量的扩大，人们对拥有各种信息和利用信息的要求也在不断增长。通过人际交往，我们可以相互传递、交流信息和成果，丰富经验，增长见识，开阔视野，活跃思维，启迪思想。

歌德曾说，"人只有在人群之中才能认识自己"。人是以他人为镜，并在与别人的比较中认识自己的，离开了交往的对象或可供比较的对象，就失去了衡量自己的尺子和照鉴自己的镜子。同时，一个人生活在社会群体中，其处世、为人、思想、言行总要反映到别人的头脑中，形成别人对自己的各种看法，引起别人对自己的各种评价和议论，这对于客观、全面地认识自己是有好处的。此外，人际交往范围越大、接触的人越多，也就越能了解更多人的品行，这有助于丰富我们的头脑，避免简单化，克服片面性，人生的许多经验就是在人际交往过程中积累和丰富起来的。

4. **人际交往有助于大学生建立社会支持系统**

人作为社会成员，有着强烈的爱与归属感的需要。人们通过相互交往，诉说个人的喜怒哀乐、爱憎恐悲，就会引起彼此间的情感共鸣，从而在心理上产生一种归属感和安全感。大学期间是心理需要最多、心理矛盾冲突最剧烈的时期之一。人际交往可以为我们提供心理和情感上的支持。良好的人际关系，如他人的尊重、信任、关心与认可，以及真诚的友谊和爱情，可以减少和消除我们的孤独感。在需要的时候有人陪伴、倾听、帮助和安慰，这可以给我们精神支持；在我们遇到挫折时，良好的人际关系是我们克服困难的滋养剂。

三、大学生人际交往的方式

随着大学生社会交往内容的扩展、范围的拓宽，他们交往的方式从单一化向多样化发展。

1. **学习活动**

学习活动是大学生交往的主要方式，但真正为了学习由学校开设的课程或自己所学专业而形成的固定的学习圈并不多，大都是为了通过某种公共考试，比如英语四级考试、计算机等级考试、"专转本"考试或者考其他某种证书而形成的一个个学习交际圈。

2. **老乡圈**

20 世纪 90 年代以来，"老乡会"逐渐成为大学校园里的"热点"，成为大学生的一个重要的交际圈子。大学校园里"老乡会"的特点包括：以地域上的同乡为基础，由来自同一地区的学生组成，大的以省为界，小的以地、市、县等为界；具有一定封闭性，以同乡感情来维系，对内是一种比较亲密的人际关系，对外则具有封闭性和排他性；活动时间相对比较集中，一般集中在九十月份新生入校期间、假期前后和五六月份毕业生离校期间。

3. 社团活动

学生社团是大学校园里一道亮丽的风景，是校园文化的重要组成部分。社团有理论类、实践类、文艺类、体育类，涉及范围很广，活动也相对较多。大学生与有相同兴趣爱好的同学一起交流讨论，切磋技艺。社团容易形成较为稳定的人际关系，许多大学生通过社团走出校园，将自己和社会融为一体，在这些群体中开阔了视野，培养了能力。

4. 网络交友

"踏着铃声进出教室，宿舍里面不声不响，互联网上倾诉衷肠"，这一形象的描述真实地反映出了当今大学生网络交际的现实。网络人际交往是信息时代人们在网络空间里进行的一种新型人际互动方式。网络人际交往给大学生的生活方式、价值观念带来的挑战和改变是前所未有的。据中国互联网络信息中心发布的统计报告，目前学生在中国的网络用户中占21%，是上网用户比例最大的一个群体。由于时间、精力、自主性等多方面的因素，大学生占所有上网学生的90%。

四、影响人际交往的因素

（一）交往频率

在日常生活中，人们除了在少数时候会把自己喜欢的情感投向自己认同的歌星、影星、体育明星之外，更多的时候会把这种情感投向周围与自己有直接交往的对象，并在其中选择希望能进一步发展交往的伙伴和朋友。很自然，人们之间交往的熟悉性是人际吸引的前提条件。社会学家的调查结果表明，大多数人的婚恋对象是那些和他们住在相同的小区，或在同一公司或单位工作，或曾在同一个班级上过课的人，因为近距离使人感到亲切，也容易使人互相喜欢。

（二）空间距离

空间距离会影响人际吸引力。一般来说，人们在生活空间上的距离越小，双方越容易相互吸引。这一规律也被称为"时空接近原则"。俗话说"近水楼台先得月"、"远亲不如近邻"。心理学研究表明，空间距离与人际交往的频率有关。物理空间较近的人们，见面机会多，有利于彼此了解，容易产生吸引力，心理上也就容易接近。

延伸阅读

美国心理学家费斯廷格在1950年做了一个简单有趣的实验。这位心理学家对麻省理工学院17幢已婚学生的住宅楼进行了调查，并且调查的对象完全是随机的。后来发现，在这个居住区中，居住距离越近的人，交往的次数越多，关系也越密切。在同一楼层中，和紧临隔壁的邻居交往的概率是41%，和隔一户的邻居交往的概率是22%，和隔三户的邻居交往的概率只有10%。虽然实际距离增加不了多少，但其亲密程度大不相同。这个实验证明：居住距离越近的人，交往的次数越多，关系也越密切。此后其他的心理学家也做过类似的研究，结论与此相似。不难看出，距离的接近程度与交往的频率有直接的关系，较小的空间距离有利于建立密切的人际关系。但我们在现实生活中也经常会看到这样的现象：由于距离的接近，如同一寝室的同学，人际关系反而比较紧张。可见，距离因素只是建立良好的人际关系可利用的因素，但不是主要的影响因素。

（三）相似与互补

"物以类聚，人以群分"，这是说如果对某种事物或事件具有相同或相近的态度，具有共同的理想、信念和价值观，感情上就容易产生共鸣，容易形成密切的人际关系。比如，价值观、学科背景、人格特点、能力及兴趣等方面的相似性都在很大程度上影响着人际交往。但是，在个人兴趣、专业、特殊才能等方面，多数人又都会有希望他人弥补自身缺陷的心理倾向。人在成长发展的过程中不可能都面面俱到，有了这种倾向或期待，彼此之间的关系自然也就会密切。互补是相似性的特殊形式。

心理学家克切霍等人研究了从朋友到夫妻关系的过程中不同的人际吸引因素所起的作用。结果发现，在初交时，距离因素、外貌因素及社会资源（如经济地位、职业、学历、文化背景等）都是形成人际吸引的重要因素；结交后，两人的态度、信仰、价值观、人生观、世界观等方面的相似显得更为重要。在友谊和婚姻阶段，双方在人格特质上的互补、在需求上的互补，具有举足轻重的作用。

（四）个性因素

1. **个性品质**

真诚第一：美国心理学家安德森所做的一项调查中得出此结论。由表6-1中可知，"最积极品质"序列最前面6项个性品质是：真诚、诚实、理解、忠诚、真实、可信；"最消极品质"序列最后几项个性品质是：说谎、装假、邪恶、冷酷、不老实。可见，真诚受人欢迎，虚伪令人讨厌。一个人要想赢得别人的好感，与别人保持良好的交往，真诚是必须有的品质。因此，建立良好的人际关系，真诚是必不可少的。

表6-1 个性品质分类表

最积极品质	中间品质	最消极品质	最积极品质	中间品质	最消极品质
真诚	固执	古怪	热情	羞怯	不可信
诚实	刻板	不友好	善良	天真	恶毒
理解	大胆	敌意	友好	不明朗	虚假
忠诚	谨慎	饶舌	快乐	好动	令人讨厌
真实	易激动	自私	不自私	空想	不老实
可信	文静	粗鲁	幽默	追求物欲	冷酷
智慧	冲动	自负	负责	反叛	邪恶
可信赖	好斗	贪婪	开朗	孤独	装假
有思想	腼腆	不真诚	信任	依赖别人	说谎
体贴	易动情	不善良			

2. 外貌

外貌对人际吸引的影响是显而易见的。爱美是人的天性，无论哪种文化背景下，美貌都是一笔财富，都令人向往。正如有人所说："美丽远比一封介绍信更具有推荐力。"这一点在与异性交往时表现得尤为显著。一般情况下，身材好、颜值高的人，对他人有吸引力，令人羡慕，让人喜欢接近；相反，外貌差的人则容易受到冷遇。然而，外貌不是万能的，它的吸引力也是有限的，暂时的魅力抵挡不住时间的考验，所以就有了"金玉其外而败絮其中"、"徒有其表"的感叹。随着交往的不断深入，外貌的作用会不断减弱，而人格魅力的影响会不断扩大。

3. 才能

人们喜欢与有能力的人交往。按照利益化的驱使，一个有能力的人可能给自己带来更多的帮助；而那些能力很差的人，他们会经常需要自己的帮助。所以，人们对于有能力的人的态度常常出乎意料，那些有能力的人也因此获得了更多交往朋友的机会，同时也有更多的机会提升自己的能力，这就是我们所说的正向成长。

俞敏洪：在大学里找友谊

是什么吸引你愿意和一个人建立亲密关系？

活动目的：

人际吸引是个体与他人之间情感上相互喜欢、相互需要、相互依赖的状态，是人际关系中的一种肯定形式。本活动通过多种特质的量表进行自我评价，让大家认识人际吸引力并对和谐人际交往有实践指导意义。

活动步骤：

1. 使用以下的标准给下面的量表打分。

1 = 这个特质我认为很重要；2 = 这个特质我认为有些重要；3 = 这个特质我认为不是很重要。

特质	打分	特质	打分
聪明		外向	
人格魅力（价值感强）		能够帮助我做决定	
形象出众、具有吸引力		愿意和别人合作做决定	
富有		我可以依赖	
有声望和地位		我离不开	
认可自己		工作努力、严于律己	
幽默感丰富		爱玩儿而有趣	
关心别人、敏感		跟我有相似价值观	
独立		我愿意相伴终身	
安静			

2. 现在请你列出当你想和他人建立亲密关系时，你认为最重要的三个特质。

___

3. 你吸引别人之处在哪里？列出你能发现的那些特质。

___

遵循人际交往之法
——人际交往常见问题

处于青年期的大学生，思想活跃、精力充沛、兴趣广泛，人际交往的需要极为强烈。他们力图通过人际交往去认识世界，获得友谊，满足自己物质上和精神上的各种需要。因此，青年期的大学生希望被人接受、理解的心情尤为迫切。但是也有一些大学生不愿意向周围同学表达心声，而是将其深深埋在心底，长期的积郁会导致这类大学生的人际适应力下降。和其他人群相比，大学生人际关系的挫折感较强，容易由于交往受挫引发心理障碍。一般来说，大学生在人际交往中容易出现以下问题。

一、自卑心理及其调适

自卑是正常人际交往的羁绊，即因自我认知发生偏差，过低地估计自己，轻视或看不起自己而引起的一种情绪体验。受这种心理影响的大学生，往往对自己的不足和别人对自己的评价很敏感，担心自己的不足或缺陷被别人发现，所以在交往中缺乏勇气，畏首畏尾。

 身边的故事

为什么我什么都比别人差？

杨同学来自农村，性格内向，父母都在家务农，家庭经济条件一般。在来这座城市上大学之前，杨同学连老家的县城都没有去过。上大学的新鲜感还没有持续一个月，她就发现自己在外形、着装、见识、交际等各方面都与别人有差距，她开始情绪低落。从前那个简单、活泼的女孩变得郁郁寡欢，她开始疏远同学，在宿舍也常默默发呆。她孤独地穿梭于图书馆与宿舍间，大一上学期期末考试，杨同学立志要拿一等奖学金，谁料各科目只是刚好及格，离奖学金的标准还差好远。杨同学内心最后的支柱倒塌，她回到了一个人的世界中。杨同学思考了很久，终于鼓起勇气走进学校心理咨询室，开始了自我探索的心路历程。

杨同学性格内向而敏感，上大学之后的巨大变化和落差使得她对自我产生了怀疑，让过去一门心思钻研学习的她在新的环境、生活方式、人际关系、人生目标与价值观等方面都出现了强烈的冲突。庆幸的是杨同学的内心力量还是蛮强大的，她最终选择了勇敢面对问题，寻求专业帮助。

（一）自卑的成因

在交往中产生自卑的原因较为复杂，大致有以下几种情况：

（1）自我认知不足。总拿他人的优势同自己的劣势相比，低估自己，产生自卑。

（2）消极的自我暗示。怀疑自己的能力，不敢自我表现，从难以与人交往到孤独的自我封闭。其特点是：当面对现实，衡量自己的能力时，往往产生"我不行"的暗示，从而抑制了自信心

（3）长期的环境影响。如果一个人在儿童时期常常受到过多的指责和惩罚，遭到父母的压制、训斥，或家庭环境不好等，往往容易产生自卑心理。

（4）生理方面的不足和心理方面的缺陷。自卑的人大多性格内向，自尊心很强，怕别人看不起自己，为了不在别人面前暴露自己的弱点，便不愿意坦率地与人交往。生理方面的弱点（如身材矮小、长相丑陋、口吃等）、心理方面的弱点以及遭受的挫折引起的精神上的负担等，都会让人产生自卑。

（二）如何克服自卑心理

1. 全面认识自我，充分肯定自我

自卑者有一个共同的特点：让他说说自己的长处，往往说不出来，但如果要让其说说自己的短处，他就会说出很多；对于别人给他指出的长处，往往也不能很好地接受。因此，自卑者要走出自卑的心理阴影，就必须转变看待自己的视角，善于发现自己的长处，肯定自己的成绩。既要看到尚待完善的方面和今后努力的方向，又要看到已经取得的成绩和拥有的优势。

2. 改变不合理观念

自卑的人往往存在一定的认知偏差，并且是习惯性的思维模式。我们要帮助他们学会正确归因，不能因为一次失败，就认定自己能力不足。失败的原因可能是多方面的，不一定是能力不足造成的。人生在世，不如意的事常常会有，重要的是能正确面对挫折和失败，总结经验教训，而不是消极应对和情绪化反应。

3. 积极的自我暗示与自我激励

相信"天生我材必有用"，理解人与人之间因特长、能力差异而导致的优势不同，善用自己的"长板"，怜惜自己的"短板"，不过分苛求自己。经常回忆因自己努力而成功了的事，或合理想象将要取得的成功，体验成功的快乐，增强信心，不断提醒和激励自己，使自己在心理上确信能够获得成功。那种自认不够美丽的人，为了能够克服自卑心理要有足够的信心投入人际交往活动中，可采取以下方法：每天早上都对着镜子大声地说"我很漂亮"。开始时可能会觉得很尴尬，但是一旦形成了习惯，就会发现自己好像真的变漂亮了。通过这种积极的心理暗示，个体改变了看待自己的心态，也会在一定程度上改变自己的外貌。

我喊我自信

活动目的：
培养自信，肯定自我。

活动步骤：
找一个僻静无人的地方，大声朗读下列句子。

1. 我热爱自己，也热爱他人，我愿意与他人交往。在与他人交往的过程中，我感到越来越成熟、越来越自信、越来越快乐了。我奉献给别人友情，别人也报我以相应的友情。

2. 现在，我学会了宽容他人。我知道没有人是十全十美的，所有人都需要加以改善。在学习和生活上，我和同学们合作得很好，我勇敢地走向大家。在人多的地方，我也能自如地表达自己，自如地推销自我。我很想与别人交流思想，沟通感情，我真诚地对待别人，我信赖别人犹如别人信赖我。

3. 每天我都对人怀着亲切的感觉，我非常善于倾听别人的谈话，我非常关心周围人的成长。我很注意对他人良好的表现给予真诚的赞美。

4. 当别人有缺点或错误时，我会通情达理地谅解，并给予别人善意的指正。在指出别人缺点和错误时，我会采用恰当的方式和方法。我不会伤害他人的自尊心，就像他人注意保护我的自尊心一样。当我做错事时，我愿意承认错误并向他人道歉。我为人处世恪守信用。我办事踏实，得到了大家的信任。

二、嫉妒心理及其调适

嫉妒是因他人的优越地位而产生的不愉快的情感，俗称"红眼病"。也就是在与人交往时，因发现自己的境遇不如他人而产生的抱怨、憎恨甚至愤怒等复杂的心态。从心理学的层面来说，每个人或多或少都存在一定的嫉妒感，适当的嫉妒是有积极意义的。

闺蜜为何形同陌路

李同学与薛同学是某艺术学院大三的学生，住在同一个宿舍。入学不久，两个人成了形影不离的好朋友。李同学活泼开朗，薛同学性格内向。薛同学逐渐觉得自己像一只丑小鸭，而李同学却像一位美丽的公主，薛同学心里很不是滋味。她认为李同学处处都比自己强，把风头占尽，便时常以冷眼相对。大学三年级，李同学参加了学院组织的服装设计大赛，并获得了一等奖。薛同学得知这一消息后妒火中烧，趁李同学不在宿舍之机，将小李同学的参赛作品撕成碎片，扔在李同学的床上。李同学发现后，不知道怎样对待薛同学，更想不通为什么她要被这样对待。

李同学和薛同学从最初亲密无间的闺蜜到形同陌路，令人叹息，罪魁祸首就是嫉妒。嫉妒是每个人身上都可能有的一种情绪，心理成熟度较高的人会让"嫉妒"成为自我成长的动力，从而缩小与他人的距离；而脆弱的人往往把"嫉妒"当成转嫁自己内心不良情绪的"武器"，认为是别人毁了自己的生活。

（一）嫉妒心理产生的原因

首先，童年期家庭教育中的过度关注和宠爱，会让个体滋生强烈的占有欲，在与他人比较之后，如果自己占据优势就沾沾自喜，如果自己处于劣势就产生愤怒和攻击；其次，这是一种畸形的攀比心理，渴望被人认可和赞赏，但又不能接受别人比自己好；最后，这是个体内心深层次的自卑和无力感的影响，个体不能消化和接受自己的缺陷和不足，将这种不好的情绪转给他人，认为是别人的成功掩盖了自己的优势。

（二）如何克服嫉妒心理

1. 认识到嫉妒的危害性，同时承认嫉妒的积极意义

嫉妒是社会生活中的强腐蚀剂，它腐蚀人的品德，损害人的事业和形象，也损害人的身心健康。但是产生嫉妒也说明大学生看到了他人的优点，也是促进自己成长的动力，大学生要积极充实自己，走出狭隘的"小我"圈子，做个豁达进取的人。

2. 正确评价自己，纠正自己的内心偏差

嫉妒是以自我为中心的产物，只有克服以自我为中心的思想才能很好地接纳别人的进步和成长，不要将别人的成功和自己的失败画等号。我们既要主动学习他人的长处，同时也要看到自己的优点，只有这样才能保持心理的平衡，不因别人的成功而沮丧。

3. 学会转移，善于进行自我情绪宣泄

将嫉妒的消极心理转为竞争的积极心理，即将不服气的心理引导到积极状态，从而获得新的心理平衡。保持良好的心态，化消极的嫉妒心为积极的进取心，力求赶上对方，弥补自己的不足，积极寻找生活中的乐趣，培养开放、自由、乐观的心态，让包容的人格魅力吸引更多志同道合的朋友。

三、猜疑心理及其调适

猜疑是指没有事实依据，仅凭主观想象进行判断推测，只相信自己，总怀疑他人、挑剔他人的一种不良心理。有的人在与朋友交往中容易戴着"灰色眼镜"看人，先在主观上设定他人对自己不满，然后在生活中寻找证据。这种以邻为壑的心理，会把无中生有的事实强加于人，甚至把善意曲解为恶意，是一种狭隘的、片面的、缺乏根据的盲目想象。

身边的故事

"逼逼" 内心也煎熬

小高是家中唯一的女儿，天生性格敏感，母亲性格内向，父亲脾气暴躁。从她父母的口中得知，小高有很多显贵的亲戚，比如科技专家、成功商人、大学教授等。小高家

在所有的亲戚朋友中条件最差，父亲在工作中遇到不顺心的事就回家责骂妈妈和她。爸爸、妈妈常年争吵，小高每次都一个人偷偷躲进房里哭泣，内心无比悲伤和恐惧。高中以后，小高发现自己很难和周围的朋友亲近，她对别人的言行也变得格外敏感。进入大学后，小高的内心仍然有一道无法跨越的鸿沟，她总是无端猜疑别人的用意，还刻意把自己扮成"逗逼"以博得大家欢心。表面上，小高朋友众多，可她的内心却疲惫不堪。她在各种关系中周旋，却无法真正敞开心扉接纳他人，内心备受煎熬。

因家庭经济条件、父母婚姻关系、父母性格等诸多因素的影响，小高在成长中经历了太多的创伤，内心产生了严重的不信任感，她的人际安全感极低，这使她对与人交往产生严重的猜疑和防御，从而无法切身感受到交往的乐趣。

（一）猜疑心理产生的原因

猜疑心理产生的原因是缺乏人际信任感，真诚和信任是拉近人与人之间距离的有效工具。存有猜疑心理的人，以怀疑的眼光排查一切，实际上是根源于内心深处对自我的不信任；其次是对交往挫折的过度防卫，如果个体曾经在交往中被他人伤害，就可能在以后的人际交往中出现一定的猜疑心理，以防自己再次受伤。

（二）如何克服猜疑心理

1. 用理智力量克制冲动情绪的发生

当发现自己开始怀疑别人时，应当立即寻找产生怀疑的原因，在没有形成主观思维之前，引进正反两个方面的信息。如"疑邻偷斧"中的那个农夫，如果他在失斧后冷静地想一想：斧头会不会是自己砍柴时忘了带回家，或者在挑柴时掉在了路上？那么，这个险些影响他与邻人关系的猜疑，或许根本就不会产生。现实生活中的许多猜疑，戳穿了是很可笑的，但在戳穿之前，猜疑者由于头脑被封闭性思路所主宰，却会觉得他当时的猜疑顺理成章。因此，在我们做出判断前，冷静思考显然是十分必要的。

2. 培养自信心

积极肯定自我，悦纳自我，增强自信心，提高个体的自我价值感，正确认识自己和他人，相信爱和善意是与人相处的力量。每个人都应当看到自己的长处，培养起自信心，相信自己会与周围其他人处理好关系，会给别人留下良好的印象。这样，当我们充满信心地学习和生活时，就不用担心自己的行为，也就不会随便怀疑别人是否会挑剔、为难自己了。

3. 及时沟通，解除疑惑

当我们在交往过程中产生疑惑时，不妨冷静思索，通过恰当的方式与对方沟通，谈谈自己的感受而不是苛责对方。理解自己也理解他人，人与人之间的沟通其实都是从误解开始的，每个人都是基于自己的角度去理解别人，这样的理解往往过于主观，从而容易错误地理解别人的真实用意，如果能设身处地地多从别人角度去理解，那么彼此的沟通就会非常融洽。

四、自我为中心及其调试

皮亚杰曾用以自我为中心的理论对儿童的认知特点进行过描述,他认为以自我为中心是个体童年期心理发展的一个阶段,在心理发展的初期,自我和外部世界还没有明确分化开来,儿童仅依靠自身的视角来感知世界,不能意识到他人可能具有不同视角和观点的倾向性。自我为中心的人为人处世总是从自己的需要和兴趣出发,而不考虑别人的利益,似乎自己的认识和态度是唯一正确、不可取代的。具有自我为中心特征的人,在交往中主要有三种表现:一是很少关心别人,与他人关系疏远;二是固执己见,唯我独尊;三是自尊心过强,过度防卫,有明显嫉妒心。

 身边的故事

我只爱我自己

李同学,女,某高职学院大一女生,独生子女,天生丽质,是父母的掌上明珠,备受家人宠爱,从小到大父母对其呵护备至。父母因工作忙碌,只能尽己所能地满足李同学物质上的一切需要,渐渐促成了李同学极强的以自我为中心的倾向。因家在城市,中学阶段李同学几乎没有住校的经历,进入大学后,来自五湖四海的6名同学汇集到同一个寝室。李同学认为:张同学没教养,说话大嗓门,吵得自己睡不着觉;王同学不爱卫生,邋里邋遢;钱同学斤斤计较,睚眦必报;孙同学唯唯诺诺,没有主见;周同学自我封闭,不跟人交流。因为作息时间、生活习惯、生活琐事,李同学与寝室同学产生了很大冲突,并因此前后3次去找辅导员要求调换寝室。

独生子女因受到家庭的过度关注和宠爱,更容易表现出以自我为中心的倾向。上述案例中的李同学表现出典型的自我特征,理解、包容能力极低,凡事"我"字当头,把自己的需要和感受放在第一位。

(一)自我为中心产生的原因

自我为中心是缺乏社会化的婴儿特征,成因复杂。首先,这是家庭教育的影响,父母的溺爱会给孩子造成一个错觉——任何我想要的我都可以得到,全世界都应该给我让路,难以容纳下他人的需要和感受;其次,这是性格的原因,如在人际交往中缺乏同理心,内心狭隘,难以理解和考虑别人的需要,难以客观、公正地看待这个世界。

(二)如何克服自我为中心的倾向

1. 提高自我认识

要全面地认识自我,既要看到自己的优点和长处,又要看到自己的缺点和不足,不可"一叶障目,不见泰山",抓住一点不放,失之偏颇。对自我不能孤立地去评价,应该放在社会群体中去考察,每个人都有自己的独到之处,都有他人所不及的地方,同时又有不如人的地方。与人比较不能总拿自己的长处去比别人的短处,把别人看得一无是处。

2. 与人平等相处

自我为中心者视自己为上帝,无论在观念上还是行动上都无理地要求别人服从自己。平等相处就是要求自我为中心者以一个普通社会成员的身份与别人平等交往,要学会换位思考,用期望别人对自己的方式去对待别人。"己所不欲,勿施于人",学会做一个善于倾听别人意见的人,学会尊重别人。

3. 接受批评是根治自我为中心的最佳方法

自我为中心者的致命弱点是不愿意改变自己的态度或接受别人的观点,接受批评即是针对这一特点提出的方法。它并不是让自我为中心者完全服从于他人,而只是要求他们能够接受别人的正确观点,通过接受别人的批评,改变自己固执己见、唯我独尊的形象。

五、孤独心理及其调适

孤独是当个人感觉到人际关系的淡漠,自己对交往的渴望与实际的交往水平有差距时产生的一种主观心理感受或体验,常伴有寂寞、孤立、无助、郁闷等不良情绪反应和难耐的精神空落感。

 身边的故事

"孤独"真的是宿命吗?

梁同学,性格内向敏感,很难与周围人建立亲密或正常的情感联系,频繁出现自杀的念头,用他自己的话来说就是:"我知道这就是我的宿命,十年前就知道了。"他的强烈的痛苦来自他剖析出的人性格局,他认定"孤独"将伴随他一生。中学阶段他曾经被同学嘲讽,他为此崩溃痛哭。在大学里他几乎没有朋友,跟班级其他同学和室友均不来往。他觉得自己没有人格的魅力,没有领导力、吸引力,没有人会欣赏自己,将来注定一事无成。他觉得这样的人生没有意义,这个世界不会关心自己,自己是多余的。他认为活着也只是行尸走肉,不如早点解脱。他在内心筑起了一座厚厚的城堡,很难感受到来自外界的关心和爱护。他沉浸在孤独而又封闭的内心世界中,一个人默默地咀嚼着痛苦,体验着人际疏离所带来的恐惧,他对一切都感到绝望。

梁同学在早年的经历中体验过人际关系上的创伤。梁同学与父母的依恋关系存在严重的问题,咨询师在与小梁妈妈交流的过程中发现妈妈是一个典型的自恋型人格,对孩子的情感极少关注。梁同学与父母长期分离,在婴幼儿阶段可能有被忽视的经历,使其对人产生了较多的不信任,加上母亲对其态度过于粗暴,他常被同伴嘲讽奚落,一系列成长的创伤加剧了他对人际关系的敏感和疏离。他逐渐将自己的内心封闭起来,孤独和绝望让他徘徊在生死边缘。

(一)孤独的原因

1. 性格因素

有的学生性格内向,只注意自己的小天地,虽然内心世界丰富,但不善与人交流,而且性情孤僻或孤傲，这样就阻碍了与人的正常交往。

2. 心理因素

有些学生迫切需求交往，而一旦这种需求得不到满足时，便产生心理上的失落，因而产生孤独感。由于存在着不同程度的心理戒备现象，沟通时半遮半掩，在交往中就容易形成隔阂。

3. 环境因素

一个人如果长期生活在缺乏理解与友爱的环境中，处在长期压抑之中，往往会感到孤独。有的学生进入大学后，很难适应变化了的环境，对校园的一切感到陌生和不习惯，迟迟进入不了角色，也很难体验到归属感，其结果便是郁郁寡欢、沉默孤独。有的学生常常表示不愿参加集体活动，缺乏健全的社交生活，没有知心朋友，感到生活中的一切都是那么无聊、平淡无味，久而久之就形成了社交孤独。

(二) 如何消除孤独心理

1. 纠正不恰当的认知

要以开放的、包容的心态看待自己和他人，积极融入集体生活，感受团队的温暖与支持。要有改变孤独心理状态的强烈愿望，要充分认识到社交孤独对大学生个人成长和身心健康的危害性，摒弃社交中的"孤芳自赏"和独来独往的行为方式，努力融入集体生活。

2. 优化自身性格

孤僻者往往有性格上的弱点，一般表现为内向、固执、我行我素、喜欢独处等。这些弱点可以通过前面的自信心的训练与培养方式来改变，但最实用的办法是投身到社会实践活动中去体验交往的乐趣，锻炼交往的能力，时间长了自然会有所改善。

3. 摆正自己的位置

健康的交往是建立在双方平等基础之上的。孤僻者大多对于自我有不正确的认识，有些人自命不凡，将自己的孤僻视为个性，因而可以通过自我反省的方式来正确认识自己；同时还要多参加集体活动，在良好的交往活动中感受人际温暖，体验人际情谊，产生与他人成为朋友的愿望，这样才能逐步建立起健康和谐的人际关系。

测一测自己的交际能力

指导语：交际能力对一个人职场的开拓至关重要，本题测试你的交际能力，请仔细阅读下列各题，选择一个你认为最符合的答案，并将所选答案写在括号内。

1. 出门旅行度假时，你（　　）。

A. 通常很容易就交到朋友

B. 喜欢一个人消磨时间

C. 内心非常希望结交朋友，虽然不是很成功，但我仍然勇于实践

2. 和一个同事约好了一起去跳舞，但下班后你感到很疲惫，这时同事已回去换衣

服，你（　　）。

　　A. 决定不赴约了，希望同事谅解

　　B. 仍去赴约，尽量显得情绪高涨，热情活泼

　　C. 去赴约，但询问如果你早些回家，同事是否会介意

3. 你与朋友的交往能保持多久？（　　）。

　　A. 大多是天长地久型

　　B. 长短都有，志趣相投者通常较长久

　　C. 弃旧交新是常有的事

4. 结交一位朋友，你通常是（　　）。

　　A. 由熟人的介绍开始

　　B. 从某个特定场合的接触开始

　　C. 经过考验而决定交往

5. 你的朋友，首先应（　　）。

　　A. 能使人快乐轻松

　　B. 诚实可靠，值得信赖

　　C. 对我很欣赏，关心我

6. 你和人们交往中的表现是什么样的？（　　）

　　A. 我走到哪儿，就把笑声带到哪儿

　　B. 我让人沉思，能给人带去智慧

　　C. 和我在一起，人们总是感到随意自在

7. 别人邀你出游或表演节目，你往往（　　）。

　　A. 借故委婉推脱

　　B. 兴致勃勃地欣然允诺

　　C. 断然拒绝

8. 与朋友相处，你通常的情形是（　　）。

　　A. 倾向于赞扬他们的优点

　　B. 以诚为原则，有错就指出来

　　C. 不吹捧奉承，也不苛刻指责

9. 如果别人对你很依赖，你的感觉是（　　）。

　　A. 我不太在意，但如果他们有一定的独立性就更好了

　　B. 我喜欢被依赖

　　C. 避之唯恐不及

10. 来到一个新的环境，对那些陌生人的名字和他们的特点，你（　　）。

　　A. 常能很快地记住

　　B. 想记住，但不太成功

　　C. 不在意这些东西

11. 对你来说，与人结交的主要目的是（　　）。

A. 使自己生活得热闹愉快

B. 希望被人喜欢

C. 想让他们帮你解决你应付不了的问题

12. 对身边的异性，你（　　）。

A. 只在必要的情况下才去接近他们

B. 与他们互不来往

C. 乐于接近他们，彼此相处愉快

13. 朋友或同事劝阻或批评你时，你总是（　　）。

A. 非常勉强地接受

B. 断然否决

C. 愉快地接受

14. 在编织你的人际关系网时，被考虑的人选一般是（　　）。

A. 上司及有钱或有权势的人

B. 诚实且心地善良的人

C. 社会地位和自己差不多的人

15. 对那些精神或物质上帮助过你的人，你（　　）。

A. 铭记在心，永世不忘

B. 认为是朋友间应该做的，不必牵挂在心

C. 时过境迁，随风而逝吧

计分方法：

	1	2	3	4	5	6	7	8	9	10	11	12	13	14	15
A	1	5	1	5	3	1	3	1	3	1	1	3	3	5	1
B	5	1	3	1	1	5	1	5	1	3	3	5	5	1	3
C	3	3	5	3	5	3	5	3	5	5	5	1	1	3	5

分数解释：

1. 得分在15～29分，你非常善于交际，人生经验丰富，你凡事处理得当，合乎情理，很有艺术；但又不八面玲珑，圆滑逢迎。无论你走到哪里，笑脸和友善总伴随在你的周围。

2. 得分在30～57分，你会有不少相处得不错的朋友。但由于各种原因，其中真正能与你推心置腹的知己却不多，似乎你们之间总有隔阂，你应该找找原因所在。

3. 得分在58～75分，你的交际能力较差，人生经验不够丰富，你常独行于众人之外，一副高傲、拒人千里之外的架势。这样的你很难成功，希望你多发现别人的优点，努力做一个合群的人。

第三节 善用人际沟通之术
——人际交往的策略

一、遵守人际交往的原则

人的行为都是在一定的观念指导下进行的，积极、全面而良好的交往认知是健康交往的基础。为了使自己的交往行为引起交往对象良好的反应，引发积极的交往行为，大学生在交往中应遵循一定的原则。

人际关系综合诊断量表（问卷）

1. 平等原则

平等待人是建立良好人际关系的前提，也是人际交往的第一原则。在人际交往过程中，如果没有平等待人的观念，就不可能建立真诚、密切的人际关系。随着自我意识的日趋成熟，独立性、自我意识日益增强，大学生对交往的平等性要求越来越高，每个人都希望交往双方能够在心理上互相平等。调查表明，那些优越感很强、喜欢显示个人特长或家庭背景的大学生多数人际关系较差，即使能力很强，也无法发挥，因为不坚持交往平等原则的人，是不会被他人欢迎和接纳的。

2. 尊重原则

自我尊重和尊重他人是尊重原则的两个方面。自我尊重就是在各种场合自重自爱，维护自己的人格；尊重他人就是尊重他人的人格、情感，承认他人的社会价值。自我尊重和尊重他人能引发信任、坦诚等许多积极的情感，拉近彼此的人际距离，增强人际吸引力，这也会赢得他人的尊重。大学生渴望获得他人的认同和理解，在群体中提高自己的地位和威信，获得更多成员的信任和尊敬。但同时他们又具有很强的自我意识和自我独立感，容易过分强调他人对自己的尊重而忽略自己对他人的尊重。生活的实践告诉我们，只有尊重自己的人，才可能得到别人的尊重；只有尊重他人的人，才能得到别人的尊重，从而真正拥有自我的尊严。

3. 宽容原则

宽容表现在对非原则性问题不斤斤计较，能够大度容人，宽以待人，求同存异，以德报怨。宽容有助于扩大交往空间，滋润人际关系，消除人际间的紧张和矛盾。大学生大都个性较强，不可避免地在人际交往中会产生矛盾。大学生基本上过的是集体生活，同学之间朝夕相处，每个人的个性、习惯、爱好和生活方式等都或多或少存在差异。如果没有大度的胸怀，无法容忍差异和他人的小毛病、缺陷，那就无法与他人交往。现在有不少大学生感到人际关系紧张，特别是同宿舍的同学，似乎更难相处，原因就在于彼此不能宽容。宽容和克制并不是软弱、怯懦的表现，相反，它是一个人有度量的表现，是建立良好人际关系的润滑剂，能"化干戈为玉帛"，帮助我们赢得更多的朋友。

4. 诚信原则

诚信原则是指在人际交往中要为人坦荡、待人诚恳、讲究信用、遵守诺言，只有彼

此抱着心诚意善的动机和态度,才能相互理解、彼此信任,感情上引起共鸣,使交往关系巩固和发展。那种"逢人只说三分话,未可全抛一片心"的交往信条和假意逢迎、吹牛撒谎的交往行为,会损害健康的人际关系。我们常说某个同学可靠、值得相信,往往就是说这个同学真诚守信。大学生在人际交往中只有真诚守信,才能与别人建立和保持良好的关系。因此,只有以诚相待才能使自己在人际交往中获得别人的信任,并把那些具有同样优秀品质的人吸引到自己身边,建立自己的轻松、愉快的社交圈。

5. **互惠原则**

心理学家霍曼斯曾经说过,人与人的交往,本质上是一种社会交换,这如同任何一种商品交换遵循的原则一样,所得少于所付出的,或者大于所付出的,都会导致人的心理失衡。这就是人际交往中互惠原则的由来。互惠原则指的是交往双方能够相互满足需要,互惠性越高,双方关系越稳定,越密切;反之则越不稳定,越容易疏远。当我们接受了太多恩惠却无从回报时,内心惶恐不安,不知未来该如何"涌泉相报",久而久之演变为对友情的压力,进而选择疏远这位施恩太多的朋友,这就是人际关系中"过度投资"产生的负效应。真正想交朋友的话,在帮助朋友后,可以适时适度地找朋友点"麻烦",求他帮个忙,给对方一个报答你的机会,这才是真正的体贴。此时对方心里会松一口气,以后才能没有负担地与你继续交友。

二、了解人际交往中的心理效应

增强人际交往意识,建立良好的人际关系是一个人取得成功的关键因素。要建立良好的人际关系,就必须先了解人际交往的心理效应并克服其对人际交往的影响。

1. **首因效应**

首因效应也叫"第一印象"效应。第一印象,是在短时间内以片面的资料为依据形成的印象。心理学研究发现,与一个人初次会面,45秒钟内就能产生第一印象。这个第一印象会对他人的社会知觉产生较强的影响,并且在对方的头脑中形成并占据主导地位。因此,首因效应对人的印象的形成起着决定性的作用。一般来说,第一印象一旦形成,要改变它就不是那么容易,即使后来的印象与最初的印象有差距,很多时候我们也会自然地服从于最初的印象。首因效应提醒大学生,在与人初次接触时要力争给他人留下好的第一印象,这样能缩短人际交往的距离,短时间内得到他人的信任,为以后的良好沟通奠定基础。作为认识的主体,要尽量减少首因效应对自己的影响,要把第一印象与日后的观察结合起来,客观、公正地认识一个人,对人做出一个全面、正确的评价。

心理实验:首因效应

美国心理学家卢钦斯用编撰的两段文字作为实验材料研究了首因效应现象。他编撰的文字材料主要是描写一个名叫吉姆的男孩的生活片段。第一段文字把吉姆描写成热情而外向的人;另一段文字则相反,把他描写成内向而冷淡的人。例如,第一段文字中说吉姆与朋友一起去上学,走在洒满阳光的马路上,与店铺里的熟人说话,与新结识的女孩子打招呼等。第二段文字中说吉姆放学后一个人步行回家,他走在马路的背阴一侧,他没有与新结识的女孩子打招呼等。在实验中,卢钦斯把两段文字加以组合:第一组,描写吉姆热情外向的文字先出现,冷淡内向的文字后出现;第二组,描写吉姆冷淡内向的文字先出现,热情外向的文字后出现;第三组,只显示描写吉姆热情外向的文字;第四组,只显示描写吉姆冷淡内向的文字。让四组被试者分别阅读一组文字材料,然后回答一个问题:"吉姆是一个什么样的人?"结果发现,第一组认为"吉姆是友好的"被试有78%;第二组认为"吉姆是友好的"被试只有18%;第三组认为"吉姆是友好的"被试有95%;第四组认为"吉姆是友好的"被试只有3%。实验结果证明了信息呈现的顺序会对社会认知产生影响,先呈现的信息比后呈现的信息有更大的影响作用。

2. 晕轮效应

晕轮效应又称"光环效应",指在交往中受到某个人特征影响而对该人的各项特征都给予过高或者过低评价的一种心理现象。"光环效应"通俗的说法就是"情人眼中出西施""一白遮百丑"。也就是说,由于晕轮效应的作用,一个人的优点或缺点一旦变为光圈被夸大,其缺点或优点也就退隐到光圈背后视而不见了。严重者甚至可以达到"爱屋及乌"的程度,只要认为某个人不错,就会把一切好的品质都赋予他,简直就是一好百好,连他的东西、他的朋友、他的家人,也肯定都错不了。鲁迅先生所说的"红肿之处,艳若桃花;溃烂之处,有如乳酪",可以用来贴切地形容这种行为。名人效应就是典型的晕轮效应,因此追星族往往都坚定地捍卫自己喜爱的明星的一切名誉。在人际交往中应注意克服晕轮效应的影响,发挥其积极作用,防止其负面作用,避免产生偏见。

延伸阅读

心理实验:晕轮效应

美国心理学家凯利以麻省理工学院两个班级的学生为对象分别做了一个试验。上课之前,实验者向学生宣布,临时请一位研究生来代课。接着告知学生有关这位研究生的一些情况,其中,向一个班学生介绍这位研究生具有热情、勤奋、务实、果断等品质;向另一个班学生介绍的信息除了将"热情"换成了"冷漠"之外,其余各项都相同,而这些学生们并不知道。两种介绍后的差别是:下课之后,前一班的学生与研究生一见如故,亲密攀谈;另一个班的学生对他却敬而远之,冷淡回避。可见,仅介绍中的一词之别,竟会影响到整体的印象。学生们戴着这种有色镜去观察代课者,而这位研究生就被罩上了不同色彩的晕轮。

3. 刻板效应

你是否有以下的判断呢？北方人是豪爽的，南方人是精细的；农民是质朴的，商人是精明的；女人是温柔的，男人是刚毅的。这就是刻板效应。刻板效应，又称刻板印象，是指人们用印刻在自己头脑中的关于某个人或某一类人的固定印象，作为判断和评价人的依据的心理现象。刻板效应忽略了个体间的差异性，在交往中会先入为主、以偏概全，特别是当这类评价带有偏见时，会损害人际关系，影响大学生人际交往的顺利进行。如大学生中有人因为自己是北方人而对南方人产生偏见，自己是城市人而对农村人产生偏见等，其结果势必造成同学之间的误解和矛盾，从而影响交往的正常进行。因此，大学生应提醒自己把交往对象看成一个独特的人，在实际交往中去发现、认识和理解对方，以此来弱化刻板印象的干扰。

延伸阅读

心理实验：刻板印象

苏联社会心理学家包达列夫做过这样的实验：他将一个人的照片分别给两组被试者看，照片人物的特征是眼睛深凹，下巴外翘；再向两组被试者分别介绍情况，给甲组介绍情况时说"此人是个罪犯"，给乙组介绍情况时说"此人是位著名学者"。然后，请两组被试者分别对此人的照片特征进行评价。评价的结果是，甲组被试者认为：此人眼睛深凹表明他凶狠、狡猾，下巴外翘反映了其顽固不化的性格；乙组被试认为：此人眼睛深凹，表明他具有深邃的思想，下巴外翘反映他具有探索真理的顽强精神。这反映出人们对社会各类的人有着一定的定型认知。把他当罪犯来看时，自然就把其眼睛、下巴的特征归类为凶狠、狡猾和顽固不化；而把他当学者来看时，便把相同的特征归为思想的深邃性和意志的坚韧性。

4. 投射效应

投射效应是指以己度人，认为他人具有与自己相同的特性，把自己的感情、意志、特性投射到他人身上，并强加于人的一种现象。通俗地说就是"以己推人""以己之心，度人之腹"。比如，心地善良的人总也不相信有人会加害于他；而敏感多疑的人，则往往会认为别人不怀好意；一个经常算计别人的人就会觉得别人也在算计他。投射心理其实是自己对他人的一种定位和揣测。为了克服投射效应的消极作用，我们应该正确地认识自己和他人，做到严于律己，客观待人，尽量避免以自己的标准去判断他人。所以，在交往中关键是认清别人与自己的差异，需要客观地认识自己，不断地完善自己，以促进交往顺利进行。

三、运用人际交往的技巧

（一）增强人际魅力

人际魅力，是指在人际交往过程中形成的，个体对他人给予的积极和正面评价的倾向。每个人都有自己喜欢的人，并愿意与之交往；每个人也都有自己讨厌的人，不愿意和这些人交往。这种现象反映的实际上就是人际吸引。那么，大学生如何增强人际吸引力，做一个受欢迎的人呢？

1. 重视良好的第一印象

根据心理学首因效应在人际交往中的作用，在与陌生人的交往中，要注意给人留下良好的第一印象。如果初次见面给对方一个良好的印象，这种印象往往会持续很长时间，为此，大学生在交往中应注意仪表礼节。一个外表英俊、衣着整洁、仪表端庄的人，自然会散发一种使人乐于与其交往的魅力。当然，仪表的魅力不仅仅取决于长相和衣着，更重要的在于仪态，这是一个人内在品格、修养的自然流露，是人的内在底蕴的外示。所以，大学生不仅要注意衣着的整洁、得体，还要重视自我修养。

尼克松和肯尼迪

2. 待人接物，称呼要恰当

在交往过程中，要根据对方的年龄、身份、职业等具体情况以及交往的场合、双方关系的亲疏远近来决定对方的称呼。称谓选得好会很快缩短交往双方的心理距离，使交往得以顺利进行。美国"钢铁大王"安德鲁·卡耐基曾经说过：一个人的姓名是他自己最熟悉、最甜美、最妙不可言的声音，在交际中最明显、最简单、最重要、最能得到对方好感的方法，就是记住人家的名字。在日常生活中，如果一个并不熟悉的人能叫出自己的姓名，就会对他产生一种亲切感和知己感；相反，如果见了几面还是叫不出对方的名字，对方就会认为你不重视他，会产生一种疏远感、陌生感，增加彼此的心理隔阂。大学生在与同学的交往中，如果想得到其他同学的喜欢和好感，记住对方的名字并能在偶然场合里叫出他的名字，对促进同学之间的交往是很有效的。

3. 加强交往，密切关系

心理学研究表明，人与人之间空间距离上的接近，是促进人际吸引的重要因素，因为人与人之间空间位置上越接近，彼此交往的频率就越高，也就越有助于相互了解，沟通情感，密切关系。即使两个人的人际关系比较紧张，通过交往，也有可能逐步消除猜疑、误会。反之，即使两人关系很好，如果长期不交往，彼此了解减少，其关系也可能逐渐淡漠。大学生同住在一起，接触密切，这是建立友情的良好的客观条件，只有充分利用这一条件，与朋友保持适度的接触频率，才能使人际关系不至于淡化甚至消失，切忌有事有人，无事无人。

（二）善用语言艺术

俗语说，"良言一句三冬暖，恶语伤人六月寒"。我们评价一个人善于交往时，经常会说"这个人真会说话"。语言用得好，可以优化人际关系。相反，如果不注意语言艺术，往往会无意间出口伤人，产生矛盾。那么，到底什么是会说话，有没有一个标准呢？

1. 学会倾听

延伸阅读

学会倾听

一天，美国知名主持人林克莱特采访一个小朋友。林克莱特问他："你长大后想要干什么？"

小朋友天真地回答："我要当飞机驾驶员！"

林克莱特接着问："如果有一天，你的飞机飞到太平洋上空，所有引擎都熄火了，你会怎么办？"

小朋友想了想说："我会先告诉坐在飞机上的人，请系好安全带，然后我挂上我的降落伞跳出去。"

现场的观众笑得东倒西歪，然而，林克莱特继续注视着这个孩子，想看他是不是个自作聪明的家伙。没想到，孩子的两行热泪夺眶而出，林克莱特感到这孩子的悲悯之情深深地打动了他。

于是林克莱特接着问他："你为什么要这么做？"

小孩的答案流露出一个孩子真挚的感情："我要去拿燃料，我还要回来！"

"我还要回来！"当孩子说到不顾别人，自己挂上降落伞跳下去时，谁听出了孩子的同情心呢？

积极的倾听使你与他人的友好交谈得以顺利进行，使人感到你的成熟和可信赖，从而增加你的魅力。听不光要用耳朵，而且要用脑，做到耐心、虚心、会心和主动。学会倾听，对方才有兴趣说得更多，我们才能了解对方更多真实的想法，才能更便于双方的交往，才能为自己赢得更多人脉。那么，我们在倾听时要注意什么呢？

（1）要专注。专注的神情是认真倾听的基本表现。谈话的时候要多和对方交流目光，还可以通过点头、微笑及其他身体语言的运用，如发出"是""对""哦"等应答，让对方感觉到你的专注。他人讲话时不要轻易打断，也不要随便插话；如果非插话不可，要先向对方表示歉意，并征得对方同意，如"对不起，我可以提个问题吗？"或"不好意思，我打断一下"。

（2）要回应。呼应配合在某种程度上可以极大地调动说话者的情绪。当对方讲到精彩的地方时，可以鼓掌响应；讲到幽默的地方时，可以以笑回应；讲到紧张的地方时，则要避免弄出声响；为使信息接收得更准确，可以自己的语言简单地向对方复述下，以得到对方的认可，如"您的意思是说……""我理解您的意思是……"如果符合对方的意图，便会得到首肯；如果不符，对方会给你解释。

（3）要虚心。交谈中要尊重对方的观点，即使你不认同，也不应轻易打断对方的说话。的确有必要时，必须等对方说完话再阐明自己的观点。特别是对方还没有充分地把自己的意思表达清楚时，不能轻易表态，也不要挑剔批评。

（4）要耐心。交谈中要注意控制自己的情绪。有时你会因为对方过长的发言或者不感兴趣的话题而感到厌烦，这时要学会控制自己的情绪，不要使之表露出来，要耐心地听对方把话说完。

2. **学会赞美别人**

美国心理学家威廉·詹姆士指出，渴望被人赏识是人最基本的天性。既然渴望赞美是人的一种天性，我们在人际交往中最好的顺应技巧就是多赞美别人。我们要善于用欣赏的眼光去发现别人的优点、长处，然后真诚地而不是虚伪地给予赞美，这才是我们与人相处之道。赞美是一件好事，但绝不是一件易事，赞美别人时如不审时度势、不掌握一定的技巧，即使你是真诚的，也可能会变好事为坏事。大学生赞美别人时应注意以下技巧：

（1）要真诚。赞美不是随便说说，要真心，虽然人人都喜欢听赞美的话，但并非任何赞美都能使对方高兴。能引起对方好感的只能是那些基于事实、发自内心的赞美；相反，若是无根无据、虚情假意的赞美，别人会感到莫名其妙，其效果自然也就会适得其反。

（2）要真实。所谓真实就是要恰如其分。面对一位相貌平平的女同学，假如你要向她表示赞美，说她美如西施，还不如肯定她的心地善良、性情温柔更有效。

（3）要具体。当你想赞美或欣赏一个同学时，笼统地说"我真的很喜欢你"，不如说"我喜欢你为人真诚，这使我和你相处时感觉轻松"的效果好。

（4）要独具慧眼。赞美别人不宜人云亦云，隐藏的闪光点最需要夸赞。人的素质有高低之分，年龄有长幼之别，所以，因人而异、突出个性、有特点的赞美比一般化的赞美能收到更好的效果。老年人总希望别人不忘记他"想当年"的业绩与雄风，同其交谈时，你可多称赞他引以为豪的过去；对于年轻人，你不妨语气稍为夸张地赞扬他的创造才能和开拓精神，并举出几点实例证明他的确能够前程似锦；对于经商的人，你可称赞他头脑灵活，生财有道；对于知识分子，你可称赞他知识渊博、宁静淡泊。所有这些赞美当然要依据事实，切不可虚夸肤浅。

优点大轰炸

活动目的：

学习观察和发现别人的优点，并且直接表达对他人的欣赏，增强人与人之间的良性互动；同时，学习接纳他人的欣赏，体验被表扬的愉悦感，增强自信心。

活动步骤：

1. 5～10人一组围圈坐。请一位成员坐或站在团体中央，其他人轮流说出他的优点及自己对他的欣赏之处（如性格、相貌、处事……）。

2. 被称赞的学员说出哪些优点是自己以前觉察到的，哪些是不知道的。每个成员到中央被赞美一次。

3. 规则：必须说优点，态度要真诚，努力去发现他人的长处，不能毫无根据地吹捧，这样反而会伤害别人。

4. 参加者注意体验和思考：被人称赞时的感受如何？怎样用心去发现他人的长处？怎样做一个乐于欣赏他人的人？

3. 幽默

幽默使世界充满欢笑，它是男人的风度，是女人的魅力，幽默风趣的语言风格是人的内在气质在语言运用中的外化，在人际交往中起着非常重要的作用。大学生要学会幽默，首先要注意培养自己敏锐的观察力、丰富的想象力、灵活的应变力和获得广博知识的能力。平时生活中与人交谈时，若对方保持沉默，这时巧用幽默便可打破僵局，使交谈气氛缓和、消除紧张；当人与人在相处中出现矛盾时，幽默能起到润滑剂的作用，可使相处变得更顺利、更自然。

德国著名作家歌德有一次在公园散步，碰上了曾经猛烈攻击过他的一位批评家。批评家有意伤害歌德，很傲慢地说："我是从来不会给傻瓜让路的。"歌德立即回答："而我却完全相反。"说完转到一边去了。歌德这种机警的幽默回击了对方的侮辱，保护了自己的尊严。

4. 委婉拒绝术

不论是在职场还是在生活中，热情帮助别人、对别人的困难有求必应，肯定有助于建立融洽的人际关系。但经常会发生这样的事，即别人求助于你的恰恰是令你感到为难的事。帮忙吧，自己确实有难处；不帮忙吧，又怕人家说你的闲话。还有的时候，你必须对别人的提问进行回答，一般说来，肯定的、合乎对方期望的回答往往能使提问者感到愉快，而否定的回答，尤其是直截了当地说"不"，则会使提问者感到失望和尴尬。由此可见，说"不"是需要很大勇气的。拒绝是一门艺术、一门学问，能体现一个人的综合素养。当别人对你有所求而你又办不到，不得已要拒绝的时候，最好用委婉拒绝的方式。

（1）通过幽默的语言拒绝别人。在拒绝别人的时候加入一些幽默，不仅不会让对方感到难堪，而且你自己心里也不会有太多的压力和内疚。例如，一位同事想请你到他家吃饭，以便求你帮个忙，你不便直接说"不"，这时你可以找个理由推辞。你可以推说家里有事不能去，以后再找机会，这时，别人一般就会明白你的意思。

（2）拖延回答。一位老乡对你说："你今晚到我这儿来玩吧！"你不想去时可以说："今天恐怕不行了，改天我一定会去的。"这样的话听起来比"没空，去不了"的回答，更易于被对方接受。至于下次什么时候去，其实也并没说清楚。

（3）先扬后抑。对于别人的一些想法和要求，你可以先找出其中你同意的部分加以肯定，然后再表达你的反对意见。这样既不会伤害对方的感情，又表达了自己的想法。

（三）灵活运用非语言技巧

享誉全球的身体语言大师、有着25年工作经验的前FBI反间谍情报小组专家乔·

纳瓦罗曾说过：大约有60%到80%的人际沟通是通过非语言行为来完成的。在人际交往中，如果我们稍加注意就会发现，一个眼神、一种面部表情、一个手势都能发挥奇妙的作用，有时甚至能达到言语表达所达不到的效果，这就是非语言交际的效用。

非语言交流

活动目的：

人与人之间的沟通不仅包括语言上的沟通，还包括各种表情以及手势等非语言的肢体动作，本游戏将帮助大家在游戏中体会非语言技巧在谈话中的应用。

活动步骤：

1. 将学生分成2人一组，让他们互相介绍自己，但是在整个介绍过程中不得有任何语言形式的交流。

2. 可以使用除语言外的一切形式，如动作、表情、手势、画图、目光等。

3. 交流2分钟，然后让双方口头介绍一些采用肢体语言了解到的对方的情况，与实际情况相对照，看看是否属实。

4. 讨论：

（1）当你用非语言的形式来表达自己的时候，表达是否准确？

（2）你是否很好地理解了对方的非语言表达？

（3）在表达者和接受者之间是否有信息的丢失和误解？如果有，为什么？

（4）怎样才能减少这些信息的丢失？

5. 活动的主要障碍和解决方法：

（1）合适的非语言交流可以帮助我们更好地理解对方的意思，而拙劣的表达方式有时候反而会阻碍我们的沟通。

（2）非语言形式的交流不同于语言形式的交流，它会产生歧义。比如你指一下自己的肚子，意思是自己饿了，而对方可能理解成你肚子疼；你想表达你困了，对方可能认为你不想理他了。所以这种交流往往会闹出很多笑话。

（3）利用非语言形式成功交流的关键在于正确地理解彼此的背景和感悟程度，而且对不同的人要采取不同的方法，这样才能达到沟通的目的。

1. 表情语言

表情语言是指人脸上各部位动作构成的表情语言，人的面部表情是人的内心世界的"荧光屏"，人的复杂心理活动无不从面部显现出来。面部的眉毛、眼睛、嘴巴、鼻子、舌头和面部肌肉的综合运用，可以向对方传递自己丰富的心理活动。交谈双方来自不同方向的视线接触，有着不同的语义。视线平行接触（即正视），一般表明相互尊重、理性、平等的语义；视线往下接触（即俯视），一般表示爱护、宽容的语义，当然有时也表示自傲、高人一等或自卑、缺乏信心的情感和心理；视线斜行（即斜视），可能表示

怀疑、疑问的意思；视线朝上（即仰视），一般体现尊敬、期待等语义。

因此，大学生在人际沟通中应学会正确地使用面部表情来传达自己的内心，使人际沟通得以顺利进行。在谈话时，面部表情应该是诚恳坦率、友好轻松的；在交往时，应该是落落大方、自然得体、发自内心的；在公共环境里，应该自然轻松，如在校园里路遇认识的同学或老师，应该是表情友好、适当地点头微笑或礼貌问候，这样会让人倍感亲切。

2. 动作语言

动作语言是人际交往中传情达意的一种方式。在日常人际交往中，动作语言是有一定规律可循的。达·芬奇曾说过，精神应该通过姿势和四肢的运动来表现。动作语言，指人们身体的部位做出的表现某种具体含义的动作符号，包括手、肩、臂、腰、腹、背、腿、足等动作。你的身体摆出来的姿势等告诉别人，你希望和别人有怎样的交往关系、对方所讲的你是否感兴趣。人在撒谎时还有不自觉的动作，如摸鼻子、口吃、轻咳喉咙、避免凝视、眨眼、不停喝水、吞唾液、咬手指等。有人在与人谈话时，常有梳理头发、打响指等习惯，有的人还有掏耳朵、挖鼻孔等小动作，这些都会给人留下不好的印象，有时会让人觉得很不礼貌。同时，这些无意义的身体语言也会分散对方的注意力，会影响沟通的效果。

3. 选择适当的空间距离

人际关系通常可用心理距离来描述，心理距离又可用人与人之间的空间距离来衡量。美国人类体语学家爱德华·霍尔教授研究发现：人际关系不同，交往时的人际空间距离也不同。他在1963年出版的《躯体行为的符号体系》一书中把人际距离分为四个区：一是亲密区，0.5米以内，这是属于具有直接血缘关系、夫妻或恋人以及同性要好朋友间的交往距离范围；二是个人区，0.5～1.2米内，这是属于较熟悉的同事、同学或朋友间的交往距离范围；三是社交区，1.2～3.7米内，这是一种社交性的较正式的人际交往距离范围，属于公事公办关系人员的交往距离范围；四是公共区，3.7米以外，这是人际交往界域的最大距离，是一切人都可以自由出入的交往空间。一般来说，人际距离越近，人际关系越亲近；相反，人际距离越远，人际关系越疏远。大学生应根据自己与他人的关系来决定交往距离，以加强亲密感，避免冲突或反感。

研究表明，一个人在未来社会取得财富的87.5%是依靠其良好的社会资源，只有12.5%是依靠其学识。因此，建立良好的人际关系，丰富自我强大的社会资源系统，是我们每个大学生成长的课题。让我们认识交往，学习交往，学会交往，收获交往所带来的幸福与喜悦，充分享受大学的美好生活。

 思考题

1. 影响大学生人际交往的因素有哪些？
2. 大学生人际关系的常见问题有哪些？如何调适？
3. 全班同学中，谁给你的第一印象比较好？他（她）是怎样做到的？根据大学生人际交往的原则和技巧，结合实际，谈谈如何改进人际交往。

 推荐资源

1. 书籍：《别独自用餐》

这是法拉奇的第一部作品，多次再版，畅销欧美多个国家。在书中法拉奇用他的亲身经历讲述了一个来自贫穷家庭的孩子，从给人当球童起就悟出了人际交往的作用和人脉对成功的重要性。这让他在寻求和接受别人帮助的同时，也热情地帮助需要帮助的人，以此形成良好的社交圈。他从一个小镇上默默无闻的孩子，成为人才济济的哈佛商学院一员，又成为全美顶尖的职业经理人，后又创建了法拉奇绿讯营销咨询顾问公司。

本书介绍了如何根据自己的个性和特点，建立自己的社会圈，提升自己的社交圈，实现自己的职业规划，并就许多问题给出了具体的可操作的建议，比如在一次会议、一次聚餐或一次偶然联系中建立双方关系的方法。

在"著名交际案例"部分介绍了众多知名人士的社交案例，包括比尔·克林顿、埃莉诺·罗斯福、凯瑟琳·格雷厄姆、戴尔·卡耐基、本杰明·富兰克林和弗农·乔丹等。

2. 电影：《贱女孩》

本片讲述的是15岁青春少女凯蒂的故事。她从小跟随动物学家的父母在非洲长大，在回到美国伊利诺伊州的一所普通高中学习时，习惯了非洲生活的凯蒂在新环境里感到有些措手不及。为了能够交到朋友，她不断地改变自己；为了和喜欢的男生多接触，她有意做错题。她发现自己已经变成了不被自己喜欢也不被别人喜欢的样子，于是她意识到贬低别人并不能抬高自己，一味地取悦别人也不可能受到喜欢；只有真诚地与别人交往，才可能获得友谊，展现真我的风采。

能控制好自己情绪的人，比能拿下一座城池的将军更伟大。

——拿破仑

第七章　触摸你的内心
——谈情绪管理

 学习目标

▶ 知识目标

了解情绪的概念及内涵；

了解情绪的类别和发生过程；

了解大学生情绪管理中的常见问题。

▶ 能力目标

能够学会辨识情绪、看清情绪，并且觉察到情绪的来源；

掌握科学的情绪认知、调整和转化方法，透过情绪来更好地了解自我、悦纳自我；

实现对情绪状态下的自我做有效的心理干预，并透过对情绪的转化来实现内在的整合。

小雅和阿蔡是校园里的情侣，颜值和学业都被同学们所羡慕。恋爱两年了，两个人却面临分手。分手原因是两个人时常吵架，情绪失控。每次遇到意见不合，阿蔡又不肯妥协的时候，小雅就会含着泪歇斯底里地诉说自己的委屈，有时候则是纯粹的"作一作"；而阿蔡这时候要么和小雅对吼，要么生闷气不回应，而这样的表现通常会让两个人的争吵进一步恶化。

情绪容易失控的小雅和阿蔡就像是一对渴望拥抱的刺猬，他们明明想要表达需求，让彼此更加相爱，但是在相处中，却因为没能很好地控制自己的情绪，扎得双方痛不欲生，无法相处。

讨论与分享

1. 案例中小雅和阿蔡的故事是不是也发生在你或你身边的同学中？读完他们的故事，你有什么感想？

2. 当情绪失控时，你是如何处理的？

情绪好像是我们内在自我的信使，它带着一封珍贵的信，以不同的样貌走来，读懂情绪这封信，认识情绪，悦纳情绪，并透过情绪触摸到自己内心的真实需求，就是读懂了自己健康的寒暑表，也必将提高自己的情商。本章中，我们将一起走近情绪，去触摸情绪背后真实的自己。

第一节 读懂情绪的密码
——情绪概述

身边的故事

小何是一位大一新生，入学不到一个学期，就已经调换了两次宿舍。室友们反映说，小何其实人不错，但是脾气太古怪，很难相处。他平时要么很安静，很少和室友们交流，大家都不知道他为什么长吁短叹，心事重重；但有时他又会特别敏感，觉得室友们在背后嘲笑自己，看不起自己。他经常因为一些微不足道的事和室友发生言语冲突，以至于要申请调换宿舍。

通过和小何交流，我们了解到，小何来自一个困难家庭，经济上的压力，让他觉得自己没有理由开心；因为生活习惯不同，自己的消费能力和室友有差距，所以他深感自卑，进而多疑；因为这些压力和情绪无法表达，所以一遇到特殊情况就集中爆发，和同学产生冲突，由此影响到了自己的人际关系。

心理中心的老师们不仅帮助小何读懂自己的情绪，而且还让他了解这些情绪从何而来，帮助他疏导压力和愤怒，走出自卑，找到自信，并让他学会敞开心扉去表达、去交流，在人际交往中训练自己感受情绪、控制情绪的能力。现在，小何和新宿舍同学的关系日渐融洽，他还加入了大学生心理协会，和同学们一起组织各类心理活动，去帮助更多和他一样困于情绪中的同学。

一、何为情绪

看一看： 我的情绪表达路径

活动目的：

通过练习，发现自己在情绪表达中惯有的模式，并在与同学的分享中发现共有的情绪表达方式。

活动步骤：

1. 首先完成下面的空格，尽量描述得具体些。

（1）当我喜悦的时候，我会＿＿＿＿＿＿＿＿＿＿＿＿＿＿＿＿＿＿＿＿＿。

（2）当我愤怒的时候，我会_____。
（3）当我悲伤的时候，我会_____。
（4）当我恐惧的时候，我会_____。
（5）当我焦虑的时候，我会_____。
（6）当我嫉妒的时候，我会_____。
（7）当我____的时候，我会_____。

2. 请你和同学一起分享你的答案，并看看你们有哪些描述是相近的，哪些是不同的。

（一）情绪的定义

情绪是人对客观事物是否符合自己的需要而产生的态度体验，是多种感觉、思想和行为综合产生的心理和生理状态。最普遍、外显的情绪有喜、怒、哀、惊、恐、爱等，也有一些细腻微妙的情绪，如嫉妒、惭愧、羞耻、自豪等。情绪常和心情、性格、脾气等因素互相作用，也受荷尔蒙和神经递质影响。无论正面还是负面的情绪，都会引发人们行动的动机。尽管一些情绪引发的行为看上去没有经过思考，但实际上意识是产生情绪的重要一环。

情绪可以被分类为与生俱来的"基本情绪"和后天学习到的"复杂情绪"。基本情绪和原始人类生存经历息息相关，复杂情绪必须通过人与人之间的交流才能学习到，因此每个人所拥有的复杂情绪数量和对情绪的定义都不一样。

情绪是心理活动，同时还是生理活动。情绪上的每一个变化几乎都能引起生理上的变化，所以当情绪反应与客观环境不符或是情绪情感剧烈变化，心情持续恶劣时，身心健康就会受到影响。

情绪由四种成分组成：生理唤醒、主观体验、认知过程和外部表现。

1. 生理唤醒

身心总是交互的，一个人的心理成熟度取决于其大脑皮层能在多大程度上发挥功能。情绪是有其生理基础的，它涉及大脑、神经系统和荷尔蒙，一个智商低下或精神错乱的人，他的情绪与情感发生时的生理反应也就显得相对单一、极端或者无规律。生理唤醒是指情绪与情感发生时，我们的身体会伴有系列的生理反应和生理变化。例如，人在紧张时会呼吸急促、心跳加快、手心出汗；人在恐惧时会身体颤抖、瞳孔放大；当我们高兴和生气时，血压会升高。

2. 主观体验

情绪是没有对错好坏之分的，我们通常根据情绪导致的行为表达，说不清它是正面或负面、积极或消极、愉快或不愉快、喜欢或厌恶……一个人的情绪究竟如何，只有他自己才能真实感受，有的时候连我们自己也会看不清自己的情绪，无法真实报告自己究竟在哪一种情绪里。

3. 认知过程

同样一件事，不同的人会有不同的感受，这里启动情绪开关的，就是我们的认知评价。认知评价好像一个中转站，它把各种刺激进行分类，触发我们的情绪体验。例如，小安同学在球赛中摔倒，跌破了腿，他也许会想"我真是倒霉，总是遇到不好的事情"，他就会委屈、难过，情绪低落；若他想"我受伤了还能继续比赛，我真是男子汉"，他就会自信、淡然。可见，同一件事对不同的人而言，可以引发不同的情绪反应，这就是认知评价在悄悄发挥功能。

4. 外部表现

情绪作为一种内心体验，一旦产生，通常会伴随相应的非言语行为，如表情和身体姿势等。情绪的这些外部行为，经常成为人们判断和推测情绪的外部指标。表情可以分为三类：面部表情、姿态表情和语调表情。

（1）面部表情。

面部表情是由面部肌肉和腺体变化来表现的，由眉、眼、鼻、嘴的不同组合构成，如眉开眼笑、怒目而视、愁眉苦脸、面红耳赤、泪流满面等。面部表情是人类的基本沟通方式，也是情绪表达的基本方式。面部表情有泛文化性，同一种面部表情会被不同文化背景下的人们共同认同和使用，以表达相同的情绪体验。面部表情中，最容易辨认的表情是快乐、痛苦，较难辨认的是恐惧、悲哀，最难辨认的是怀疑、怜悯。情绪成分越复杂，表情越难辨认。由于人类心理的复杂性，有时人们的外部行为会出现与主观体验不一致的现象，比如面试时我们心里是紧张的，却努力做出一副镇定自若的样子。

 延伸阅读

微表情与情绪

1. 从眉眼间的变化窥见内心的波动

目光告诉你的那些秘密：目光左右移动是缺乏安全感的表现；目光不规则移动是不怀好意的表现；翻白眼的怪异目光是怀疑和轻视的表现。

瞳孔会把真实的感觉告诉你：在恐怖、紧张、刺激、愤怒、疼痛的状态下，瞳孔会扩大；在厌恶、疲倦、烦恼时则会收缩得很小，呈现出一种"激光式的眼神"。如果瞳孔没有变化，就表示他对看到的人或事物漠不关心或者感到无聊；如果眨眼频率高，说明他在撒谎。

眉毛会随情绪变化而变化：

一条眉毛上扬，表示对方在怀疑。

深皱眉头，往往出现在厌烦、焦虑、沮丧、恐惧或犹豫不决等情况下。

眉毛内靠和外扬：如果一个人的两边眉毛向中间靠拢，你可以推断这个人是在思考问题，正如俗话说的，"眉头一皱，计上心来"；如果两边眉毛向外扬起，这个人一定是喜气洋洋，称作"眉飞色舞"。

耸眉：眉毛先扬起，停留片刻，然后再下降就是耸眉。耸眉经常伴随着嘴角迅速而短暂地往下一撇。耸眉表示的是一种不愉快的心理，有时也表示无可奈何。

眉毛斜挑：眉毛斜挑是指两条眉毛中的一条下降、另一条上扬的形态。扬起的那条

眉毛就像提出一个问号，反映了眉毛斜挑者那种疑惑不解的心理。

眉毛打结：眉毛打结是指眉毛同时上扬及相互趋近。当人们遇到麻烦事或极度忧郁时，通常会表现出这种表情，而成为哭丧脸，一副愁眉不展、心事重重的样子。

眉毛闪动：眉毛闪动就是指眉毛先上扬，在瞬间内再下降，像流星划过天际，动作敏捷。这是全世界通用的表示熟人出现时的欢迎信号，是一种友善的行为。当眉毛出现闪动时，说明对方心情愉快，内心赞同或对你表示亲切。

2. 口鼻上的小动作泄露真实想法

鼻孔鼓起表示受挫或生气；

鼻子紧皱表示厌恶；

捏鼻梁是深思的动作；

撇嘴表示伤心、失望或沮丧；

舔嘴唇被视为一种有挑逗意味的性信号；

咬嘴唇表示焦虑、不舒服；

张大嘴巴表示惊讶，紧闭嘴唇表示生气，嘴角上扬表示喜悦，嘴角下垂表示自责等。

（2）姿态表情。

姿态表情是通过人的身体姿态、动作变化来表现的，如高兴时手舞足蹈，悲痛时捶胸顿足，成功时趾高气扬，失败时垂头丧气，紧张时坐立不安等。姿态表情不具有跨文化性，并受不同文化的影响。在不同的文化中，同一手势所代表的含义可能截然不同，如竖起大拇指在许多文化中是表示夸奖的意思，但在希腊却有侮辱他人的意思。

（3）语调表情。

语调表情是通过声调、节奏变化来表达的，如语音的高低、强弱、抑扬顿挫等。人们惊恐时尖叫；悲哀时声调低沉，节奏缓慢；气愤时声调高亢，节奏变快；爱慕时语调柔软且有节奏，这些都是语调表情。

面部表情、姿态表情和语调表情成为情绪的有效表达方式，它们经常相互配合，更加准确或复杂地表达不同的情绪。

（二）情绪的产生

美国心理学家罗伯特·普拉契克认为，情绪是进化的产物，是有机体力求适应和控制生存环境所必需的心理工具。从发生的过程来看，情绪是由特定的刺激所激起的，经过有机体的认知评价、主观感受和行为反应等因素所组成的如图7-1所示的反应序列：

刺激物→认知评价→主观感受→外显行为→适当功能

图7-1 情绪反应序列

情绪有产生过程。情绪的产生与反应，是从预备到产生再到情绪升级点燃的三个阶段的循环反应。这期间，情绪从引爆到发生大约只需要0.25秒的时间，情绪从发生到升级需要4~7秒。

情绪也有周期。就像一年有四季的变化，人的情绪也有周期。所谓情绪周期，是指一个人的情绪高潮和低潮的交替过程所经历的时间。它反映人体内部的周期性张弛规律，亦称"情绪生物节律"。科学研究表明，人的情绪周期与生俱来，男女皆有。从出生的那一天开始,一般28天为一个周期,周而复始。每个周期的前一半时间为"高潮期",后一半时间为"低潮期"。在高潮与低潮之间,即由高潮向低潮或由低潮向高潮过渡的时间,称为"临界期",一般是2~3天。临界期的特点是情绪不稳定,机体各方面的协调性能差,易发生事故。遇上低潮和临界期,要提高警惕,运用意志加强自我控制。也可以把自己的情绪周期告诉对方,这样做一方面可让他人提醒你,帮助你克服不良情绪,另一方面也避免不良情绪给他人带来困扰。

(三)情绪的分类

从不同的视角,我们将情绪分为以下三类:

第一类是原始的基本情绪,往往具有高度的紧张性,如快乐、愤怒、恐惧、悲哀。快乐是盼望的目的达到后,紧张被解除时的情绪体验;愤怒是愿望和目的无法达到、一再受阻、遭受挫折后积累起来的情绪体验;恐惧是在准备不足、不能处理和应付危险可怕事件时产生的情绪体验;悲哀是与所追求、热爱事物的丧失,所盼望事物的幻灭有关的情绪体验。

第二类是根据情绪的不同作用,把情绪分为积极的情绪和消极的情绪。积极的情绪如快乐、乐观等,使内分泌适度,保持人体内环境平衡,增强大脑及整个神经系统功能,使身体各个系统的活动协调一致,从而保持食欲旺盛、精力充沛、思维敏捷、动作灵活,人体适应环境和抵抗疾病的能力都会明显增强,这将给人们带来健康的体魄。消极的情绪如恐惧、焦虑、愤怒等,作用于中枢神经系统,引起植物神经和内分泌功能的失调,使机体的免疫力下降,机体间的平衡被打破,细胞失去正常的状态和功能,就会减少体内抗体的产生,病变细胞趁机侵蚀我们的健康。

第三类是根据情绪的强度和持续时间的长短,可把情绪分为心境、激情、应激三种。心境是一种比较微弱、平静持久的情绪状态;激情是一种猛烈的、迅速爆发而时间短暂的情绪状态;应激是突然出现紧张情况时产生的情绪状态。

心境可以说是一种生活的常态,人们每天总是在一定的心境中学习、工作和交往,积极良好的心境可以提高学习和工作的效率,帮助人们克服困难,保持身心健康;消极不良的心境则会使人意志消沉、悲观绝望,无法正常工作和交往,甚至导致一些身心疾病。所以保持积极向上、乐观健康的心境对每个人都有重要意义。

激情对人的影响也有积极和消极两方面。积极的激情状态可以激发人的潜能。如运动场上,运动员努力拼搏、为国争光,这是激情时刻的体现,具有正向的动力。相反,激情也可能让人失去理智,这是消极方面,具有一定的破坏性和危害性。如青少年犯罪,有许多就是在激情状态下一时冲动酿成的大祸。所以,日常生活中应该适当控制激情,多发挥其积极作用。人在应激状态下常伴随着明显的生理变化,这是因为个体在外界刺激作用下必须调动体内全部的能量以应付紧急事件和重大变故。

应激的生理反应大致相同,但外部表现可能有很大差异。积极的应激反应表现为沉着冷静、急中生智、全力以赴地去排除危险,克服困难;消极的应激反应表现为惊慌失措、一筹莫展,或者出现错误的行为,加剧事态的严重性。这两种截然不同的行为反应,既和个人的能力和素质有关,也和平时的训练和经验积累有关。

（四）情绪的功能

情绪是在适应外界变化的过程中产生的，是具有重要作用的工具。它对大学生的作用主要表现在以下几个方面：

1. 自我防御功能

每一种情绪都有其功能，在最简单水平上，情绪能够帮助我们做出更迅速的反应。当身体或人的其他方面受到威胁时，人会产生恐惧以应对；当发生利益或权利上的冲突时，人会产生愤怒以应对；当吃到不适的食物或污物时，人会产生厌恶以应对。这些情绪反应表现出非常明显的自我保护性倾向。

2. 信号功能

情绪是人在社会交往中的一种心理表现形式。情绪的外部表现是表情，表情具有信号传递作用，属于一种非言语性交际。一个人不仅能凭借表情传递情感信息，而且也能凭借表情传递自己的某种思想和愿望。在日常生活中，55%的信息靠非言语表情传递，38%的信息靠言语表情传递，只有7%的信息才是靠言语传递的。如当老师布置一项社会活动时，学生表现出的不愉快表情会被老师察觉，老师会适时地修改活动的内容，或者和学生进行沟通。

3. 社会适应的功能

情绪能够使个体针对不同的刺激事件产生灵活自如的适应性反应，调节或保持个体与环境间的关系。情绪之所以具有灵活性的特征，是因为情绪的机能不仅来源于个体全部的先天机能，而且还来源于后天的学习及认知活动。情绪的适应功能从根本上说是服务于改善和完善人的生存、生活条件的。我们去参加面试时，必须调整自己的情绪反应，努力表现出镇定和稳定。

你听，你听，情绪在说……

活动目的：

通过与情绪的对话，倾听情绪要表达的来自我们内心深处的需求与渴望，训练透过情绪了解自己的能力。

活动步骤：

1. 不同情绪背后传达出不同的声音。例如，

愤怒：是一个保护者，让我们明确自己的界限；

嫉妒：是一把尺子，帮我们认清自己的位置；

悲伤：是一种求救信号，让我们与他人建立深层的链接；

焦虑：是一枚情绪的通用货币，提示我们关注它背后的问题。

2. 参考以上示例，开展小组讨论，看看经常困扰我们的情绪有哪些。

3. 写出这些情绪背后的声音。

4. 每一组做总结分享。

二、情绪与生理

身边的故事

林子三年级了,两个月前,她离开学校去企业实习。因为粗心,她接连几次报错了数据,给企业带来了一定的经济损失。她担心会被企业退回,也担心企业会让她承担损失,于是睡眠质量开始下降,噩梦不断,后来竟发展到遗尿。当她向心理中心的老师求助的时候,人已经很消瘦虚弱了。

经去医院检查,她的肾功能没有明显的器质性改变,神经系统也没有问题,应该是因为情绪而导致的心因性身体障碍。通过情绪疏导,老师帮助她去面对自己的恐惧,调整她的信念,中断她的灾难性想象,帮助她看到自己的内在力量。林子自己也和实习单位坦诚沟通,调整到了更适合自己的岗位。很快,林子的好睡眠就回来了,困扰她的遗尿症状也消失了。

(一)情绪是身体的表达

情绪是生物的一种本能,这种本能是生命体先天具备的能力,它对生命体具有保护作用。情绪既可以由客观真实的情境引起,也可能由虚拟想象的情境引发。比如,恐惧这种情绪既可能是由现实情境引发,也可以是由我们的想象所引发。最后,情绪是一种能量的流动,不仅和我们的思维模式相关,更和我们的遗传基因、原始记忆、深层记忆密切相关。

情绪的变化,犹如潮起潮落,是一种正常能量的流动。情绪的变化,就像我们每天要吃饭、睡觉一样,通常情况下,情绪不会影响健康,而且对于我们的机体活动有着积极的作用。比如,适度的焦虑可以唤醒我们的机体状态,从而使我们变得更有效率。

看一看: 我的身体如何表达情绪?

活动目的:

通过练习,发现自己在情绪中的身体感受,了解情绪的发生与流动对身体的影响,认识到情绪也是身体的表达。

活动步骤:

1. 首先完成下面的空格,尽量描述得具体些。
(1) 当我喜悦的时候,我的身体感受是:_____。
(2) 当我愤怒的时候,我的身体感受是:_____。
(3) 当我悲伤的时候,我的身体感受是:_____。

（4）当我恐惧的时候，我的身体感受是：_____。
（5）当我焦虑的时候，我的身体感受是：_____。
（6）当我嫉妒的时候，我的身体感受是：_____。

2. 在音乐中冥想，探索当下的身体状况，看看当下的你处在什么样的情绪状态里，找到不舒服的身体部位，识别当下的情绪状态，写下来，并与同学分享。

（二）过度情绪与疾病密切相关

情绪本身没有好坏之分，是我们人为地将它进行了分类，在这种分类的背后，隐藏着人们追求快乐、拒绝痛苦的心理动机。其实快乐与痛苦如影相随，无法隔离取舍。而这种拒绝痛苦的动机，很可能成为导致疾病的诱因。

1. 过度情绪的表现

《灵枢·百病始生》中提到"喜怒不节则伤脏，脏伤则病起于阴"。"喜怒不节"就是情绪不加节制的意思。情绪不加节制是导致疾病的根本原因。我们认为，在生活中，情绪不加节制表现在以下三个方面：

（1）剧烈的情绪起伏变化。比如，大喜、大悲等，突然之间的情绪剧烈变化会引发身体上的许多疾病。剧烈的情绪对人的影响，就像3万伏的电流通过220伏的电缆。古人云：心平气和，身体安泰。

（2）长时间地沉溺于某种情绪状态，就像在自己身体内建了一个堰塞湖。比如，长期的抑郁、焦虑等。这个"堰塞湖"阻碍了情绪的正常流动，使其不断蓄积，人体的内在系统为此失去原有的平衡状态，一旦"堰塞湖"溃堤，就会引发疾病的发生。

（3）过分地否认自己的情绪。否认和压抑自己的情绪，不仅不会使某种情绪消失，反而会使其不断强化。如果把情绪的唤起比作海水涨潮，那么压抑和否认就像在潮水前面筑起一个堤坝。长期压抑和否认自己的情绪会导致很多疾病。比如，生活中常见的恶性肿瘤，在一定程度上与情绪的压抑有着密切的关系。"喜怒不形于色"是一个非常不良的习惯，从健康的角度而言，要适度地表达自己的情绪。要笑，你就开心地笑；要哭，你就畅快地哭。

2. 与情绪相关的疾病

（1）由情绪因素引发的身体上的疾病。中医上所讲的"怒伤肝，喜伤心，思伤脾，忧伤肺，恐伤肾"正是此类。这种疾病根据有无发展到器质性病变可以分为两类：第一类是身体上的不舒服，但是没有发展到器质性病变。例如，感冒、心因性疼痛、心因性呕吐、过度换气症候群、紧张性头痛、女性月经不调等。第二类是由情绪导致的器质性病变，常常以慢性病的方式呈现。例如，气喘、高血压、紧张性偏头痛、胃溃疡等。

（2）由情绪因素引发的心理疾病和精神疾病。比如，抑郁症、焦虑症、恐惧症、躁狂症、创伤后反应应激障碍（PTSD）等。

（3）由情绪因素引发，身心疾病相互传导引发的疾病。其表现特征既有身体器质性或非器质性病变，同时还伴随一些心理精神方面的疾病，病情表现极为复杂多变。

《黄帝内经·素问·举痛论》中讲"百病生于气也，怒则气上，喜则气缓，悲则气消，恐则气下，寒则气又，炅则气泄，惊则气乱，劳则气耗，思则气结"。从内因的角度，中医认为是"情志致病"，即我们身体绝大部分的疾病是由我们的负面想法和情绪积累导致的，而不同的身体位置贮存不同的情绪。我国中医的古老智慧早就说过，肾主恐惧，肝储愤怒，肺藏哀伤……我们的思想可以欺骗自己，但身体是不会说谎的，它忠实地帮我们贮存所有的情绪，提醒我们要去真实地面对自己真正的需求，让我们好好地去应对。

关于情绪，男女大不同

男女情绪表达的方式不同：男女之间胼胝体的链接厚度不同决定了前驱的亮度不同，所以女生更善于把情绪用语言表达出来，而男生往往很难顺畅地表达自己的情绪感受。

对情绪的感受能力不同：女生更善于感受情绪，更善于捕捉情绪与面部表情，而男生容易忽略情绪感受，不善于捕捉情绪与表情的变化。女生的情绪捕捉与识别能力优于男生。

情绪的转换能力不同：血清素与情绪、睡眠、记忆有直接关系，大脑对血清素的回收影响到情绪的转化，而在这一方面，男生比女生快了近52%，所以男生的情绪反应周期比女生短。

语言与情绪的功能性需求不同：男生每天脑部的语言与情绪功能性需求大约为7000句，而女生则为20000句。

情绪拍拍拍

活动目的：

通过用相机自拍的形式，定格情绪状态中的自己，进而检索自己的身体感受，进一步理解情绪与身体的关联，掌握其中的规律。

活动步骤：

1. 拿出手机，打开自拍功能，想象你面对的是一位你喜欢的人，然后对着镜头微笑，观察手机画面中的自己，进而观察自己的心跳和身体感受。

2. 想象你面对的是一个让你生气的人，对着镜头放大自己的生气，观察手机画面中的自己，进而体会自己的心跳和身体感受。

三、何为情商

情商通常是指情绪商数，英文缩写为EQ，主要是指人在情绪、意志、耐受挫折等方面的品质。提高情商，就是学习把不能控制的情绪变为可以控制的情绪，从而增强理解他人及与他人相处的能力。心理学研究表明，人在一生中能否成功和快乐，情商是关键因素之一。情商越来越多地被应用在企业管理中。对于组织管理者而言，情商是领导力的重要构成部分，也是企业在人才选拔中最看重的三个能力之一。

情商包含以下几个方面的能力：
（1）了解情绪的能力。
（2）管理情绪的能力。
（3）自我激励，走出情绪低潮的能力。
（4）认知他人情绪的能力。
（5）人际关系的管理，调控自己与他人的情绪反应的技巧，即领导和管理能力。

测一测你的情商

指导语：美国耶鲁大学心理学教授彼得·塞拉斯指出，现代社会，凡期盼在人生道路上获得成功者，不但要有高智商（IQ），而且要有高情商（EQ）。你关心过自己的情商水平吗？根据国内外有关情商的研究，这里设计了一组测试指标，你不妨试试，自测一下自己的情商有多高。

对下列问题请回答"是"或"否"。

1. 对自己的性格类型有比较清晰的了解吗？
2. 知道自己在什么样的情况下容易发生情绪波动吗？
3. 懂得从他人的言谈与表情中发现自己的情绪变化吗？
4. 有扪心自问的反思习惯吗？
5. 遇事三思而后行，不赞同"跟着感觉走"吗？
6. 遇有不顺心的事能够抑制自己的烦恼吗？
7. 遇到意想不到的突发事件，能够冷静应对吗？
8. 受到挫折或委屈，能够保持能屈能伸的乐观心态吗？
9. 出现感情冲动或发怒时，能够较快地"自我熄火"吗？
10. 听到批评意见包括与实际情况不符的意见时，没有耿耿于怀的不乐吗？
11. 在人生道路上的拼搏中，相信自己能够成功吗？
12. 决定了要做的事能不轻言放弃吗？
13. 工作或学习上遇到困难时，能够自我鼓劲克服困难吗？
14. 相信"失败乃成功之母"吗？
15. 办事出了差错能自己总结经验教训，不怨天尤人吗？
16. 对同学、同事们的脾气性格有一定的了解吗？
17. 经常留意自己周围人的情绪变化吗？
18. 与人交往知道要了解和尊重他人的情感吗？

19. 能够说出亲人和朋友各自的一些优点和长处吗?
20. 不认为参加社交活动是浪费时间吗?
21. 没有不愿同他人合作的心态吗?
22. 见到他人的进步和成就没有不高兴的心情吗?
23. 与人共事懂得不能"争功于己,诿过于人"吗?
24. 朋友相处能够"严于律己,宽以待人"吗?
25. 知道失信和欺骗是友谊的大敌吗?

结果解释:

上述 25 个问题测量的是情商所包含的 5 个方面的内容:认知自身的情绪;控制自身的情绪;自我激励;了解他人的情绪;人际关系管理。

如果你在第 1~4 题中答"是"的达 3 个以上,则表明你对自身的情绪有较高的认知。

如果你在第 5~10 题中答"是"达到 4 个以上,则表明你对自身的情绪有较高的控制力。

如果你在第 11~15 题中答"是"的达 4 个以上,则表明你善于自我激励。

如果你在第 16~18 题中答"是"的达 3 个,则表明你能够了解他人的情绪。

如果你在第 19~25 题中答"是"的达 5 个以上,则表明你长于人际关系管理。

总体衡量,25 个问题中答"是"达到 20 个以上者属高情商,答"是"在 14~19 个者情商属中等,答"是"在 13 个以下者则情商偏低。倘若发现自己的情商偏低,也无须恐惧,找准欠缺点,有针对性地加强自我修养和锻炼,是可以提高情商的。

第二节 青春情绪知多少
——大学生情绪概述

身边的故事

小森聪明热情,乐于助人,在团队活动的组织中,有创意也有组织协调能力,赢得了老师和同学的一致认同,当选为学生会主席。在一次活动中,小森偶然看到自己的老乡被高年级同学言语冒犯了,当晚便带人去该同学宿舍"告诫",因言语不和,双方发生了肢体冲突。因为打架,小森被处分,并被免去学生会主席一职。

老师和同学都为小森惋惜,觉得他有能力有才华,怎么会控制不住自己的情绪呢?青春期的大学生们情绪波动性大,感情丰富而强烈,一触即发,这是大学生情绪的特点之一。

一、大学生的情绪特点

大学生处在由青春期向青年期、由学校向社会过渡的时期,在生理发育上接近成熟

的同时，心理上也经历着急剧的变化，反映在情绪上呈现出如下特征。

1. **情绪体验丰富多彩**

大学阶段的经历丰富而多变，学习、交友、恋爱、就业等问题都在这一阶段完成，人类所有的情绪在这一阶段都会有所表现。例如，自我意识的增强，使大学生非常在意外界的评价，处理不好容易产生自卑、自负等情绪体验；自尊和竞争意识的增强，使他们产生焦虑、害怕、恐惧、嫉妒等不良情绪的可能性增大。大学生交际范围日益扩大，大家都在努力历练成熟的人际交往技巧，发展和谐的人际关系，建立自己的社会支持系统，这个过程必然伴随着快乐、喜欢、悲伤、难过等各种情绪。情绪呈现出丰富多彩的特征：以恐惧的情绪来说，大学生所怕的事物，主要与社会的、文化的、想象的、抽象复杂的事物和情景有关，如怕考试、怕陌生人、怕被惩罚、怕寂寞等。

2. **情绪起伏，波动性大**

尽管大学生的认知水平有了一定的提高，对自己的情绪有了一定的控制能力，但是和成年人相比，大学生相对敏感，情绪带有明显的波动性，遇事容易走极端、固执，时而得意忘形，时而灰心丧气。一个感人的故事，一句温暖的话语，一个关心的眼神，都会感染他们的情绪。大学生的情绪反应摇摆不定，跌宕起伏，成绩问题、入党问题、奖学金问题、人际关系问题、恋爱问题、就业问题等都会诱发大学生的情绪波动。此外，大学生的情绪转变也比较快，今天会因为小小的胜利而得意忘形，明天又会因为一点点挫折而垂头丧气。

3. **易冲动，极端情绪明显**

大学生有着丰富、强烈而又复杂的内心世界，情绪体验迅速而强烈，喜怒哀乐一触即发，表现出热情奔放的冲动性特点。心理学家霍尔认为，青年期处于"蒙昧时代"向"文明时代"演化的过渡期，其特点是动摇的、起伏的，他把这一时期称为"狂风暴雨"时期。

随着知识水平和认知能力的提高，大学生对自己的情绪通常能够有所控制，但由于他们兴趣广泛，对外界事物较为敏感，加之年轻气盛和从众心理，在许多情况下，情绪易被激发，犹如疾风暴雨不计后果，带有很大的冲动性。他们往往对符合自己信念、观点和理想的事件或行为迅速产生认同的情绪；对于不符合自己信念、观点和理想的事件或行为，迅速出现否定情绪。有时甚至会盲目狂热，而一旦遇到挫折或失败则又会灰心丧气，情绪来得快，平息得也快。大学生的冲突和矛盾大都是因为一些小事引起的，特别是男生，往往会因为一些小事而大打出手。甚至一些想象中的情境或者新闻中报道的事件，都有可能诱发负性情绪，使他们特别气愤。自尊心强和爱面子的心理，让他们特别在意公平、尊重等因素，只要感觉受到了不公平的待遇，就容易情绪失控，出现过激行为。

4. **情绪表达的内隐性**

大学生对外界刺激反应迅速、敏感，喜、怒、哀、乐常形于色，比成年人外露和直接。但随着年龄、社会经验的增加和自制力的逐渐增强，和中小学生相比，大学生逐渐学会了掩饰和隐藏自己的情绪，情绪的外在表现和内在真实体验不一致，因此他们的情绪表达也会表现出内隐、含蓄的特点。例如，随着大学生社会化的逐渐完成与心理的逐渐成熟，对学习、交友、恋爱和择业等具体问题，他们能够根据特有条件、规范或目标来表达自己的情绪，使得自己的外部表情与内部体验不一致，具有很大的内隐性。如男女同学之间，明明是有好感的，却因为自尊心或者其他原因，在行为上表现出冷淡回避的态度；有的同学特别想拿奖学金或者特别想当班干部，却担心因失败而遭别人耻笑，故意表现得满不在乎甚至讨厌的样子；有的学生并不认可身边的某个人，但为了维持关系而做出缓和的态度和行为等。这些表现并非说明大学生虚伪，实际上某种程度的掩饰恰恰是社会心理和行为适应的表现，是一种自我保护机制。

画一画我的情绪曲线

活动目的：

通过记录自己的情绪波动点来画自己的情绪曲线图，发现自己情绪曲线的特殊性与规律性。

活动步骤：

1. 请在一张白纸上画两个向度，横轴是时间，每一个点代表一周，竖轴穿越横轴，代表你的情绪波动情况。向上用 $0 \sim 10$ 表示，向下用 $-10 \sim 0$ 表示。

2. 回想一个月以来你每一周的情绪波动情况，每一周标注一个分值，最后把所有的分值都连接起来，使之成为曲线。

3. 思考：

（1）你的情绪曲线呈什么样的图形？

（2）这是你一贯的情绪表达习惯吗？

二、大学生情绪健康的标准

健康的情绪是心理健康的必要条件之一。一般而言，情绪的目的性恰当，反应适度，不带有幼稚的、冲动的特征，符合社会规范的要求，这就是情绪健康的标准。心理学家瑞尼斯等人提出情绪健康的六项指标是：

（1）发展出某些技巧以应付挫折情境。

（2）能重新解释、接纳自己与情绪的关系。

（3）能感知某些情境会引起挫折，可以避开并寻找替代目标，以获得情绪满足。

（4）能找出方法缓解生活中的不愉快。

（5）能认清各种防御机制的功能，包括幻想、退化、反抗、投射、合理化、补偿，避免成为错误的习惯，以至防卫过度，造成情绪困扰。

（6）能寻求专业的帮助。

总之，对大学生来说，情绪健康的具体表现可以归纳为：愉快体验多于不愉快体验，情绪的基调是积极、乐观、愉快的；情绪稳定，善于管理和调节不良情绪，情绪反应适度；高级的社会情感（理智感、道德感、美感等）能得到良好的发展。

三、大学生常见的情绪困扰

1. 愤怒

愤怒是人的基本情绪反应，是由于客观事物与人的主观愿望相违背，或愿望无法实现时，人们内心产生的一种激烈的情绪反应。从程度上分，可分为不满、气恼、愤怒、暴怒、狂怒等。

导致愤怒的原因一般有两种：外部原因和内部原因。导致愤怒的外部原因主要有：个人愿望没有实现，如升学、提干、评奖等；遇到不平之事，受到侮辱；权利受到侵犯；上当受骗或者对某人产生嫉妒等。

与愤怒有关的内部原因包括：个人性格，一般脾气急躁的人容易发怒；个人的意志和自我控制能力，如青年时期大脑与皮下中枢尚未协调完善，大脑对皮下中枢的控制作用还不强，故容易发怒；身体状况和心理状态，如人在患病、疲劳、困倦、心理状态不佳时较易发怒；个人的错误认识，如有人以为发怒可以威慑他人、挽回面子、推卸责任、满足愿望等。

愤怒对一个人的身心健康有明显的不利影响。愤怒以冲动开始，以后悔告终。愤怒会让人丧失理智，阻塞思维，导致失控行为，如损人、损物、伤人、违纪，甚至违法犯罪。当人发怒时，往往会心跳加速、心律失常。由愤怒而导致心悸、失眠、高血压、溃疡、心脏病等的案例并不少见，有时甚至导致猝死。

2. 抑郁

抑郁是因为感到无力应对外在压力而产生的一种持续时间较长的低落消沉情绪，常常伴有厌恶、痛苦、羞愧、自卑等情绪体验，表现为情绪低落、忧心忡忡、长吁短叹、话语减少、力不从心、思维行动迟缓、食欲不振等生理或心理反应，同时伴随有自我评价低，对前途悲观，具有强烈的无助感，严重的还伴有心境恶劣、失眠，甚至会出现轻生倾向。抑郁人皆有之，对于大多数人来说，抑郁只是偶尔出现，会随着时过境迁而消失。但是对另一些性格内向、多疑多虑、不爱交流的人来说，当他们在生活中遭遇意外挫折时，更容易长期处于抑郁状态，严重者在抑郁状态下不能自拔，甚至自杀。

引发抑郁的主要原因通常有三种：第一，心理和社会因素。如社会生活节奏加快带来的压力或者对社会、他人和自我的片面、偏激的认识等。第二，与遗传直接关系的内源性原因。这类原因引起的抑郁有时与季节相关，有时会莫名其妙地发病。第三，药物导致的抑郁。某些药物，如治疗高血压的药物能导致某些人出现抑郁症状。

需要特别区分的是，抑郁情绪与抑郁症之间既有联系又有质的区别。抑郁情绪属于不良情绪干扰，大部分抑郁情绪都事出有因，基于一定的事物，通常是短期的，通过心理上的调整，大都能恢复心理平衡。抑郁症则属于精神疾病，需要及时到医院就诊。

3. 焦虑

焦虑是人们面临威胁或主观上预料将会有某种不良后果产生的不安感，是紧张、害怕、担忧混合的情绪体验。适应困难、学习压力、人际关系、对能力与修养不足的担忧等均可引发焦虑。焦虑情绪本身并非是一种情绪困扰，几乎每个人在考试前或面临重要场合时，都会产生焦虑。适度的焦虑可以提高人的警觉水平，加快心理反应，使得注意力更集中，有利于个人潜能的开发；过度的焦虑使人处于应激状态，使人心烦意乱，导致注意力难以集中，不能正确推理、判断，记忆力减退，头脑反应迟钝，有时还会伴有头痛、心跳加快、失眠、食欲不振等生理反应，以致影响学习、生活和人际关系；焦虑不足，则会导致注意力涣散，使工作、学习效率下降。

大学生最常出现的焦虑是害怕被孤立和被嫌弃（这在大学生宿舍关系中表现特别明显），害怕失败（学业及其他工作中的表现），害怕失控（基于大学生常常抱怨的迷茫、无助、无力、混乱）。

焦虑情绪的发生原因可分为：第一，情境性焦虑，又称反应性焦虑，指由于面临考试、学习、当众演说等外界心理压力所造成的焦虑情绪。第二，情感性焦虑，是指对预期发生的事的担心、对自己的过错感到自责等引起的焦虑反应。第三，神经性焦虑，是指由于情绪紊乱、恐慌、失眠、心悸等心理和生理原因引发的焦虑。

4. 自卑

自卑是个体对自己某种生理、心理的因素或其他原因的认识偏差而导致的轻视自己的消极情绪体验。自卑通常表现为对自己的评价过低、瞧不起自己、担心失去他人的尊重的心理状态。自卑感人人都有，只是程度不同而已。适度的自卑能激发人奋发努力，取得成功；而过度的自卑则会使人丧失自信。

大学生自卑的产生有主观和客观两种原因。第一，主观原因：不恰当的自我评价，缺乏个人专长；性格、能力等方面的不足，如腼腆、内向等。第二，客观原因：个人先天条件不足，如身高、长相、体形等不如意；学校、专业不如意；家庭方面的原因，如家庭条件较差、父母关系不睦等。

过度自卑对心理健康的影响很大。自卑的学生心理承受能力弱，往往经不起较强的刺激，过于敏感；他们往往过度关注自己的不足，轻视自己，容易自暴自弃，认为自己处处不行；自卑的学生还常常自我封闭、行为畏缩、不敢与人交往，对他人经常产生猜疑、嫉妒的心理。

5. 嫉妒

嫉妒是指他人在某些方面胜过自己而引起的不快甚至是痛苦的情绪体验，是一种包含着憎恶与羡慕、愤怒与怨恨、失望与虚荣的复杂情感。西班牙作家塞万提斯曾说过，"嫉妒是万恶的根源"。巴尔扎克则说，"嫉妒者比任何不幸的人更为痛苦，因为别人的幸福和他自己的不幸，都将使他痛苦万分"。嫉妒者不能容忍别人的学识、能力、荣誉等超过自己。在他看来，自己办不到的事情别人也不应该办成；自己得不到的东西，别人也休想得到。嫉妒对人的心理健康极为不利，嫉妒心强的人常常陷于苦恼而不能自拔，时间长了就会产生深深的自卑和敌意。

健康情绪自我测试

情绪稳定一般被看作是一个人心理成熟的重要标志，有助于你以平稳的心态从容面对人生的挑战。你的情绪是稳定的吗？如果你希望知道结果，不妨完成下面的题目。

序号	题 目	A	B	C
1	我有能力克服各种困难	是的	不一定	不是的
2	猛兽即使是关在铁笼里，我见了也会惴惴不安	是的	不一定	不是的
3	如果我能到一个新环境，我要把生活安排得和从前不一样	是的	不一定	不是的
4	我一直觉得我能达到所预期的目标	是的	不一定	不是的
5	我在小学时敬佩的老师，到现在仍然令我敬佩	是的	不一定	不是的
6	不知为什么，有些人总是回避我或冷淡我	是的	不一定	不是的
7	我虽善意待人，却常常得不到好报	是的	不一定	不是的
8	在大街上，我常常避开我所不愿意打招呼的人	极少	偶尔	有时如此
9	当我聚精会神地欣赏音乐时，如果有人在旁边高谈阔论，我会：	仍能专心听音乐	介于A与C之间	不能专心并感到恼怒
10	不论到什么地方，我都能清楚地辨别方向	是的	不一定	不是的
11	我热爱我所学的知识	是的	不一定	不是的
12	生动的梦境常常干扰我的睡眠	经常	偶尔	从不
13	季节和气候的变化一般不影响我的情绪	是的	介于A与C之间	不是的

评分方法：

将自己所选的选项对应的得分相加即为总分。

题号	A	B	C	题号	A	B	C
1	2	1	0	8	2	1	0
2	0	1	2	9	2	1	0
3	0	1	2	10	2	1	0
4	2	1	0	11	2	1	0
5	2	1	0	12	0	1	2
6	0	1	2	13	2	1	0
7	0	1	2	合计			

结果解释：

（1）17～26分：情绪稳定。你的情绪稳定，性格成熟，能面对现实；通常能以沉着的态度应对现实中出现的各种问题；行为充满魅力，有勇气，有维护团结的精神。

（2）13～16分：情绪基本稳定。你的情绪有变化，但不大，能沉着应对现实中出现的一般性问题。然而在大事面前，有时会急躁不安，受环境影响较大。

（3）0～12分：情绪不稳定。较易激动，容易产生烦恼；不善于应付生活中遇到的各种阻挠和挫折；容易受环境支配而心神动摇；不能面对现实，常常急躁不安，身心疲乏，甚至失眠等。要注意控制和调节自己的心境，使自己的情绪保持稳定。

第三节 青春与情绪共舞
——情绪管理策略

情绪管理是以最恰当的方式来表达情绪，如同亚里士多德所言：任何人都会生气，这没什么难的，但要能适时适所，以适当方式对适当的对象恰如其分地生气，可就难上加难。据此，情绪管理指的是要适时适所，对适当对象恰如其分地表达情绪和调节情绪。

延伸阅读

在我广阔的人生中。
一切都是完美、完整和完全的。
我认识到我的身体是我的好朋友。
我身体的每一个细胞都充满神圣的智慧。
我倾听身体的声音，我知道它的忠告都是正确的。
我永远是安全的，神圣的力量在保护着我，指导着我。
我选择做健康和自由的人。
我的世界里一切都好。

正念呼吸训练
（音频）

——露易丝·海

一、与情绪共舞

1. 学会接纳情绪

请你回想一下过往生气的经历，当你生气时，内心会有另一个声音在说：生气是不好的，你不能生气。可是越是不允许自己生气，气却越生越大。当你悲伤时，你同样认为悲伤是不好的，不允许自己悲伤，想把悲伤压下去，到一些热闹的娱乐场所麻醉自己，不让自己悲伤。结果呢？在最热闹的地方却有着最多的伤心之人……情绪是来向你传递信息的，如果你收下它向你传递的信息，它就不会再干扰你了，所以，最简单有效的方法是：接纳，允许情绪的出现。

当你感觉到悲伤时，你对自己说"悲伤是可以的"，让自己在悲伤中待上一会儿，

你会发现,悲伤不会再干扰你。如果你感觉到恐惧,你同样可以跟自己说"恐惧是可以的",你会发现自己开始不那么害怕了。其他情绪也一样,只要你接纳它,它的任务完成了,就不会再干扰你了。

2. 认清情绪带来的礼物

情绪是一位信使,它是来给你送信的,我们要收下这份礼物,并且感谢它。

愤怒让你保护自己,悲伤提醒你需要成长,恐惧让你做事小心,焦虑让你加倍重视未来。每种情绪都有它的功能,都有它的任务,所以当情绪来时,你先接纳它,然后问它:"你想告诉我什么?"你的潜意识也会告诉你很多答案,这些答案里隐藏着丰富的礼物,只是有时候礼物的包装并不是太漂亮,而且拆起来有点困难,但请你不要放弃,只要你相信里面一定有礼物,你就会用你的方法打开它,直到你收到那份珍贵的礼物为止。

3. 学习用一致性的方法表达情绪

面对情绪,光有接纳、收下情绪带给我们的礼物这两步还不够,因为情绪是一种能量,如果就这样结束,这份能量就还在,于是有人会向外攻击,有人会向内压抑,而向外攻击会伤害别人,向内压抑会伤害自己,这些都不是好方法。最好用"一致性表达"的方式表达出你的情绪,让情绪能量流动起来。所谓"一致性表达",是由美国心理学家萨提亚发展出来的一个方法。一次良好的沟通,通常要考虑三个要素——自己的感受、他人的感受和情境。如果这三个要素都能关注到,沟通就是顺畅的,情绪的能量就会流动起来,既不伤害自己,又不会伤害对方,同时又能使双方共同努力一起解决问题。如果沟通中少考虑任何一个要素,就会造成生活中的矛盾、冲突和误会。

如果一个人在沟通中忽略了他人的感受,只关注到自己和情境,他会习惯性地责备对方,这种沟通模式叫"指责";若一个人在沟通中忽略了自己的感受,只关注到别人和环境,他会习惯性地委屈自己,成全别人,这种沟通模式叫"讨好"。如果一个人在沟通中既忽略了自己的感受,又忽略了对方的感受,只关注到情境,也就是焦点只放在事情是否合理上,他的沟通虽然能够做到客观理智,却考虑不到沟通双方的感受,这种沟通模式叫"超理智"。更有甚者,在沟通中同时忽略三个要素,遇到压力时马上转移焦点,逃避压力和责任,这样的沟通模式叫"打岔"。只有将"自己""他人"和"情境"三个要素都关注到,情绪的能量才会流动,沟通才能顺畅。

如果我们能够心怀感激地面对情绪,我们就能轻松自如地用一致性的方法与他人相处,用情感与人连接,动之以情、晓之以理地与人沟通。

一个能善待自己情绪的人,同样能够善待他人的情绪。如果你能够生活在这样的人身边,你是幸福的,因为你随时会被他们所温暖,你能感觉到被充分接纳,当你被接纳时,你会充满力量。这样的人,就是我们常说的受人欢迎的发光体质。

二、化解负性情绪之道

我们每个人的身体里边都有一个情绪水库,当负性情绪出现时就会被存放在情绪水库之中,如果情绪水位累积到所谓的警戒线,个体就会开始出现脾气暴躁、无法控制情绪的情形。如果听之任之，情绪水库就会崩溃，无法约束，泛滥成灾。因此，不要让自己的情绪水库累积太多的水量，要想办法将情绪化解掉。

1. 宣泄情绪

（1）哭出来：哭泣能帮助释放情绪。当人内心极度痛苦时，哭是一种发泄方式，哭能使人心情畅快。科学家常建议，当遭遇严重精神创伤，陷入忧虑和绝望，吃不下睡不好时，大哭一场是转换状态的有效方法。

（2）说出来：有心理困惑时，可以试着把负面感受说出来，减弱恐惧、惊慌等强烈情感时大脑组织的反应，还能激活控制情绪冲动的大脑区域，有助于转化悲伤和愤怒。

（3）写出来：当怒气难消或特别激动时，不妨将自己的想法或感觉写出来，这样有助于整理思绪，并发现自己真正的感觉。研究表明，善于把自己的感觉或所关注的问题写下来的人，要比那些只思考而不动笔的人更快乐。

（4）动起来：大量研究表明，运动对人有镇静作用，多参与体育锻炼，如跑步、打沙袋、游泳、球类运动，可以宣泄并释放情绪能量。

需要注意的是，宣泄情绪不等于放纵，不等于任性和胡闹。如果不分时间、场合、地点而随意发泄，不但不利于调控情绪，还可能酿成不良的后果。

2. 转移注意力

转移注意力就是把注意力从引起不良情绪反应的刺激情境转移到其他事物上。当出现情绪不佳时，可以换个环境，如看电影、听音乐、打球、聊天等。转移注意力一方面可以终止不良刺激的持续作用，防止不良情绪的泛化；另一方面也可以在新的活动或新的环境中获得更多的快乐源，促进积极情绪的产生。

3. 打破合理信念

绝对化要求、过分概括化、糟糕至极的灾难化想象，这些不合理信念被"放大"或"缩小"乃至"扭曲"，严重干扰了认知的客观性，容易使人陷入情绪困扰。只有充分认识到自身存在的不合理信念，认识到不合理信念的不合理之处，并且用合理信念代替不合理信念，理性思考，才能减少情绪困扰和挫败感，更加积极地面对生活。

延伸阅读

识别不合理信念

美国心理学家艾利斯认为，人的情绪和行为反应不是由某一事件直接引起的，而是由于经受这一事件的个体对它的认知和评价所引起的信念，最后是信念导致了在特定情景下的情绪和行为后果，这被称为 ABC 理论。这一理论纠正了我们惯常的思维定式。通常我们会认为情绪和行为后果的反应直接由激发事件所引起，即 A 引起 C，而 ABC 理论则认为 A 只是 C 的间接原因，B 即个体对 A 的认知和评价所产生的信念才是 C 的直接原因。我们如何看待世界，取决于我们对世界的信念。理性情绪疗法就是通过找到引起消极情绪的不合理信念，用合理的信念去替代不合理信念，从而产生新的积极的情

绪体验。其核心就在于认识自身的不合理信念。很多人很难意识到自身的不合理信念，即使意识到也无法准确地认识它、理解它。

十种常见的不合理信念

不合理信念	具体表现	举例
绝对化要求	从主观愿望出发，认为某一事件必定会发生或不会绝对化发生，常用"必须""应该""务必"等字眼。然而客观事物的发生往往不以个人的主观意志为转移，常出乎个人的意料	某同学认真复习了一门课，他便主观认定：这门课我必然会考得很出色
过分以偏概全	对事件的评价以偏概全。表现在：一方面对自己存在非理性评价，常凭自己对某一事物所做结果的好坏来评价自己为人的价值，其结果常导致自暴自弃、自责自罪，认为自己一无是处、一钱不值，从而产生焦虑抑郁情绪。另一方面是对别人的非理性评价，别人稍有差错，就认为他很坏、一无是处，其结果导致一味责备他人，并产生敌意和愤怒情绪	害羞的小伙子鼓足勇气约心仪已久的女孩，在遭到拒绝后痛苦地想："我太没用了，没有女孩愿意和我约会，我再也不约人了，我总是这么不幸。"
糟糕透顶	认为事件的发生会导致非常可怕或灾难性的后果。这种非理性信念常使个体陷入羞愧、焦虑、抑郁、悲观、绝望、不安、极端痛苦的情绪体验而不能自拔。这种糟糕透顶的想法常常与个体对己、对人、对周围环境事物的要求绝对化相联系	一位同学因为无法完成某门功课作业，便认为"完不成这个作业是一件可怕至极的事情"
绝对化	以绝对的黑白、对错来看待一件事情；完美主义，要求一切尽善尽美，求全责备	成绩一直优异的学生在遭遇了一次考试失利之后认为："现在我算是全输了。"
贬低性信念	对某个复杂整体，如自我或他人、生活环境的静态、简单化的整体负性评价	"我是一个失败者""他一直都是一个不诚实的人"
夸大或缩小	要么不合比例地夸大事情，要么不合比例地缩小事情	"天哪！我做了一件坏事，我的名声全毁了！""我没有优点，尽是缺点。"
消极推测	主观臆断他人心理，给予消极的、负面的结论，并对此深信不疑	给某个朋友打电话，听对方声音不太热情，就想："她肯定是对我有意见了。我做错了什么？"
先知错误	总担心某些事情要发生，然后将这些担心当成事实，尽管这不是真的	一名身患疾病的人在焦虑时反复对自己说："我快要死去了，疯了。"

续表

不合理信念	具体表现	举例
情绪推理	把自己的情绪当成真理的证据,即所谓的"跟着感觉走"	"我感到极度的无望,所以我的问题肯定解决不了。"
归己化	把自己看成许多外界消极事物的原因,事实上你不应该为这些事负主要责任	"我真是一个没用的人。她没能帮助我是我的错。"

4. 掌握身心放松方法

（1）呼吸放松法。腹式呼吸方法是对抗压力的有效呼吸方式，放慢节奏，学会用鼻子呼吸，深而缓慢地呼吸。想象由指尖开始吸气，气流至手臂、肩膀，然后流至腹部、双脚，慢慢地从脚趾泄出。重复并且感觉此种深沉缓慢的呼吸作用在整个身体、腹部、腰部及胸腔。深而沉地呼吸，就如同呼吸春天第一朵花朵的芳香或是想象如海浪般起伏，让身心放松下来。

（2）静坐放松技巧。找一个宁静、不易分心的环境，集中想一个字或词，如爱、和平、绿草、小溪、海湾，安静地坐直，双手自然垂放在大腿两侧，轻轻闭眼、放松肌肉、缓慢呼吸，每次吐气时重复你选的字或词，不要因外界而分心，坚持 10~20 分钟。

5. 寻求专业的帮助

当我们出现抑郁、焦虑、恐惧等情绪状态，甚至表现出诸如郁闷、悲观、厌世、注意力不集中、记忆力减退及头晕、头痛等方面的症状时，要及时求助于心理咨询师或者心理医生，以获得专业的咨询和治疗。

三、播种你的积极情绪

1. 找到生命的意义

在你的日常生活中，可以训练自己寻找积极生命意义的能力。人们在日常生活中大多数情况下所面对的境况并非一无是处，所以，在生活中发现美好的方面，以及由衷地强调积极意义的机会是始终存在的。消极情绪并非来自人们遭遇的不幸，而是来自人们如何看待不幸。当你将不愉快甚至是悲惨的境况以积极的方式重新定义时，你就提高了自己的积极情绪。

2. 梦想你的未来

提高积极情绪的简单方法之一就是，更加频繁地梦想你的未来。为自己构想最好的将来，并非常详细地将它形象化。将美好未来形象化能够让你把自己每天的目标和动机与自己的梦想相契合。

3. 提炼你的优势

调查结果表明，每天都有机会做自己最擅长的事情的人，凭借其优势，更容易在工作与生活中取得成功。提炼自己的优势，并据此重新制订你的工作与日常生活流程，重塑自己，由此产生的积极情绪的提升，既明显又持久。这是积极心理学早期的重大研究成果之一。

4. 建立与他人的联系

没有人能孤立地实现自己的全部潜能，人们通过与他人相处，获得更多的积极情绪。因此，无论你是否性格外向，每天都要与他人建立联系。科学实验表明，只要培养对他人的关爱，培养自己的温和性情和同情心，你也会从中获得更多的积极情绪。

5. 享受自然环境

对于生命体而言，自然环境与社会环境一样重要。在明媚的好天气里外出是提高积极情绪的简单方法。在任何一个季节，每一个在好天气里在户外至少待上20分钟的人，都表现出了积极情绪的增长和更加开阔的思维。

 思考题

1. 你时常被什么情绪所困扰？倾听这种情绪的声音，看看它想告诉你什么。
2. 根据你画的情绪曲线，找出经常困扰你的情绪，它们因何而来？你是如何识别它们的？你尝试过哪些转换这些情绪的方法？

 推荐资源

1. 书籍：《哈佛情商课全集》

中国城市出版社2011年出版的图书，该书主要讲述了哈佛大学情商理论的成功案例。该书深入浅出地阐述了哈佛大学的情商理论，详细介绍了解自我、管理自我、激励自我的三种情商能力，以达到帮助读者发掘情感潜能，运用情感能力影响生活各个层面和人生未来的目的。情商让你学习审视和了解自己，学会激励自己，能够从容地面对痛苦、忧虑、愤怒和恐惧的情绪，并能轻而易举地驾驭它们。就像哈佛大学校训说的那样：请享受无法回避的痛苦。

2. 电影：《盗梦空间》

《盗梦空间》是由克里斯托弗·诺兰执导，莱昂纳多·迪卡普里奥、玛丽昂·歌迪亚等主演的电影。影片剧情游走于梦境与现实之间，被定义为"发生在意识结构内的当代动作科幻片"。影片讲述莱昂纳多·迪卡普里奥扮演的造梦师带领特工团队进入他人梦境，从他人的潜意识中盗取机密，并重塑他人梦境的故事。

在所有梦境中穿越且永恒不变的东西是情绪，而让自己解脱的关键是：与情绪和解，消除对情绪的恐惧。影片中，柯布所恐惧的情绪是内疚感。不管在哪一层梦中，他始终感受到内疚，这导致他无处可躲、无法解脱。而小费舍先生所恐惧的情绪是恨，他通过恨来保持自己与父亲的链接，通过恨来延续父亲对自己的惩罚。使柯布从内疚感中解脱、让小费舍从恨中解脱的法宝是：与创伤情绪和解，宽恕他人和自己。因为只有这样，才能给自己一条绝处逢生的路。

> 毫无经验的初恋是迷人的，但经得起考验的爱情是无价的。
>
> ——马尔林斯基

第八章　遇见最美好的你
——谈恋爱心理

▶ 知识目标

　　了解性生理和心理的发展；
　　认识大学生恋爱心理的特点；
　　了解大学生在性心理和恋爱心理方面存在的问题。

▶ 能力目标

　　树立正确的爱情观和择偶观；
　　形成对性心理和恋爱心理的正确认识。

　　在一次书法爱好者聚会中，晓琳和小赵相遇，彼此萌生好感，晓琳秀美温婉，知书达理，家境中上，父亲是政府公务员，母亲是企业高管；小赵家境一般，长相中等，但刻苦好强，专业扎实，学习成绩一直名列前茅，并写得一手好字。两人经同学撮合后开始交往，晓琳温柔体贴，事事力求小赵满意，小赵把晓琳当作心中的"白富美"，有美女在伴，小赵欣喜异常，但每每想起自己的家境和长相，他就非常自卑，总是担心晓琳会随时离他而去。

　　在后来的交往中，小赵开始试图控制晓琳，不让她和别的男生多说话，经常查看晓琳的手机，甚至限制她参加各类集体活动，把晓琳困成了金丝小雀。小赵这样做不但自己精神紧张，寝食难安，晓琳也被搞得疲惫不堪，心力交瘁，最终这场爱情以分手结束。

　　讨论与分享

　　1. 你对大学生恋爱持什么看法？
　　2. 恋爱中的双方应该怎样相处？
　　3. 怎样树立健康的恋爱观？
　　4. 什么样的爱情才能长久？

第一节 两情相悦知多少
——领悟爱的真谛

身边的故事

爱就是要及时行乐吗？

小明和小芳在大一下学期时相识，两人都是学生骨干，聪明好学，成绩优秀，他们是老师眼中的好苗子，同学心中的好榜样。两人刚交往时相约大三一起专升本，将来有机会再一起考研、出国深造。谁知交往半年后，两人便将当初的约定抛到脑后，今天看电影，明天逛街，后天去听演唱会。校园的长椅上，球场的草坪边，都能看到他们手挽着手，肩并着肩，执手相看情人眼，只顾浓情秀恩爱。他们把学校当成了家，过起了夫唱妇随的小日子，从此学业每况愈下，大三上学期，两人英语考试双双失利，专业课程大多挂科。毕业时，小芳以小明没有前途，无法为她撑起一片天为由选择分手，小明虽然懊悔光阴虚度，但为时已晚。

思考与讨论
1. 爱情是不是仅仅意味着浪漫和享受？
2. 享受爱情的过程时是否也应该考虑爱情的结局？

分析与提示

心理学家弗洛姆在其名著《爱的艺术》中提出：人类的爱可分为五种，即兄弟之爱、父母之爱、异性之爱、自我之爱和神明之爱。爱情一般指异性之爱。

一、爱情是什么

爱情是心理成熟达到一定程度的人对异性产生的具有认知成分和性的需要的高级情感。换句话说，爱情就是异性之间建立在性需要的基础上的一种强烈的内心情感体验，是基于一定的社会关系和共同的生活理想，在各自内心形成的对对方最真挚的倾慕，并渴望对方成为自己终身伴侣的最强烈的感情。爱情是人类特有的一种高尚的精神生活享受，主要涉及三个方面：

（1）生物因素：异性相吸的生物本能产生性欲，与对方相结合的强烈愿望。
（2）精神因素：愉悦身心，产生美好的心理体验。
（3）社会因素：受社会道德、法律规范制约。

二、爱情的心理学理论

美国耶鲁大学社会心理学家罗伯特·斯腾伯格提出的爱情三角理论，认为爱情由三个基本成分组成：激情、亲密和承诺。激情是爱情中的情欲成分，是情绪上的着迷；亲密是指在爱情关系中能够引起的温暖体验；承诺指维持关系的决定期许或担保。激情、亲密和承诺三大元素组成了七种不同类型的爱情（图8-1）：

（1）喜欢式爱情：只有亲密，没有激情和承诺，如友谊。很明显，友谊并不是爱情，喜欢不等于爱。不过友谊还是有可能发展成爱情的，尽管有人因为恋爱不成连友谊都丢了。

（2）迷恋式爱情：只有激情，没有亲密和承诺，如初恋。第一次的恋爱总是充满了激情，却少了成熟和稳重，是一种受到本能牵引和导向的青涩活动。我们都有这样的经历：剧烈的心跳、双手发抖。这也许是因为恐惧、焦虑或喜悦。从生理学角度来看，它们都是类似的情绪体验。当我们处在愉快的环境氛围中时，我们将这种生理唤醒体验为喜悦；而当我们处于充满危险与敌意的环境中时，我们将这种生理唤醒体验为恐惧或愤怒；而当我们正处在一个浪漫的情景中时，我们把这种体验叫作"激情之爱"。

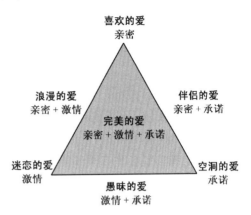

图8-1　斯腾伯格的七种爱情类型

（3）空洞式爱情：只有承诺，缺乏亲密和激情，如纯粹为了结婚的爱情。此类"爱情"看上去丰满，却缺少必要的内容，金玉其外，败絮其中。

（4）浪漫式爱情：只有激情和亲密，没有承诺，这种爱情崇尚过程，不在乎结果。

（5）伴侣式爱情：只有亲密和承诺，没有激情。跟空洞式爱情差不多，没有激情的爱情还能叫爱情吗？这里指的是四平八稳的婚姻，只有权利、义务，没有感觉。伴侣之爱与激情之爱的狂热不同，它更加深沉和平和，是如同现实生活一般的情感依恋。最初的爱情之焰会慢慢冷却，并一直保持那种状态——温馨而又相互依赖。

（6）愚昧式爱情：只有激情和承诺，没有亲密。没有亲密的激情顶多是生理上的冲动，而没有亲密的承诺不过是空头支票。

（7）完美式爱情：包含激情、承诺和亲密。只有在这一类型中，我们才能看到爱情的庐山真面目。

延伸阅读

爱情的类型理论

加拿大社会学家约翰·阿兰·李认为爱情的三原色是"激情""游戏"和"友谊"，这三种颜色的再组合便构成爱情的次级形式：占有型爱情包含激情和游戏的成分；利他型爱情包含激情和友情；实用型爱情包含游戏和友谊的成分。于是他总结出爱情的六种类型：

（1）情欲之爱即"激情型"，所谓的情欲之爱是建立在理想化基础上的外在美，并且是罗曼蒂克，激情的爱情。这种爱情风格是指一个人所追求的爱人在外表上酷似自己心目中已存在的偶像。

(2) 游戏之爱即"游戏型",游戏之爱视爱情为一场让异性青睐的游戏,并不会将真实的情感投入,常更换对象,且重视的是过程而非结果。这是逢场作戏、玩世不恭的花花公子式的爱情。

(3) 友谊之爱即"友谊型",友谊之爱是指如青梅竹马般的感情,是一种细水长流型稳定的爱。这是一种缓慢发展起来的情感与伴侣关系。

(4) 依附之爱即"占有型",依附之爱者对于情感的需求非常大:依附、占有、妒忌、猜疑、狂热,在恋爱中情绪不稳定。这种爱控制对方情感的欲望强烈,将两人牢牢地捆在爱情这条绳索上。

(5) 现实之爱即"实用型",现实之爱会考虑对方的现实条件,以期望让自己的报偿增加且减少付出的成本。这类爱情理智高于情感,社会性情爱多于天然性情爱,是一种务实或功利的风格,譬如把对方的出身以及其他客观情况都考虑在内。对一个特定的人,他(她)不一定在其所有的爱情关系之中都表现出同一种风格。也就是说,不同的关系会唤起不同风格的爱。即使在同一关系中,人们也有可能随着时间的推移而从一种风格转向另一种风格。

(6) 利他之爱即"利他型",或称之为无私的爱。利他之爱带着一种牺牲、奉献的态度,追求爱情且不求对方回报,以对方为重点而不是以自己为重点。

这一理论被称为爱情颜色理论,并得到过多次的证实与应用。在这一理论的研究基础上,Lasswell 和 Norman 建构了"爱情评定问卷"(Love Scale Questionnare), C. Hendrick 和 S. Hendrick (1986) 也使用自编的量具和因素分析法对这一理论进行了检验,结果有力地验证了其效度。

三、爱的真谛

苏联教育家苏霍姆林斯基这样教育他的儿子:要记住,爱情首先意味着对你的爱侣的命运、前途承担责任,爱,首先意味着献给,把自己的精神力量献给爱侣,为她缔造幸福。这就说明,爱情既不是索取也不是占有;爱情是一种责任,是一种奉献。正是这种无私的奉献和给予,爱情才更加高尚和纯洁。

1. 爱情是给予,不是索取

《海的女儿》的故事中美丽的美人鱼为了自己心爱的人,牺牲了自己动听的歌喉,用心陪伴在自己心爱的人身边,为了救自己的心上人,最后化作泡沫。

成熟的爱情是在保留自己完整性和独立性的条件下,也就是在保持自己个性的条件下与他人合二为一。爱情是一种积极的精神力量,这种精神力量既可以推动个体创造生命的奇迹,也可以推动个体找到人生的目标。爱情是行动,它运用人的力量,而这种力量只有在自由中才能得到发挥,而且永远不会是强制的产物。恋人将自己的生命给予对方,同对方分享快乐、兴趣、理解力、知识、悲伤等,没有生命力就没有创造爱情的能力。因此,爱情是对生命以及我们所爱之物的积极的关心,爱的本质是培养与创造。

2. 爱是责任

人只有认识对方,才能尊重对方。不成熟的爱情是"我爱,因为我被人爱",成熟的爱情是"我被人爱,因为我爱人";不成熟的爱是"我爱你,因为我需要你",成熟的爱是"我需要你,因为我爱你"。所有的爱情都包含着一份神圣的责任,这种责任不是义务,不是外界强加的而是内心的自觉,即为自己所爱的人承担风霜雨雪,而不仅是感官上的愉悦与寂寞时的陪伴。

3. 爱是尊重

真诚的爱是建立在双方平等与理解的基础之上的尊重。爱一个人也是爱一份生活,仅仅因为某种需要而产生的爱未必能承担爱的责任。大学生活孤单而寂寞,需要异性的呵护,需要被关爱,也需要消磨业余时间,但这些不一定能够产生真正的爱情。恋爱的人不在乎明天,只关注此刻的感受,这对爱情本身的伤害是严重的。从不考虑未来生活的人的恋爱注定没有结果;同样,缺乏责任感的爱情没有坚实的土壤,也不可能枝繁叶茂。尊重就是努力使对方能成长和发展自己,而非剥夺,是让自己爱的人以其自己的方式和为了自己而成长,而不是服务于我。如果爱他人,就应该接受他人本来的面目,而不是要求他人成为我们希望的那样,以便使我们把他人当作使用的对象。只有当我们自己独立,在没有外援的情况下也能独立地走自己的路时,才能得到尊重。

4. 爱是能力

对自己的生活、幸福、成长以及自由的肯定是以爱的能力为基础的,爱要求你有能力关怀人、尊重人,有责任心了解人,利己者没有爱别人的能力。爱的能力不是与生俱来的,也不是随着生理成熟就能自然形成的,它是在社会生活中逐渐成长起来的。这种能力包括施爱的能力、接受爱的能力与自我成长的能力。有人说:好男人是一所好学校,好女人也是一所好学校,由两性构成的学校促使男人与女人共同学习、共同进步。爱的能力要求恋爱的人始终保持高度理性,而不是跟着感觉走。

5. 爱是创造

有人说,爱情具有的魔力能够使人开创一个新的自我。爱情是神奇的,爱情不仅能够创造新的生命,而且真正的爱情对恋爱双方都是一个新的创造,它净化着我们的灵魂,鼓舞着我们为挚爱的人奋斗进取,也创造着两人美好的明天。

第二节　相逢相识不相知
——直面爱的迷茫

身边的故事

小李,20岁,某高职院二年级学生,他的女朋友是同班同学。一年前他们相恋,但不久前他的女朋友与他中断了恋爱关系,这对他来说是一个沉重的打击。多日来,他借酒消愁,情绪抑郁,心烦意乱,无心学业,他对新生活的所有期待与憧憬也在顷刻之间化为乌有。这是他的第一次恋爱,而且是对方主动追求自己,相恋后,感情曾经一直很稳定,但因个性不合,观点分歧,又因几件小事而发生几次争吵,对方感到越来越烦，对他失去耐心，最后因第三者插足导致对方移情别恋，与其分手。分手后小李忘不了她，很想去挽回恋人的心，每次想起两个人曾经在一起的美好时光他就泪流满面，失恋的痛苦就像恶魔一样，无情地折磨着他的心。后来小李知道自己的恋人已无法挽回，渐渐地便对她产生了怨恨，此后两人见面都不打招呼，小李还经常在宿舍痛骂她。

分析与提示

思考与讨论

1. 恋爱中的双方如何处理矛盾和分歧？
2. 如果失恋了怎么办？

一、大学生恋爱动机

1. 寂寞后遗症型

由于大学的学业负担相对较轻，留给自己支配的时间增多，很多大学生在经过高中那种争分夺秒的生活之后不能完全适应大学的生活，或者由于刚刚进入一个新的环境，以前熟悉的人、熟悉的物不复存在，于是寂寞的心理油然而生。为了给这种寂寞的心理找到寄托，有些同学玩起了游戏，有些同学则谈起了恋爱。

2. 随大流型

这种类型的爱情心理在大学里面是最为常见的。不少学生在高中就听说大学里自由开放，恋爱是大学的必修课，于是进入大学之后，就想尝试一次。看着周围的同学成双成对地出现，自己心中也不免有些落寞，于是就随便找一个关系要好的异性也谈起了恋爱。

3. 功利型

爱情是纯洁神圣的，恋爱应以异性间的相互爱慕为基础。而有些大学生谈恋爱是想利用对方优越的经济条件来满足自己的物质需要，满足自己的虚荣心，以达到一种所谓的理想生活。然而金钱是买不到爱情的，这种建立在金钱基础之上的爱情是经不起岁月的考验的。

4. 志趣型

这种类型的爱情把感情融洽、志趣相投、事业成功作为爱情基础。在这种注重事业和精神生活的恋爱中，恋爱双方都道德高尚，彼此互相尊重，行为端庄大方，感情热烈而举止文明，注重思想上的沟通，以和谐的精神生活和事业的共同追求为满足。这些同学一般能较好地处理好感情与学业的关系。

当然大学生的恋爱动机是相当复杂的，不可能一一列出。但大学的时间是宝贵的，爱情也是十分神圣和纯洁的。我们不应该利用宝贵的时间为了恋爱而"练爱"，这样做不仅是对时间的浪费，也是对爱情的亵渎。我们应该把爱情建立在互爱的基础上，不能影响学业，应该让恋爱真的"爱"起来。

二、大学生恋爱心理发展的规律

(一) 大学生恋爱心理过程

高职院校学生的恋爱心理有一个发展过程,大致可分为萌芽期、发展期、稳定期三个阶段,当然这三个阶段不是一成不变的。

1. 萌芽期:一般为大学一年级

经过高考千军万马的角逐,挤过升学独木桥进入大学殿堂的青年一下子从如牛负重的升学压力下解脱出来,思想上暂时出现了"空档"。同时,他们远离家人,面对全新的生活环境和人际关系,心里的孤独感油然而生,他们渴望得到别人的关心、帮助,渴望与他人建立友谊。于是,互相间找老乡,找朋友,你来我往,慢慢地,男生女生接触就频繁起来了。

2. 发展时期:一般为大学二年级

经过一年左右的大学生活,他们已完全去掉了中学时代的"尾巴"。知识、能力、体魄、风度、服饰、语言等都彻头彻尾地大学生化了。同学间有了较深入的了解,也建立起了友谊。而友谊是一种表现为情感依赖的人际关系,它使人发现自我,善解别人,从中体验到深深的情感依恋。异性之间的友谊容易上升为性爱的依恋,友情也可以成为爱情的基石。这样,二年级的大学生谈恋爱成迅速发展之势。

3. 稳定期:一般为大学三年级

进入三年级后,大学生变得更加成熟老练,看问题也更加现实。他们的精力多花在毕业实习、论文设计、未来的就业等问题上,所以对爱情的思考趋于冷静和理智,恋爱呈现较稳定的态势。

(二) 大学生恋爱心理特点

1. 注重恋爱过程,轻视恋爱结果

恋爱向来被认为是为了寻觅生活伴侣,是婚姻的前奏。但有调查结果显示,一些大学生注重的是恋爱过程本身,至于恋爱的结果已经不太在意。注重恋爱过程,有利于双方的深入了解,也有利于培养感情,反映出大学生不愿落入世俗,善意追求爱的真谛。但是,只注重恋爱过程,把恋爱当作一种感情体验,借以寻求刺激,满足精神享受,解除寂寞,填补空虚,把恋爱当作一种消遣文化,会导致一些大学生只重视恋爱过程,轻视恋爱结果。

2. 主观学业第一,客观爱情至上

从理性上,大学生们都知道学业是第一位的,感情是第二位的,大学阶段应以学习为主,爱情应当服从学业;或者希望学业和爱情双丰收,既渴求学业有成,又向往爱情幸福。但真正能够正确处理学业与爱情关系的人为数不多,更多的是一旦坠入情网就不能自拔,强烈的感情冲击一切,学业同样受到严重影响。

3. 恋爱观念开放,传统道德淡化

随着时代的发展,当代大学生的恋爱观念日益开放,传统道德逐渐淡化。部分大学生信奉"爱情就是即时的快乐"的观念,在恋爱中只顾及当时的感觉,不愿再受传统道德观念的束缚。一项调查表明,65%的大学生认为"只要有爱情,性是可以理解

的",对恋爱中发生性关系持宽容的态度。甚至有的学生不再把性行为看成是一件非常严肃的事,而是顺着内心的冲动,不加以克制,由此引发怀孕等负性事件的发生。

4. 强调爱的权力,缺乏爱的能力

高职大学生中的恋爱大都是激情碰撞下的初恋,在激情平息之后,不少同学并不懂得如何滋养爱情,在爱与被爱的磨合中显得笨手笨脚,往往造成对彼此的伤害。轻易地恋爱,轻易地分手,强调爱的体验,负不起爱的责任。

爱不仅是一种权利,更是一种责任和义务,必须以高度负责的态度对待恋爱。爱的权利和义务是不可分割的,只强调爱的义务,无视人有爱的权利,那是对人性的奴役,必须予以否定。但是,如果从一个极端走向另一个极端,只强调爱的权利,而不承担爱的责任,就陷入了非理性主义的泥潭。

三、大学生常见恋爱心理问题及应对策略

爱情之花虽然美艳,可是在花的海洋里容易迷失方向。恋爱在给人带来光明与幸福的同时,也给人带来烦恼和痛苦。

1. 单恋

单恋也就是我们经常说的单相思,是指一方对另一方的以一厢情愿的倾慕与热爱为特点的畸形爱情。单恋较多地出现在性格内向、敏感、富于幻想、自卑感较强的人身上。首先是自己爱上了对方,于是也希望得到对方的爱,在这种具有弥散心理的作用下,误解对方的言行、情感,误把友情当爱情,把对方的亲切和蔼、热情大方当作是爱的表示并坚信不已,从而陷入单恋的深渊不能自拔。单恋者固然能体验到一种深刻的快乐,但更多体验到的是情感的压抑,因为他们无法正常地向自己所钟爱的异性倾诉柔情,更不能感受到对方爱意的温馨。

那么大学生如何才能不陷入单恋的旋涡呢?首先要能避免"恋爱错觉",学会准确地观察和分析对方的表情,用心明辨;其次要视其反复性,某种信息的经常出现可能意义很深,但仅一两次就不足为凭了,不要在内心中强化形成一见钟情式的浪漫爱情;最后,当向对方表达遭到拒绝时,要用理智克制自己的情感,爱情一定是两心相悦的,这种理性、客观、冷静的考虑也是自身未来幸福快乐的源泉。

2. 多角恋

所谓多角恋是指一个人同时被两个或两个以上的异性所追求或自己同时追求两个或两个以上的异性并建立了恋爱关系。多角恋是发生爱情纠纷的主要原因之一,实质上是比单恋更为复杂、更为严重的异常现象。由于性爱具有排他性、冲动性,因此任何一种多角恋都潜伏着极大的危险性,一旦理智失控,就会给多方及社会带来恶果。

多角恋的原因主要有以下几个:择偶标准不明确;择偶动机不良;虚荣心强;盲目崇拜。爱情是专一、排他的,多角恋爱易引起纷争、不幸和灾难,也极易发生冲突,酿成悲剧,本身也为社会道德所不容。大学生一方面要理智地克制感情,不要胡思乱想;另一方面要谨慎行事,应自觉地把自己融入集体的洪流。大学生选择恋爱对象要慎重,应选择属于自己的唯一,忠于恋人,善始善终。

大学生择偶价值观问卷

该问卷主要调查你在选择恋人时最看重对方的哪些条件,共有28个题目。
1. 请你根据自己的实际情况,在相应的答案上划"√"进行回答。
2. 1—不重要,2—不太重要,3—不确定,4—比较重要,5—非常重要。

	我选择恋人的条件	不重要	不太重要	不确定	比较重要	非常重要		我选择恋人的条件	不重要	不太重要	不确定	比较重要	非常重要
1	情商高	1	2	3	4	5	15	道德感强	1	2	3	4	5
2	聪明	1	2	3	4	5	16	孝顺父母	1	2	3	4	5
3	价值观与我相似	1	2	3	4	5	17	生活习惯与我相似	1	2	3	4	5
4	有车	1	2	3	4	5	18	学习能力强	1	2	3	4	5
5	穿着有品位	1	2	3	4	5	19	家庭有经济实力	1	2	3	4	5
6	有上进心	1	2	3	4	5	20	情绪稳定	1	2	3	4	5
7	博学多才	1	2	3	4	5	21	跟我有默契	1	2	3	4	5
8	感情专一	1	2	3	4	5	22	有责任心	1	2	3	4	5
9	身高满意	1	2	3	4	5	23	有房	1	2	3	4	5
10	收入高	1	2	3	4	5	24	逻辑思维能力强	1	2	3	4	5
11	相貌好	1	2	3	4	5	25	待人真诚	1	2	3	4	5
12	性格和善	1	2	3	4	5	26	愿意为我花钱	1	2	3	4	5
13	与我兴趣相投	1	2	3	4	5	27	身材匀称	1	2	3	4	5
14	有能力消费高档电子产品	1	2	3	4	5	28	跟我有共同目标	1	2	3	4	5

本问卷包含了经济水平、个人能力、个人品质、心理相容、身体面貌5个维度,各维度分表计算总分,问卷不计总分。各维度分值越高,说明越重视该价值观。

1. 经济水平(6):4,10,14,19,23,26;
2. 个人能力(5):1,2,7,18,24;
3. 个人品质(8):6,8,12,15,16,20,22,25;
4. 心理相容(5):3,13,17,21,28;
5. 身体面貌(4):5,9,11,27。

3. **失恋**

恋爱是幸福的,失恋是痛苦的,但是失恋不是失去了整个世界。正如海伦·凯勒所说:一扇幸福之门对你关闭的同时,另一扇幸福之门却在你面前打开了。

失恋是指恋爱受挫和失败。失恋引起的主要情绪反应是痛苦和烦恼。摆脱失恋的痛苦，需要外界的帮助，但更重要的是提高自己的心理承受力，增强心理的适应性，学会自我心理调节，从而达到新的心理平衡。

（1）倾诉。失恋者精神遭受打击，被悔恨、遗憾、愤怒、惆怅、失望、孤独等不良情绪困扰，主动找朋友倾诉可减轻心理负荷。可以用口头语言把自己的烦恼和苦闷向知心朋友毫无保留地倾诉出来，并听听他们的劝慰和评说，这样心理会平静一些。也可以用书面文字，如写日记或书信把自己的苦闷记录下来，或给自己看，或寄给朋友看，这样也能释放自己的苦恼，并寻得心理安慰和寄托。

（2）移情。移情就是及时、恰当地把情感转移到失恋对象以外的他人、事或物上。如失恋后，与朋友发展密切的关系，交流思想，倾吐苦闷，求得开导和安慰；或积极参加各种娱乐活动，陶冶性情；或投身到大自然的怀抱中，从而得到抚慰。当然密切自己与其他异性的交往，也不失为一个合适的途径。

以超然豁达的态度告诉自己，失恋是恋爱的一部分，即便是伟人，也难免会遇到。别人是别人而不是自己，因而不能强求。正如诗人徐志摩对待爱情的态度：得之，我幸；不得，我命。失恋者应能够坦然面对失恋的现实，认真总结经验，努力完善自我，当新的、更为美好的爱情出现在面前时，能够既有所准备，又有能力抓住它，不至于与它失之交臂。

（3）升华。尽快把精力放到学习及事业上，把失恋升华为一种向上的动力。许多失恋者因失恋而创造出了辉煌的成就。像歌德、贝多芬、罗曼·罗兰、诺贝尔、牛顿等历史名人都曾饱受失恋的痛苦。他们是用奋斗的办法更新"自我"，积极转移失恋痛苦的楷模。如果失恋者能正确对待和处理失恋，不仅能从中提高爱的能力，还能更好地完善自己、提升自己。

总之，失恋者要恢复心理平衡，做好感情转移和空间转移，做到失恋不失德、不失职、不失志、不失命。

男女恋爱心理学： 揭秘恋爱的12种趣味心理

1. 吊桥效应——心动不一定是真爱

一个人在提心吊胆地走过吊桥的一瞬间，抬头发现了一个异性，这是最容易产生感情的情形，因为吊桥上提心吊胆引起的心跳加速，会被人误以为是看见了命中注定的另一半而产生的反应，就像英雄救美后美女会爱上那个英雄一样。

2. 契可尼效应——为什么初恋最难忘

初恋是人们心中最懵懂、最青涩、最刻骨铭心的，那种小暧昧和情窦初开的懵懵懂懂的爱情最让人怀念。西方心理学家契可尼做了许多有趣的试验，发现一般人对已完成了的、已有结果的事情极易忘怀，而对中断了的、未完成的、未达目标的事情却总是记忆犹新。这种现象被称为"契可尼效应"。

3. 俄狄浦斯情结——为什么会爱上大龄的他/她

现在的姐弟恋已经不稀奇，但是有的人喜欢的对象却是自己父母般年纪的人，这种恋母或者恋父情结也很普遍。希腊神话中恋母和弑父的都是俄狄浦斯，他不认识自己的父母，在一场比赛中失手杀死了父亲，又娶了自己的母亲，后来知道真相了，由于承受不了心中痛苦就自杀了。精神分析心理学认为，有恋母情结的人，有跟父亲作对以竞争母亲的倾向，同时又因为道德伦理的压力，而有自我毁灭以解除痛苦的倾向。

4. 黑暗效应——光线昏暗的地方更易产生恋情

优雅而浪漫的西餐厅是很多情侣约会的首选，因为在光线比较暗的场所，约会双方彼此看不清对方表情，就很容易减少戒备感而产生安全感。在这种情况下，彼此产生亲近感的可能性就会远远高于光线比较亮的场所。心理学家将这种现象称为"黑暗效应"。

5. 首因效应——初次见面为什么重要

第一印象真的很重要，首因效应说的是人与人第一次交往时给对方留下的印象，在对方的头脑中形成并占据着主导地位的效应。

6. 古烈治效应——男人为什么喜新厌旧

心理学家把雄性的见异思迁、喜新厌旧的倾向称为"古烈治效应"。这一效应在任何哺乳动物身上都被实验证明了，人是高等动物，不可避免地残留着这一效应的痕迹。男性在心理上有喜新厌旧的倾向也不是什么人格缺陷，而是有着深刻的生理和心理基础的。但人有良知、有道德，正是靠这些东西人类才最终脱离了动物界。

7. 多看效应——如何擦出爱的火花

对越熟悉的东西越喜欢的现象，心理学上称为"多看效应"。20世纪60年代，心理学家查荣茨做过这样一个实验：他向参加实验的人出示一些人的照片，让他们观看。有些照片出现了二十几次，有的出现了十几次，而有的则只出现了一两次。之后，请看照片的人评价他们对照片的喜爱程度。结果发现，参加实验的人看到某张照片的次数越多，就越喜欢这张照片。他们更喜欢那些看过二十几次的熟悉照片，而不是只看过几次的新鲜照片。也就是说，看的次数增加了喜欢的程度。

8. 互补定律——为什么性格互补的人更易产生恋情

人与人在具体内容上能够互相满足，会产生强烈的人际间相互吸引，这就是互补定律。研究表明，任何一个团体，全都是性格相近的人，那么很容易造成内部的不和谐，容易发生争执。这是因为性格相近的人需求类似，当同时对一个事物产生需求时，大家就会产生利益冲突。

9. 罗密欧与朱丽叶效应——为什么受阻挠的爱情更坚不可摧

在莎士比亚的经典名剧《罗密欧与朱丽叶》中罗密欧与朱丽叶相爱，但由于双方家族有世仇，他们的爱情遭到了极大的阻碍。但压迫并没有使他们分手，反而使他们爱得更深，直到殉情。这样的现象我们叫作"罗密欧与朱丽叶效应"。所谓"罗密欧与朱丽叶效应"，就是当出现干扰恋爱双方爱情关系的外在力量时，恋爱双方的情感反而会加强，恋爱关系也因此更加牢固。

10. 投射效应——为什么会网恋

所谓投射效应是指以己度人，认为自己具有某种特性，他人也一定会有与自己相同的特性，把自己的感情、意志、特性投射到他人身上并强加于人的一种认知障碍。即在人际认知过程中，人们常常假设他人与自己具有相同的属性、爱好或倾向等，常常认为别人理所当然地知道自己心中的想法。

11. 自我选择效应——为什么恋爱中的抉择那么难

什么样的选择决定什么样的生活，今天的生活是由3年前的选择决定的，而今天的抉择将决定3年后的生活，这就是自我选择效应。一旦个人选择了某一条人生道路，就存在在这条路走下去的惯性并且不断被自我强化。选择效应对人生的影响是巨大的。

12. 拍球效应——吵架时为什么会越吵越凶

我们都知道拍球时用的力越大，球就跳得越高。拍球效应的寓意就是：承受的压力越大，人的潜能发挥程度越高；反之，人的压力较轻，潜能发挥程度就较小。所以如果情侣之间吵架有一方先冷静，事情的结局就会好很多。

第三节　人生何处无芳草
——培养爱的能力

 身边的故事

小方就读于本地一所高职院校，大一时便和男朋友谈恋爱。两人都是本地人，大二下学期开始同居，毕业之后都留在本地工作。工作近一年，男朋友要求分手，当时小方已有了身孕，但她自己还不知道。分手闹了一个月，这时小方知道自己怀孕了，于是就以此为理由表示不想分手。经过双方家庭的交涉，以及家长的教育，两个人火速结了婚。由于婚姻的被强迫性，男方总是出去花天酒地，小方起初也时常劝告他，但是，小方很快发现自己的劝说对他并没有作用，便放任他去了。半年后，孩子生了下来，他略有收敛。但过了一阵子，他又故态复萌。

思考与讨论

大学生在恋爱中怎么掌握好尺度？

2016 中国大学生恋爱报告

分析与提示

爱情是人类高尚的精神体验，是灵与肉的完美结合。对于人生而言，个体只有心理成熟了才能够正确客观地理解爱情。爱情不同于人类其他的情感体验，它是个体独特的心灵历程，只有真正爱过的人才能体察心灵的互动——是惊鸿一瞥的心的战栗，更是双方心与心的沟通与交流。爱情不可以被抑制，但爱是上苍赐予个体的神圣礼物，不可滥用，爱情不是存在银行中的钱，随需随取，爱情的成本是人生情感中成本最高的。只有正确地理解爱情，才能与幸福同行。

一、学会爱自己

自爱的人是自知的,一个心理成熟的人能自然而坦然地表达自我。自爱是要成为你自己,而非通过爱情变成他人。

自己若是世界上最好的李子,而你所爱的人却不喜欢李子,那时你可以选择变成杏树,不过经过选择变成的杏子是次等品质的杏子,只有做原来的李树,才能结出好的果子。如果你甘愿变成次等的杏子,而爱你的人喜欢上等的杏子,你就可能被抛弃,于是只有倾尽全力使自己变成最好的杏子或者找回做李子的感觉。

1. 爱自己首先需要正确的自我认知

女性在恋爱中更要积极关注恋爱中的自我,有人说"恋爱损伤女性的大脑,降低判断力"还是有些道理的。事实上,热恋中的男女都会将恋人"理想化",快乐与痛苦的心理感受都是被放大了的。热恋中的双方认为自己是世界上最幸福的人,而失恋后便认为自己是世界上最痛苦的人。固然,恋爱双方强烈而丰富、敏感而不稳定的感情并非异常,但如果陷入情感的幻想中,自我判断、自我评价与自我意识往往就会发生偏差,有的则因为恋爱失去了自我,有的因为恋爱更加自恋,有的则因为恋爱更加成熟,关键在于个体对自我的认知。

2. 爱自己就要学会珍惜和尊重自己的感情

当"新新人类"进入大学校园后,其中有不少人会以一种反传统、自我贬损、自我张扬的方式凸现其个性,这也反映在他们的恋爱中。大学时期的恋爱,感情是纯洁、真诚的,这也是将来幸福生活的基础。但时尚的未必是永恒的,也未必是正确的。有的同学在恋爱中放纵自己的感情,甚至本不是爱情,仅仅是为了满足自己生理与心理的需求,就用青春与爱情赌明天,这都不是珍惜感情的体现。

3. 爱自己要学会说"不"

1994年,美国青年发表了"真爱要等待"的宣言:本着真爱要等待的信念,我愿意对我自己、我的家庭、我的异性朋友、我未来的伴侣及我未来的子女做一个誓约,保证我的贞洁,一直到我进入婚约的那天为止。恋爱中的男女特别是在热恋时,要控制好爱情的温度。女生在没有做好心理准备的时候,要学会保护好自己,对婚前性行为说"不"。

4. 爱自己也包括对自己负责

恋爱不是为了让我们放弃自我,而是为了让我们学会更加负责地生活。这当然也包括失恋后的自爱。一个人需要本着对自己高度负责的态度去学习、生活,处理好恋爱中的自我与他人、现在与未来、学业与爱情的关系。爱不仅是情人节的玫瑰,也不只是每日的相守,更是守望的美丽与对彼此生命负责的人生态度。

二、学会爱他人

爱自己和爱他人是密不可分的。人们只有认识对方、了解对方,才能尊重对方。我们只有用他人的目光看待他人,而把对自己的兴趣退居次位,才有可能了解对方。爱他

人不是无我状态，不需要按照对方的要求塑造自己，也不是将你爱的人塑造成你所喜欢的人。爱他人要包括以下几个方面：

1. 尊重你爱的人

恋爱既是两人心灵的共鸣，又是自我成长的过程，是使双方积极的潜能得以发挥而非按照某种愿望或标准塑造对方。事实上，每一份爱情中都包含着期待效应，对方都在向着彼此喜欢的方向发展。这就要求你更尊重你所爱的人，让对方在爱的港湾中自由发展，以自己喜欢的方式发展自我。

2. 帮助对方积极发展自我

爱唤醒沉睡的心灵，积极的恋爱使个体潜在的心理能量得以释放，为所爱的人努力；爱是积极向上的精神力量，催促着相爱的两个人向着更好的自我发展，更加努力地自我完善、自我提高、而非自我束缚、自我放纵。

3. 共同创造美好未来

真正的爱是内在创造力的表现，它包括关怀、尊重、责任心、了解等。爱不是一种消极的冲动，而是积极追求被爱者的发展和幸福，这种追求的基础是爱的能力。正如爱克哈特所说的：你若爱自己，那就会爱所有的人如同爱自己。爱他人就要具有与你爱的人共同创造美好生活的能力。

三、区别爱与喜欢

最容易与爱情混淆的一种人际吸引形式是喜欢。社会心理学家鲁宾对爱情和喜欢的关系进行了系统的研究，他发现爱情不是喜欢的一种特殊形式，爱情与喜欢根本就是两种不同的情感。确实，生活中"我喜欢他（她），但不爱他（她）"的现象经常发生。

爱情与喜欢的区别主要表现在三个方面：

（1）依恋。卷入爱情的双方在感到孤独时，会强烈地想让对方来陪伴和安慰，而喜欢的双方不会有同样的表现。

（2）利他。恋爱中的人之间会高度关注对方的情感状态，觉得让对方快乐和幸福是自己义不容辞的责任。在对方有不足时，也会表现出高度的宽容。即使是以自我为中心、自私自利的人，在恋爱中也会表现出某种理解、宽容、关心和无私。

（3）亲密。恋爱的双方不仅对对方有高度的情感依赖，而且会有身体接触的需求。性是爱情的基础，是爱情的核心成分。通常情况下，成熟度高的成年人能区别喜欢和爱情，但相当部分的年轻人，不能很好地区分喜欢和爱情。

爱情与喜欢量表

指导语：请针对自己的实际情况对以下陈述做出判断。符合记1分，不符合记0分。

1. 他（她）情绪低落的时候，我觉得很重要的职责是使他（她）快乐起来。

2. 在所有的事情上我都可以信赖他（她）。

3. 我觉得要忽略他（她）的过失是一件很容易的事情。

4. 我愿意为他（她）做所有的事。

5. 对他（她），我有一点占有欲。

6. 若不能跟他（她）在一起，我觉得非常不幸。

7. 假使我很孤寂，首先想到的就是去找他（她）。

8. 他（她）幸福与否是我很关心的事。

9. 他（她）不管做什么，我都愿意宽恕。

10. 我觉得让他（她）得到幸福是我的责任。

11. 当和他（她）在一起的时候，我发现我什么事情都不想做，只需要安静地看着他（她）。

12. 若我也能让他（她）百分之百信任，我觉得十分快乐。

13. 没有他（她），我觉得难以存活下去。

14. 当和他（她）在一起时，我发觉两人都有相同的心情。

15. 我认为他（她）非常好。

16. 我愿意推荐他（她）去做被人尊敬的事。

17. 以我看来，他（她）特别成熟。

18. 我对他（她）有高度的信心。

19. 我觉得什么人和他（她）相处，大部分都有好印象。

20. 我觉得他（她）和我很相似。

21. 我愿意在班上或集体中做什么事都投他（她）一票。

22. 我觉得他（她）是许多人中容易让别人尊敬的一个。

23. 我觉得他（她）是十二万分聪明。

24. 我觉得他（她）在我认识的人中是非常讨人喜欢的。

25. 他（她）是我很想学的那种人。

26. 我觉得他（她）非常容易赢得别人的好感。

评分标准及结果解释

1. 评分标准：

符合记 1 分，不符合记 0 分，前 13 个题目得分相加得出"爱情分量表"总分，后 13 个题目得分相加得出"喜欢分量表"总分。

2. 结果解释：

"爱情分量表"总分高于"喜欢分量表"总分，表明你对他（她）的感情以爱情居多，你很关心他（她），愿意为他（她）去付出，你对他（她）有很强的依赖性和占有欲。

"喜欢分量表"总分大于"爱情分量表"总分，表明你对他（她）的感情以喜欢成分居多，你对他（她）印象很好，很喜欢他（她）身上的东西，对他（她）很欣赏，很崇拜。

四、解决爱的冲突

1. 拒绝爱的能力

首先，要敢于理智地拒绝。因为爱情不是同情或怜悯，也不是单方面的一厢情愿，而是男女双方互相倾慕的强烈感情，所以，对不合适的爱一定要果断拒绝，态度明确，不能吞吞吐吐、模棱两可，以免对方误解，横生枝节。

其次，拒绝爱要选择恰当的方式。不论是当面拒绝，还是通过短信等方式，都要注意口气婉转，以尊重对方为主。切不可冷嘲热讽、恶语伤人后扬长而去，也最好不要让双方以外的任何人，尤其是双方都熟悉的朋友知道此事，以免使失恋者的自尊心受到更多的伤害，毕竟爱者无罪。你可以拒绝他人的爱，这是你的自由和选择，但是你没有权利伤害他人。

2. 解决冲突的能力

真正的恋人之间有时也会有冲突，也会有误解。当出现"吃醋"、攀比、忌妒、糊涂等心态的时候，应注意以下几个问题：

首先，注意不要认为有冲突就一定要分出你对我错，这时最好先做个心理换位，先设身处地地从对方所处的位置和情境去思考和处理，体察对方的潜在动机，不要以自我为中心简单地看待问题，要清醒、理智地思考问题，相互理解。

其次，平时要注意与对方保持一定的心理距离。从心理角度看，这个距离太小会令人不舒服，觉得太"拥挤"了；适当保持距离就会多一点距离感和独立性，多一点心理自由，也就多了一个去感受对方美好的机会。

第三，恋人之间发生冲突后，不要总是相互抱怨并形成一种消极的"定式"，应该每次都采用不同的方式调解，如以"嬉笑打闹"的形式来解决问题。

第四，宽容和尊重对方。即使对方错了，也要以宽容为上，因为真正的恋人之间并没有什么大是大非的问题。我们都不是圣人，没必要对对方的行为举止过分挑剔。

 身边的故事

大三的小李和大二的小芳相恋了，起初他们对对方都很满意，特别是小芳，对这段感情很是珍惜，觉得小李为人很好，也很有能力，对自己也很好。但是，已经进入大三的小李，随着学习、实习和社会工作的任务越来越多，陪小芳的时间也少了。对此，小芳感到了失落，有时候，问小李去干什么了，小李总说事情多太忙，没有耐心解释，还觉得小芳不理解他。渐渐地，小芳对小李产生了怀疑，本来两人在一起的时间就不多，小芳还要不时对小李进行"审问"，而且还翻看小李的手机，这激起了小李的强烈不满。时间一长，两人都觉得这样相处很累，对维持这段感情缺乏信心。

思考与讨论

1. 大学生在恋爱中可能会有哪些矛盾？
2. 该怎样面对和处理恋爱中的矛盾冲突？

分析与提示

第四节 但愿君心似我心
——把握爱的尺度

恋爱中的"讨好心理"

"我想留下他,所以我要用身体留住他。"这样的话,在咨询中,心理咨询师不止一次地听到。"一些大学女生在经历初恋时,对于爱情有很多美好的幻想和憧憬,她们的情感是很强烈的,愿意为爱情付出一切。"心理咨询师分析说,在男女交往的过程中,男性往往更容易有性方面的冲动与需要,女性受一定传统观念的束缚,多少在第一次或性行为之初是比较慎重的,但是经不起男性的一再试探,有的男孩子试探了几次都被女孩拒绝后就不高兴了,情感上就疏离了,女孩子想要挽回,于是就发生婚前的性行为,慢慢就觉得也就那么回事,不那么在意了。很多在恋爱中抱有这种讨好心态的女性,会为了讨好爱人,比如性行为时不戴安全套的习惯,而置自己的安全不顾,或牺牲自己的安全,最终导致意外怀孕,给自己带来伤害。

思考与讨论
1. 爱他是不是一定要给他?
2. 怎样看待大学生的婚前性行为?

分析与提示

谈到爱情不能不谈到性。正如瓦西列夫所说:爱情是本能和思想,是疯狂和理性,是自发性和自觉性,是一时的激情和道德修养,是感受的充实和想象的奔放,是残忍和慈悲,是餍足和饥渴,是淡泊和欲望,是烦恼和欢乐,是痛苦和快感,是光明和黑暗,爱情把人的种种体验熔为一炉。

一、大学生性心理的基本特征

1. 渴望了解性知识,性意识需进一步加强

进入大学,大学生更加积极主动地关注自我发展,也包括自身的生理与心理发展。由于个体家庭教育方式、成长环境及个体差异的存在,不同人对性意识的关注也不尽相同。有的学生对性知识的了解较少,渴望通过科学的途径了解自身;有的学生通过自慰行为解决自身的性需求;有的学生因性知识匮乏而带来不必要的心理焦虑。

2. 性冲动及其释放

性冲动是指由于性刺激引起大脑皮层的活动,产生性欲,再通过大脑皮层向身体组织发出指令。性冲动是一个正常人健康、自然和本能的行为表现。性冲动不一定产生性行为,人可以通过意识进行调控,可以通过大脑来调节性行为。人有社会性,要遵守社会行为准则,要尊重他人意愿和抉择;人对社会有责任和义务,要受法律和道德的约

束。大学生在心理尚未成熟前应尽量减少声、光等"有色"事物的刺激，不要接触黄色、淫秽读物，可以合理、合法地适时接触性刺激，锻炼自己的理智和克制能力。

3. 性冲突和性压抑

一方面，由于生理发育的提前，性发育年龄不断提前；另一方面，由于学业需要和社会环境的要求，结婚年龄不断推后，出现漫长的"性等待期"。与此同时，日益开放的社会文化既满足了大学生对性的了解与渴望，又使大学生性的冲突加剧。在繁重的学业任务与就业压力及校纪、校规的约束下，大学生的性冲动不可以也不能自由地发挥。事实上，适度的性压抑也是社会文明与进步的体现。但性压抑不是一味压制，而是通过适当的释放、转移、升华而得到合理的疏导。

4. 渴望性体验

由于性激素的作用，大学生更加渴望得到恰当的性体验，如与异性交往。在男女交往过程中，由于性激素的作用，恋人间的亲吻和抚摸都会引起性欲望和性冲动，感情的闸门在巨大的性刺激下显得极其脆弱。有的学生通过自慰性行为，如性梦、梦幻想、性自慰加以调节；而有的则通过性行为得以实现。

二、大学生性心理健康标准及维护

（一）性心理健康的标准

1. 有正常的性需要和性欲望

任何一个成熟的个体都应该有正常的性需要和性欲望，性需要和性欲望是能够获得性爱和性生活的前提条件。一个人如果没有性欲望，就不会有性爱和和谐的性生活，性心理也就无从谈起。但性需要和性欲望并非都是正常的，有的人的性需要和性欲望很强烈、很古怪，如恋物癖等。

2. 能够正确认识自我，愉快地接纳自己的性别

一个性心理健康的人，能够正视自己性心理的发育、性心理的变化，会自觉地融入社会这个大背景下认识自我，能客观地评价自己和他人，并乐于承担相应的性别角色。不仇视自己的性别，能以坦然的心理接受自己，能理解性别是父母给的，我们不奢求改变它，而注重在社会化的过程中优化自己的性别心理。

3. 性心理特点和性行为符合相应的性心理发展年龄特征

人在不同年龄发展阶段，其心理特点与行为特征是不同的。但是，一个正常发展的人，他的心理特点与行为特征必定符合他的年龄发展阶段。在性的成熟过程中，性心理特点和性行为以及性心理发展的年龄特征要求是相符合的。如果一个人的性行为与其性心理发展不协调，或严重偏离同龄人的特征，那么，他的性心理就不健康。

4. 能和异性保持和谐的人际关系

随着性生理与性心理的发育和成熟，个体自然而正常的性要求就是与异性交往，并能保持良好的关系。性心理健康的个体，能够在日常学习生活中，与异性进行自然的、符合社会规范要求的交往。在彼此的交往过程中，保持独立而完整的人格，有自知之明，做到互相尊重，互相信任，得体大方。

5. 性行为符合社会道德规范

性心理健康的人具有一定的性知识和性道德修养，能自觉地去分辨性文化中的精华与糟粕、淫秽与纯洁、庸俗与高雅、谬误与真理，自觉抵制腐朽没落性文化的侵蚀，并以自己文明的性行为、性形象去增进社会风尚和文明。

(二) 维护性健康的途径

1. 科学地掌握性知识

首先，大学生应该选择阅读一些正规出版发行的性生理和性心理方面的科普书籍或性社会学、性伦理学、性法律学的专门论著，使自己构建合理的性知识结构。其次，可以请教已具备了性知识、性经验的父母，性教育工作者或有关医生。这样，有助于帮助自己消除误解，解除心理负担，进而避免自卑、自责的不良情绪。一些大学生受传统观念影响，有了性的困惑不愿意向家人、老师、医生求助，而是从网络中寻找有关性知识的内容，这些内容往往是"黄色"的、淫秽的、伪科学的、富有煽动性的。这样做，不仅不能帮助自己掌握健康的性知识，还会给个体性心理和性行为的形成带来负面冲击。

2. 积极进行自我调节

首先要正确认识，端正思想，尽量做到以下几点：正确对待性冲动，接受性冲动的自然性和合理性；学习性生理、性心理的有关知识；了解青春期性意识发展规律；树立科学与健康的性意识观念；提高感官刺激阈限，培养挫折耐受力。青年期是性欲望、性冲动、性兴趣频繁出现的时期，应努力培养自己的性抑制力，以便适应复杂多变的文化环境和生活环境。既要遵从人的自然本性，又要符合道德规范，还必须加强法制观念，防止自己在两性吸引和性欲冲动中，以及在偶然诱因影响下的冲动或越轨行为。性是每个人的事情，谁都不能回避，但性又不只是每个人的事情，处理不好，会给自己、他人和社会带来严重的破坏性的影响。

其次要积极导引，良好适应。要大方而潇洒地与异性交往，正常的男女交往有利于性压抑的释放，有助于培养大学生健康的情感，从而调节深层的本能，使之趋于高尚。但是，在与异性交往中，要注意摆脱低级趣味，不要限于身体的吸引；尤其是要避开一些人在物质、精神、肉体等方面的诱惑。正确处理学习与爱情的关系，顺其自然地处理两性关系，不必刻意追求。那种为了满足自我的需要而刻意去追求恋爱至上，甚至不顾一切的做法是不可取的。

通常，性心理困扰的直接后果是自卑、自责和自我否定的倾向，它不仅影响大学生的情绪，也会影响大学生的人际交往和学习效率。所以一旦发现自己存在性心理问题，就应该及时处理。许多大学生的性心理困扰是源于对自己性身份、性幻想、性欲望、性冲动的害怕。因此，最好找知心朋友交流，一方面可以宣泄自己的不良情绪，另一方面也可以获得一些应对青春期烦恼的信息和经验，有助于自我调节。必要时可找心理专家咨询，消除心理困扰。对一些心理问题，比如失恋后的自贬心理、性心理异常等，向心理专家咨询更具实效性。

3. 拒绝黄色诱惑，预防性病和艾滋病

（1）拒绝黄色诱惑。

人们常把淫秽书刊、淫秽录像对青少年的腐蚀和毒害比喻成"精神毒品"和"杀人不见血的软刀子"。在淫秽书刊、淫秽录像面前，不仅青少年，就是大学生，甚至是成年人也难以抵御。有关专家认为，淫秽物品之所以导致人的堕落或犯罪，是由于它能够摧毁人的心理防卫机制，这种防卫机制主要由社会的思想道德观念、法制观念构成。几乎所有的淫秽出版物都是在直接或间接地宣扬性自由、性开放的主张，并通过活生生的形象表现这种开放的、毫无节制的自由放纵。诱惑人忘记一切社会规范，为满足性欲，变得疯狂和不择手段。因此，正在成长中的大学生应自觉地抵制黄色出版物的侵蚀，保持健康的性心理。

（2）预防性病和艾滋病。

常见性病有梅毒、淋病、软下疳、性病性淋巴肉芽肿、非淋菌性尿道炎、尖锐湿疣、生殖器疱疹和滴虫病等。据世界卫生组织（WHO）报道，性病传染的速度非常快，估计世界上每秒钟就有4人会感染上性病病毒，易感人群是20—24岁的青年。性传播疾病已成为世界性的公害。

艾滋病，全称为获得性免疫缺陷综合征（AIDS）。这种病是由一种名为"人类免疫缺陷病毒"导致的性传播疾病。这种病主要损害人体免疫系统，破坏人体的抵抗力。随着全球艾滋病流行重心逐渐向亚洲转移，艾滋病在我国的蔓延形势也十分严峻。艾滋病的传播途径一般是性接触传染、血液传播和母婴传染。

性病、艾滋病不仅仅是一种生理上的疾病，还是一种社会性的疾病。它和人们的道德自律、性生活的检点以及吸毒、卖淫、嫖娼等社会丑恶行为密切相关。正在成长中的大学生应该加强道德自律，洁身自好，杜绝吸毒，拒绝不安全的性行为，只有这样才能远离性病和艾滋病，保持身心健康，也才能为将来的幸福生活奠定良好的基础。

延伸阅读

爱情和婚姻

有一天，柏拉图问老师苏格拉底：什么是爱情？老师让他先去麦田里摘一棵最大最金黄的麦穗，只能摘一次，而且只可向前走，不能回头。

柏拉图按照老师说的去做。结果他两手空空地走出了麦田。老师问他为什么，他说：因为只能摘一次，又不能走回头路，其间见到最大最金黄的，以为前面会有更好的，所以没有摘。到后来，又发现总不及以前的好，原来最大最金黄的麦穗早已错过了。于是什么也没摘到。

老师说：这就是"爱情"。

又有一天，柏拉图问老师：什么是婚姻？老师叫他先到树林里砍下一棵林中最大最茂盛、最适合放在家里做装饰的树。同样只能砍一次，同样只可向前走，不能回头。

柏拉图于是照着老师的话去做。这次，他带了一棵普普通通，不是很茂盛，亦不算

太差的树回来。老师问他：怎么带这棵普普通通的树回来？他说：有了上一次的经验，当我走到大半路程还两手空空时，看到这棵树也不太差，便砍了下来，免得错过了，最后什么也带不回来。

老师说：这就是"婚姻"。

思考题

1. 请结合你自己的理解谈谈什么是爱情。
2. 当前大学生恋爱有哪些突出问题？遇到这些问题时该如何应对？
3. 怎样看待大学生的婚前性行为？
4. 怎样才能收获一份美好的爱情？

推荐资源

1. **书籍：弗洛姆《爱的艺术》**

《爱的艺术》是德裔美籍心理学家和哲学家、法兰克福学派重要成员艾·弗洛姆最著名的作品，自1956年出版至今已被翻译成32种文字，在全世界畅销不衰，被誉为当代爱的艺术理论专著中最著名的作品。关于"爱是什么""为何我们需要爱"等问题，在《爱的艺术》这本书中有着不同于一般人的诠释。《爱的艺术》并非是一本教人学会如何爱的情爱圣典，而是一本指导人生意义的心灵哲学类书籍。

2. **电影：《匆匆那年》**

20世纪的最后一年，在少男少女的心间投下了毕生难忘的耀眼光斑。陈寻、赵烨和乔燃三个大男孩尽情挥霍着仿佛没有穷尽的青春年华，他们插科打诨，与老师"大马猴"对抗，狂打街边游戏。而在青春时代特有的律动感染之下，再懵懂的傻男孩也能察觉心底对青涩恋情的向往和渴望。乔燃开始留意之前似乎一直在帮老师对付他们的女孩方茴，赵烨则尝试着和喜欢篮球和流川枫的女孩林嘉茉套近乎，陈寻与方茴之间仿佛也有一份不易察觉的情感在悄悄萌芽。此情可待成追忆，只是当时已惘然……

天将降大任于斯人也，必先苦其心志，劳其筋骨，饿其体肤，空伐其身，行拂乱其所为，所以动心忍性，增益其所不能。

——孟子

第九章　千山万水只等闲
——谈压力管理

学习目标

▶ 知识目标

掌握压力和挫折的概念；
了解高职院校学生主要的心理压力源；
理解不良压力对于身心的影响；
探索积极与消极的心理防御机制。

▶ 能力目标

学会压力管理；
学会积极应对挫折。

"进入高职院校，平时在学校里，大家在一起没有感到什么不同，但是想到毕业要和本科院校的学生一同走入社会进行竞争，心里就感到很大的压力，对于未来感到很迷茫和无措，甚至很想要逃避，不想面对，心里很不是滋味。"王同学是一名大三的高职学生，她用两年的时间完成了英语六级考试，现在又在准备会计证考试，入学两年，她基本上连班上同学的名字都叫不出来，但是她又说："我觉得这些（英语证书、会计考试）也是在浪费时间。我发现高职院校和全日制本科有很大的差距，很多用人单位要求的是第一学历，看重的是本科文凭。"王同学无奈地说："所以，一次高考失败注定一辈子打上了一个烙印，我们已经努力了，但还是很难得到认可。"

"我们只有两年半的时间，大三就要实习了，没有充裕的时间去提高和调整自己，所以很困惑，压力一直很大，感觉未来很迷茫。"王同学说。

讨论与分享

1. 王同学为什么会有这样的一些想法？她的问题主要是什么？她应该怎么办？
2. 什么是压力？压力从何而来？压力对心理健康的影响有哪些？
3. 目前你最大的压力是什么？面对压力，你一般会怎么做呢？
4. 如何正确地处理和应对压力呢？

第一节　直面人生的压力
——压力概述

一、压力的定义

当我们进行竞选演讲，当我们面临期末考试，当我们参加一场面试……我们都能感受到压力，那是一种真实存在的感受，那么什么是压力呢？

"压力"在英语中为"stress"，源于拉丁文的"stringere"，原意为"扩张、延伸、抽取"等，属于物理学概念。素有"压力研究之父"之称的加拿大生理学家汉斯·塞利最早把压力的概念引进医学和心理学。他将压力定义为"一种刺激事件"。心理压力则指心理紧张或心理应激，指某些刺激事件对人在心理上所构成的负荷。这种负荷可导致一系列的身心反应，即应激反应。心理压力是个体在生活适应过程中的一种身心紧张状态，源于环境要求与自身应对能力不平衡；这种紧张状态倾向于通过非特异的心理和生理反应表现出来。

压力是压力源和压力反应共同构成的一种认知和行为体验。人的内心冲突及与之相伴随的情绪体验是心理学意义上的压力。从心理学角度看，压力是外部事件引发的一种内心体验。

 **延伸阅读**

它能承受多大的压力

美国麻省的艾摩斯特学院曾经做过一个有趣的实验。他们用很多铁圈把一个小南瓜整个箍住，然后观察南瓜继续长大时能承受铁圈多大的压力。最初他们估计南瓜最大能够承受500磅左右的压力。在一个月的实验中，南瓜承受了500磅的压力；而第二个月的时候，南瓜承受了1500磅的压力；当到达2000磅的压力时，实验人员不得不把铁圈捆得更牢一些，以防南瓜把铁圈撑开；最后超过5000磅的压力时，瓜皮才产生了破裂。当打开南瓜时，他们发现南瓜已经不能吃了，因为在试图撑破铁圈紧箍的过程中，它的果肉变成了牢固的一层层纤维组织。为了充分吸收养分，突破生长的限制，它的根部甚至延展超过8万英尺，所有的根往不同的方向全方面地伸展延伸，这个南瓜占据了整个培植园的土壤和资源。

一个小南瓜可以承受如此庞大的压力，那么我们人类在逆境之下又能够承受多大的

压力呢？在我们人生的各个阶段，又会遇到多少各种各样的压力呢？人际相处、升学、恋爱、就业等，都是我们会遇到的，大部分人都不知道自己能承受多大的压力，但也许能承受的远远比我们想象的要大得多。

二、压力源

（一）压力源的定义

压力源又称应激源或紧张源，是指任何能够被个体知觉并产生正性或负性压力反应的事件或内外环境的刺激。简单来说，压力源是导致个体产生压力反应的情景、刺激、活动和事件。压力源作为刺激被人感知到，或作为信息被人接收到，一定会引起主观的评价，同时产生一系列相应心理和生理变化。如果刺激需要付出较大努力才能进行适应性反应或这种反应超过了人所能够承受的适应能力，就会引起人的心理、生理平衡的失调，即紧张状态反应。

压力源大致包括非人为的压力源和人为的压力源两种。非人为的压力源如地震、泥石流、台风等不以人的意志为转移；人为压力源则有经济压力、社会压力、就业压力、环境压力等。

压力源也可以分为内部压力源和外部压力源。内部压力源主要是指个体感到困惑或者难以处理的内在刺激情景，一般发生在动机冲突和受挫折时。外部压力源主要包括生活中的重大变故和累积的挫折事件，如学习、就业、家庭、人际交往、恋爱等客观事件。压力的大小是由压力事件的客观性和自我感觉的主观性两种因素共同决定的。不同承受力的人面对同一个事件，感受到的压力大小也是不一样的。简单来说，压力的大小＝压力源/承受力。

（二）高职院校大学生的心理压力源

大学生处在青春期到成年期的转变过程中，这是人生转变最激烈、最明显的时期。面对生活中的种种压力源，大学生主要承受的有来自家庭、经济、人际关系、恋爱关系、生活、学习、社会、考试、未来就业、个人成长等方面的压力，以下就主要几个方面进行分析。

1. 家庭因素导致的心理压力

进入大学之后，来自天南地北的同学聚在一起，家庭背景和成长经历的不同，使得学生的性格特点也各有不同。在成长过程中得不到父母的关心、鼓励或信任的学生，成年后在人际交往、恋爱交往等方面较容易出现心理偏差。父母的世界观、人生观和价值观，也会对子女产生很大的影响。对于这类学生，我们要重点关注。很多同学在踏入大学校园开始集体生活时，会因价值观、生活习惯、性格等方面的差异而与同学产生各种矛盾，由此产生一定的心理压力。

2. 经济因素导致的心理压力

很多高职院校的学生来自农村或者偏远地区，家庭经济困难，很多学生要面临经济方面的生活压力，爱慕虚荣、崇尚高消费、自卑心理等现象在大学生中是很普遍的，为了满足高消费的需求，一些学生利用课余时间甚至逃课去兼职打工赚钱，出现了校园贷、裸贷等现象，这些问题处理不当会对学生的心理产生很大的影响。

3. 人际关系因素导致的心理压力

现在多数的学生都是独生子女，从小在呵护和宠爱中长大，心理承受能力较弱，凡事从自身角度出发考虑问题者居多。面对不同于高中的大学生活，一些大学生像"巨婴"一样，虽然生理上已成长为一个成年人，但在生活上、心理上仍然无法脱离父母的照顾，无法处理好多方面的人际关系。不同家庭背景、生活习惯，不同个性特征、价值观念的同学相处在一起，如果不能正确处理人际关系，就无法正常与人交往，在这种情况下往往会产生很大的心理压力。

4. 恋爱问题因素导致的心理压力

大学生生理发育已经成熟，恋爱方面的需求在高中时期被压抑或限制，到了大学时期渴望与异性建立感情并亲密接触。但对于爱情，他们很容易产生诸多的心理困扰。很多大学生并不清楚什么是爱情，对爱情存在盲目、迷茫、从众等心理，过于看重"失恋"的痛苦，对于两性关系无法妥善处理。恋爱问题是大学生常见的心理困扰，甚至有些人无法从情感中脱离出来，萎靡不振、痛苦不堪，甚至想要轻生。尤其随着互联网的迅速发展，"网恋"也应运而生，一些单纯的大学生因失恋而郁郁寡欢，对日后的恋爱和生活失去信心。

5. 学习问题因素导致的心理压力

大学的学习和高中的学习不同，在新的学习环境中，知识的学习、能力的提升和个性的发展很多时候是需要自主完成的。相比高中的紧张学习，在进入大学之后一些学生觉得空余时间很多，不知道如何合理地安排时间，找不到有效的学习方法，上课时打游戏、玩手机、睡觉的现象也时有发生。由于知识基础的差异，一些学生听课犹如听"天书"一般，越是这样越是产生强烈的厌学心理，对专业的困惑、焦虑，对就业的迷茫都会产生压力，这种情况在当今的大学生身上普遍存在。

6. 学历差异和就业困惑导致的心理压力

一些学生进入大学之后才发现，现实中的大学生活和想象中的有很大的差别，对未来过于美好的憧憬，对自己能力的高估，对经济利益的过于看重，以及未来大城市的就业压力等，都与美好的憧憬产生了巨大的落差，也给大学生造成了较大的心理压力。高职院校的一些学生，一旦人生目标定位不准，极易造成毕业即失业的窘状。

生活事件压力测试

下面是著名的"压力事件程度排名"，每个压力事件后面都注明了相应的压力指数。请勾出你在近一年内经历的压力事件，并且计算出最后的压力总分。

生活事件压力表

配偶死亡	100分	儿子或者女儿离开家	29分
离婚	73分	与亲家发生矛盾	29分
分居	65分	显著的个人成就	29分
刑拘	63分	配偶停止工作	28分
亲密家庭成员的死亡	53分	开始上学或者结束学业	26分
受伤或者生病	53分	生活条件改变	26分
结婚	50分	个人习惯改变	25分
失业	47分	与老板发生矛盾	24分
结婚和解	45分	工作时间和条件改变	23分
退休	45分	居住地点改变	20分
家庭成员的健康变化	44分	学校改变	20分
性障碍	40分	娱乐方式改变	20分
新增加家庭成员	39分	社会活动改变	18分
商业调整	39分	一年纯收入的抵押或贷款	17分
经济状况发生变化	39分	睡眠习惯变化	16分
好友死亡	38分	家庭成员团聚的次数发生变化	15分
换工作	37分	饮食习惯改变	15分
与配偶的争吵越来越多	36分	假期	13分
超过两年纯收入的抵押	35分	春节	12分
丧失抵押品或贷款的赎取权	31分	轻微违法	11分
工作职业改变	30分		

算出你的压力总分是多少,如果分数在:

150~190分,那么你在一年内的压力处于低水平,生活中你需要适当的刺激和改变;

200~299分,压力处于适当水平;

300分以上,你的压力过大,需要减压。

三、压力的反应

 **延伸阅读**

心理压力的10种无声信号

美国《预防》杂志载文,美国拉什大学医学中心行为科学部总结出压力的"十种无声信号"。

1. 周末头痛。华盛顿大学头痛研究中心主任托德·施韦特博士表示,从高压力状态下突然放松会诱发偏头痛。周末保持平时的睡眠和饮食模式,有助于缓解头痛诱因。

2. 痛经。哈佛大学研究发现,压力大的女性容易发生痛经的概率是一般女性的两倍,健身等方式有助于缓解痛经和压力。

3. 口腔疼痛。口腔上颚部疼痛可能是夜间磨牙所致,压力过大会加重磨牙症状。

4. 怪梦。压力过大会导致睡眠中多次惊醒、怪梦、噩梦等。

5. 牙龈出血。研究发现,压力大的人患牙周病的危险更大。经常锻炼和充足的睡眠有助于解压。

6. 突然出现痤疮。压力会增加患痤疮炎症的概率。

7. 偏爱甜食。压力容易引发暴饮暴食等情况,研究发现,压力大的女性更偏爱巧克力等甜食。

8. 皮肤瘙痒。研究表明,压力和焦虑会加剧皮炎、湿疹等皮肤瘙痒的症状,皮肤瘙痒者比正常人发生压力过大的概率高。

9. 加重过敏。试验发现,过敏患者焦虑后,症状更严重。

10. 肚子痛。除了头疼、背痛、失眠之外,焦虑和压力也会导致肚子痛,压力较高的人比放松的人发生肚子痛的概率更高。

压力是对精神和肉体承受力的一种考验,人在压力状态下会出现一定的生理反应和心理反应,这些反应提醒我们要关注压力对自身的影响。

1. 压力的生理反应

压力的生理反应主要表现为:在中枢神经系统、内分泌系统以及免疫系统控制下,出现心率加快、血压升高、呼吸急促、骨骼肌张力增强、肾上腺素等激素分泌量改变、血糖含量增高、消化道蠕动和消化液分泌减少、出汗等症状。谢尔耶在20世纪50年代以小白鼠为研究对象进行了多项有关压力的研究,其用"适应综合征"(GAS)来描述对较大压力的生理反应,指出压力状态下的身体反应分为三个阶段,如表9-1所示。

表9-1 压力状态下的身体反应阶段

阶段	特征、表现
警觉、警戒阶段	当出现应急时,警戒反应产生,人会产生一个低于正常水平的抗拒阻抗,会引起情绪的紧张和注意力的提高,人体会迅速进行自保护的调节,进入应激状态
抗拒阶段	若第一阶段反应未能排除危机,机体会企图对身体上任何受损部分加以维护复原,会调动更多的资源来应对,但一般情况下都是以抗拒的减少而告终,出现严重的身体症状,如溃疡、动脉粥样硬化等
衰竭阶段	压力存在太久,应付压力的精力耗尽,身体各功能缓慢下来,抗拒也会衰竭下来

2. 压力的心理反应

压力的心理反应主要表现为知、情、意三个方面，适度的压力可以使意识觉醒、注意力集中、情绪被唤起、思维活跃和敏锐。若压力感过大，则导致个体感知、记忆和思维等各方面水平的下降，不能正确认识和评价事物和事件，对自我评价产生偏差，自尊心、自信心降低，产生焦虑、郁闷、烦躁、怨恨、恐惧等情绪反应。

具体表现如表9-2所示。

表9-2 压力状态下的心理反应表现

不同反应	具体表现
认知反应	降低或提高注意力、工作效率和能力、逻辑思考能力等
情绪情感反应	焦虑、不安、烦躁、郁闷、恐惧、易怒、有攻击性、无助等
行为反应	行动力、执行力降低或升高，行为慌乱，易发生意外事件和突发情况等

四、压力与身心健康

压力通常被认为对人体有害，并会引起种种身体不适。但压力具有双重性，压力过大或者持续会严重影响身体健康，使工作效率减退；而另一方面，适度的、偶尔的压力则能够更好地帮助一个人调节好自身的各部分机能，应对难度较大的问题。因此压力具有消极和积极的两面性。

1. 不良的压力及影响

心理学家认为刺激事件并不会令人烦恼，只有个体把它作为有害事件来看待时，才会变成烦恼。常见不良的压力症状有注意力不集中、肩颈紧绷、思维混乱、发抖、语速过快、抑郁、焦虑、急躁、易怒、胃绞痛、腰背痛等。

不良的压力会给生理和心理带来长期的负担，降低身体的免疫力（图9-1），如考试期间易患腹泻、感冒，长期工作压力易导致溃疡等。而在心理上不良的压力会导致抑郁、焦虑，很多症状会逐渐转变为严重的心理疾病。长此以往，不良的过大压力会给自身和家庭带来非常严重的危害。

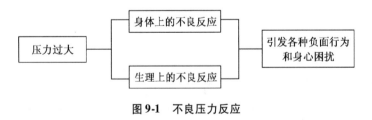

图9-1 不良压力反应

 案例分析

李同学平时成绩优异，唯独英语是他的软肋。每次英语考试之前，他总担心考不好，压力非常大，考前几周开始紧张、焦虑，考前几天就开始失眠，精神不佳，越临近考试越感到不适。久而久之，李同学身心疲惫，患上了考试焦虑症。

思考与讨论

试着回顾自己的人生，在以往的经历中，有没有出现过压力对于自己的不良影响？具体事件是什么？你是如何调整的？

2. 积极的压力及影响

积极的压力可以帮助我们对身体的紧急状态做出有力的反应来应对紧急事件，适当的压力有助于人们调节自身机能、发挥潜能，在规定的时间内更高效率地完成工作任务，提高人们面对挫折时的专注力和爆发力，突破个人的潜能。压力与绩效的关系如图 9-2 所示。

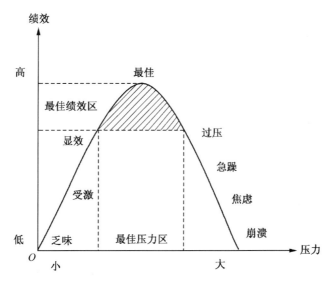

图 9-2 压力与绩效的倒 U 型关系

五、压力与人格

在压力面前，每个人的反应截然不同，有人会果断行动，有人会犹豫不决，有人会逃避退缩，有人会顺其自然，有人会求助于人。面对压力主要有两种处理类型：一是通过改变外在环境来应对，二是改变自身状态来应对。不同的人有不同的压力应对方式，这是由其人格特征来决定的，同时，个体每一次的人生经历也在不断地塑造着自身的人格。

人格是指一个人的思维习惯、情感和行为上所表现出来的稳定倾向，是每个人一贯表现出来的风格，人格是由"先天"和"后天"结合而形成的。不同人格和性格特征的人，对压力的感受也不同。

 **延伸阅读**

弗里德曼和罗森曼两位心脏病学家在研究人格和工作压力关系时，提出了 ABC 型

人格的分类。

有A、B、C三种类型的人，周末同时遇到一件事：早晨大家都在熟睡时，听到院子里有人在放声高歌，大家都被吵醒了。

A型人：火冒三丈，冲出去"主持公道"，与人争吵大骂，但是并未能解决问题，双方大吵起来。

B型人：下去和唱歌的人讲道理，心平气和，但并未沟通成功，B型人就换上运动服跑步去了。

C型人：在被窝里嘟嘟囔囔，心怀不满，但是不敢去说或者不愿意去说，压抑在心中。

通过这个小案例我们可以看出：

A型人格者竞争性强，工作努力，争强好胜，缺乏耐心，讲究效率，成天忙忙碌碌，在压力面前，A型的人容易情绪激动、暴躁，办事匆忙，适应能力差，容易把原因推到外部，控制不好自己的情绪，易怒，生气后心血管收缩、血压升高，故A型性格与冠心病有密切的关系，研究发现A型性格者患心脏病的人数是B型性格的2~3倍。

B型人格者个性随和，举止稳当，随遇而安，对工作要求不高，对成败看得较淡泊，他们无时间紧迫感，喜欢沉思安静，在需要谨慎思考和耐心的工作中，B型人格者往往比A型人格者做得好。

C型人格者性格内向，长期抑郁不善于表达，表面沉默不语，逆来顺受，实际心里怒气难消，情绪抑郁，好生闷气，但不对外发泄，极小的生活事件就容易引起他们的焦虑不安，总处于压抑状态，时间久了容易导致癌症、抑郁症。

心理身体紧张测试表（问卷）

综上所述，压力承受能力的大小与人格特征和行为模式有密切关系，我们要努力完善优化自己的人格品质，培养自己自信乐观、宽容豁达的品质，学会正面思考，保持积极乐观的心态，改变不良的人格品质，培养坚韧不拔的品性，理智面对压力和挫折。

第二节 决定命运的钥匙
——挫折概述

一、挫折的含义和原因

（一）挫折的含义

挫折，是指人们在有目的的活动中遇到无法克服的阻碍。当目标和需要遇到阻碍而不能实现或满足时，个体会产生紧张、焦虑、愤怒、失落等情绪反应。心理学认为，个体有目的的行为受到阻碍而产生的必然的情绪反应，会给人带来实质性伤害，具体表现为失望、痛苦、沮丧不安等。挫折易使人消极妥协。

挫折包含三个方面的要素：一是挫折情境，二是挫折认知，三是挫折反应。

挫折情境，即指对人们的有动机、有目的的活动造成的内外障碍或干扰的情境状态或条件。构成刺激情境的可能是人或物，也可能是各种自然、社会环境，比如考试失利、受嘲笑打击等。

挫折认知，即指对挫折情境的知觉、认识和评价。比如有些人认为一次失败并不可怕，而有些人却认为失败了就证明自己是个失败的人，以后不会再成功。

挫折反应，即指个体在挫折情境下所产生的烦恼、困惑、焦虑、愤怒等负面情绪交织而成的心理感受，即挫折感。

挫折认知是核心因素，挫折反应的性质及程度主要取决于挫折认知。挫折情境和挫折反应成正比，挫折情境越严重，挫折反应就越强烈；反之，挫折反应就越轻微。但是，只有当挫折情境被主体所感知时，个体才会在心理上产生挫折反应。如果出现了挫折情境，而个体没有意识到，或者虽然意识到了但并不认为很严重，那也不会产生挫折反应，或者只产生轻微的挫折反应。因此，挫折反应的性质、程度主要取决于个体对挫折情境的认知，其关系如图9-3所示。

挫折反应和感受是形成挫折的重要方面，个体受挫与否，是由当事人对自己的动机、目标与结果之间关系的认识、评价和感受来判断的。对某人构成挫折的情境和事件，对另一人不一定构成挫折，这就是个体感受的差异。正如巴尔扎克所说，世上的事情永远不是绝对的，结果完全因人而异。苦难对于天才来说是一块垫脚石，对于能干的人来说是一笔财富，而对于弱者来说则是万丈深渊。

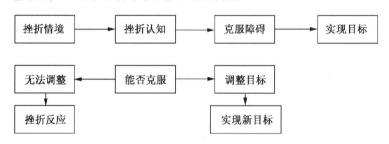

图9-3　挫折反应机制

 案例分析

大学里的同学们遭遇的挫折

在大学生活中，在学业、人际交往、恋爱、就业等方面我们常常会遭遇挫折和困扰，让我们来看看几个典型的案例吧！

张同学说："我以前高中的时候是年级中的佼佼者，到了大学之后，好像比我优秀的人很多，发觉自己哪里都不如别人，老是担心自己考不好。"

李同学说："我一点都不喜欢自己的专业，但是又无法改变现状，成绩平平，马上毕业了，参加招聘会，发现都要求英语考级、党员、奖学金什么的，我自己一个都没有，现在每天就躺在床上睡觉或者打游戏，什么都不想干，只想逃避。"

王同学说："我感觉自己的学习效率低,进入大学之后无法适应老师的讲课风格,上学期成绩出来,竟然有几门不及格,为什么付出了努力还是听不懂?成绩也不理想,我都失去信心了,上课不想听,也不想上课上学,厌学。"

秦同学说："我昨天和室友因为一点宿舍琐事吵架了,不明白为什么自己真心付出却换不来室友的理解,感觉没有知心朋友,心里话不知道对谁讲,远离父母和以前的朋友,感到孤单。"

钱同学说："我来自贫困山区,父亲务农养家,母亲还有重病,来到城市上学,发现周围同学都家境优越,我感到自卑、不平衡、心情沉重。"

陈同学说："我品学兼优,长得漂亮,家境也优越,喜欢一个普通的男孩子,结果表白被拒绝,因为无法接受这一现实,我开始陷入自我否定而无法自拔,上课也无法专注,成绩直线下降,不知道自己该如何走出来。"

思考与讨论

1. 你身边有类似这样的同学们吗?
2. 你是否遭受过类似的挫折?你当时的心情是怎样的?
3. 挫折给你什么样的影响?

(二)引起挫折的原因

1. 客观原因

客观原因也叫外部原因,是指由客观因素给人带来的阻碍和限制,使人的需要不能满足而引起的挫折。它包括自然因素和社会因素。

(1)自然因素。包括各种由非人为力量所造成的灾害而引起的挫折。如意外受伤、东西被盗、洪水、地震等自然灾害破坏,其他如亲人生老病死、父母失业下岗等所导致的挫折,都属于自然因素。

(2)社会因素。是指个体在社会生活中受到政治、经济、道德、宗教、习惯势力等因素的制约而造成的挫折。面对社会转型中发生的一切,大学生的内心产生了震荡,有的学生往往心理失衡,如入团、入党、考学等愿望落空,校园人文环境与学生个人的兴趣、爱好、态度、愿望、成长背景不相符,挫折感也就由此而生。

2. 主观原因

主观原因也称为内部原因,是指个人生理、心理因素带来的阻碍和限制所导致的挫折。

(1)生理因素。生理因素的挫折,是指自身生理素质、体力、外貌以及某些生理上的缺陷所带来的限制,导致需要不能满足或目标不能实现。如一位身材矮小的同学一心想成为职业篮球运动员,这个愿望会使他倍感挫折。

(2)心理因素。个体因需求、动机、气质、性格等心理因素而导致的活动失败、目标无法实现。在心理因素中,与挫折密切相关的主要有以下四个方面:

①个性完善程度。一个思想成熟、性格坚强、行为规范、社会适应能力强的人,做事的成功率就高,动机实施也比较顺利。如有些同学由于个性方面的问题,不善于人

际交往，无法处理好与室友及同学的关系，因而造成人际关系障碍，在学校集体生活中感到孤独，学业和工作难以很好地完成，从而产生挫折。

②认知偏差。大学生的生理成熟与心理成熟并不同步，心理成熟慢，如自制力差、幼稚、好冲动、感情脆弱、依附性强、好高骛远、急功近利等。有些大学生过多地关注自身的客观条件，如身材、长相、特长等。其实成功并不完全取决于个体所具备的生理条件、人格特征，只有调整认知、平衡心态、悦纳自己、适应环境，才能更好地发展自己。

③动机冲突。在现实生活中，一个人经常同时产生两个或多个动机。假如这些并存的动机受条件限制无法同时获得满足，个体就会产生难以抉择的心理矛盾。如果这种心理矛盾持续得太久，或者只是部分动机得到满足，而其他动机受阻，也会导致挫折感。

④挫折容忍力。即个体受到挫折时保持正常行为的能力。它包括体质承受力和意志承受力等。影响挫折容忍力的因素主要有以下四点：遗传及生理条件，身体条件好的人比身体条件差的人容忍力要强；生活经历和文化修养，生活经历丰富、文化修养高的人比生活经历不足、文化修养低的人容忍力强；对困难或障碍的知觉程度，相同的挫折情境，不同的人有不同的认识感觉，获得的情绪体验也有区别，因此受到的压力和打击也不同；性格特征，性格开朗、意志坚强、有自信心的人比性格孤僻、意志薄弱、自信心差的人对挫折的容忍力要强。

二、挫折的种类和特征
（一）挫折的种类

 **案例分析**

天有不测风云

李同学是一个踏实、肯干、爱学习的学生，不仅学习成绩优秀，而且是学生会的干部。大二的时候很多同学还在享受大学的美好时光，他已经到一家小有名气的企业实习兼职了。但是当下就业形势很不乐观，同学们纷纷开始找工作，李同学也经历了众多的面试，并和一家知名的公司达成了意向等着签约。但转眼到了5月中旬，身边的同学一个个都有了回音，开始工作，李同学还没有收到录用通知，这时的他开始有些着急了。等到6月份，公司人力资源部门电话通知说名额没有了，今年不招聘人员了。这个消息对于李同学来说有些让他措手不及，天有不测风云，李同学很是纠结。

分析与提示

思考与讨论
1. 李同学为什么会这样措手不及？
2. 如果我们遇到这样的问题和挫折，应该如何应对？

大学生常见的挫折有很多，根据挫折的性质，我们可以将挫折分为以下几种：

1. 需要挫折

指由于各种原因而造成个体的需要无法得到满足时的挫折。它包括两种情况：一是多种需要并存，发生矛盾，难以妥善解决；二是个体认为自己的合理需要被外界条件阻碍不能得以满足。

2. 行为挫折

指个体在需要与动机冲突解决之后，在一定动机支配下，有了行为的意向，但是由于某些因素的影响而无法付诸实际行动。

3. 目标挫折

指个体已经开始了行动，但是在行动过程中由于遇到无法克服的干扰和障碍而不能达到目标。

4. 丧失挫折

指个体自认为本来应是自己的东西，却在一定条件下丧失了。

前三种挫折都是个体自认为应该得到或做到而未得到、做到，从而产生受挫感；丧失挫折则是个体已经得到并且自认为不应该丢掉的却丢掉了，因而受挫。

(二) 挫折的特征

1. 普遍性

人生的不如意十有八九，经常会发生的，挫折只是生活的一部分，没有人总是"一帆风顺"。任何人、任何时候都有可能遇到挫折，挫折是非常普遍的。

2. 两面性

挫折会给人带来痛苦、烦恼和打击，同时也可以磨炼个人的意志品质和性格，提高处理问题的能力和方法。经历挫折，可以使人变得更加坚强。因此挫折具有两面性，当遇到挫折和不顺的时候，不仅要看到挫折消极的一面，还要看到其积极的一面，只有这样才能从逆境和坎坷中解脱出来。

3. 暂时性

挫折是暂时的，风雨过后终见彩虹。挫折只是我们在实现目标的过程中遇到的一些阻挠和障碍，并不意味着我们无法克服，也并不意味着从此一败涂地。遇到挫折之后的挫折感和不良情绪只是暂时的，只要我们及时调整心态，积极乐观地自我调适，重拾信心，一定可以战胜挫折。

课堂练习

日本松下公司公开招聘管理人员，一位名叫福田三郎的青年参加了招聘考试。考试结果公布了，福田名落孙山。得到这一消息后，福田深感绝望，顿时起了轻生之念，幸亏抢救及时，他自杀未遂。此时公司派人送来通知，原来福田是被录取了，他的考试成绩是第二名，因为计算机出了故障，所以统计时漏掉了他。然而，当松下公司得知福田因未被录取而自杀时，就决定将他解聘，理由是：连这样一次小小的打击都经受不起的人，又怎么能在今后艰难曲折的奋斗之路上建功立业呢？

广西工学院方宏川，因为一次意外失去了双手，在失去双手的日子里，他忍受痛苦学会了生活自理，"身体的残缺并不可怕，而精神的残疾才是最可悲的，我没有了健全的双手，但我有坚强的意志，有应付一切困难和挑战的勇气和信心"。经过一个艰难的求学过程，一次偶然的机会，他走上了运动员的道路，成为第六届全国残疾人运动会广西代表团的运动员，并入选国家残疾人青年田径队。

思考与讨论

1. 从以上的案例中你读到了什么？
2. 如果是你，你会给福田三郎怎样的建议？
3. 从方宏川的身上你学到了什么？
4. 在平时的学习和生活中，面对挫折时你是怎么做的？

分析与提示

三、心理防御机制

个体面对挫折和困难时有一系列的应对与调节反应方式，称为心理防御机制。在挫折和困难的交互作用中，个体的心理防御机制表现分为积极的应对方式和消极的应对方式。其模式和类型如图9-4所示。

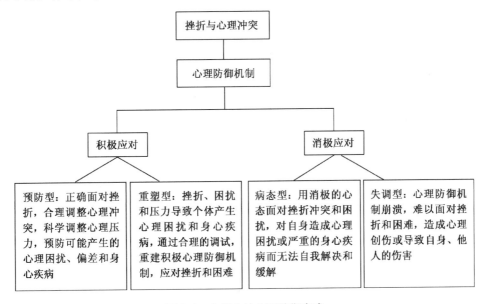

图9-4 大学生的心理防御方式

 **课堂练习**

挫折应对水平测试

当你遇见烦恼和挫折时，如学业失利、人际关系处理不好、失恋或者其他不顺心的事情，你会怎么处理呢？测一测你应对挫折的水平吧！

请仔细阅读每一条，根据自己的实际情况，在右侧相对应的字母上面画"√"，A 表示常常这样，B 表示偶尔如此，C 表示没有或很少时间是这样。

1. 觉得自己没有办法解决这些困难	A	B	C
2. 能随机应变采取相应的措施去应对这些困难	A	B	C
3. 会很长时间情绪低落，陷入紧张或混乱的状态	A	B	C
4. 能冷静地分析原因，修改和调整方案	A	B	C
5. 尽管事情过去了很长一段时间，心里还是有阴影	A	B	C
6. 向有经验的亲友、师长寻求解决问题的办法	A	B	C
7. 不知道该怎么办，常会依赖父母、朋友或同学来解决	A	B	C
8. 常对自己说：这个困难是上天给我的锻炼机会	A	B	C
9. 常常幻想自己已经解决了面临的困难	A	B	C
10. 从有相同经历的人那里寻求安慰	A	B	C

计分和解释：

1. 计分方法：

第1、3、5、7、9题，选A得1分，选B得2分，选C得3分；第2、4、6、8、10题，选A得3分，选B得2分，选C得1分。将9道题的得分相加即可得到你应对策略的总分。

2. 结果解释：

总分在20～30分之间，说明你的挫折感较低，知道一些应对挫折的技巧。

总分在10～20分之间，说明你的挫折感适度，知道少许应对挫折的技巧。

总分在0～10分之间，说明你的挫折感较强，需要掌握一些应对挫折的技巧。

面对挫折和困难时，最初一般都会紧张焦虑，但是由于每个人的性格、经历、修养不同，反应方式也不同。心理防御机制是指个体面临挫折或冲突的紧张情境时，在其内部心理活动中具有的自觉或不自觉地解脱烦恼，减轻内心不安，以恢复心理平衡与稳定的一种适应性倾向。人们遇到挫折之后通常会产生两种反应：积极应对反应和消极应对反应。

（一）积极应对与调节的反应方式

1. 升华

人的某种良好愿望不能实现或遭受很大的挫折，在这种情况下，把自己的精力转移到文学、艺术等方面，有可能取得成就，使自己成为一个高尚的人。古代司马迁受了宫刑，蒙受极大的痛苦与耻辱，但他并不气馁，而是专心致志地著史，终成一代史学家；屈原官场失意后被放逐，写就了《离骚》。

2. 补偿

个体的某些心理需求未得到满足或者是失去了，就会从其他方面去弥补，这就是心理补偿。如"失之东隅，收之桑榆""东方不亮西方亮"。人在生理上常有补偿的需求，例如，一个双目失明的人，他的听觉、触觉、嗅觉会比一般人强很多。人在心理上也会有补偿，如有些父母没能进大学，就特别希望子女考上大学，替自己实现年轻时未实现的心愿，弥补自己的缺憾。

3. 幽默

遭遇挫折、身处逆境或面临尴尬局面时，使用比喻、夸张、寓意、双关语、谐音、谐意等手段，以机智、婉转、风趣的方式来表达自己的意图或意见，从而达到化解矛盾、摆脱困境的目的。以积极的生活态度，表现出睿智与从容。例如，有人失恋了，他自嘲说：只谈过一次恋爱的小子，不要羡慕他！幽默有助于缩短与周围人的距离，是一种良好的积极的心理防御机制。

4. 认同

认同是指个体在现实生活中无法获得成功时，将自己比拟为某一成功者，借此在心里减轻挫折产生的挫败感；或者迎合能满足自己需要的人，按照他们的希望去支配自己的思想和行为来冲淡挫败感。遭受挫折后把别人具有的使自己感到羡慕的品质加到自己身上，与推诿相反，它表现为模仿别人的举止行为，以自己崇拜的英雄模范人物的精神理念、人格力量、情感意志作为面对挫折和困难的动力。

（二）消极应对与调节的反应方式

1. 攻击

攻击是大学生受挫后通常产生的最直接、最简单的行为反应，是最消极的心理应对方式。它是指个体在遭受挫折后，在情绪和行动上会产生对有关人或物的攻击性的抵触反应，以消除挫折和困难的痛苦。攻击分为直接攻击和转向攻击。直接攻击是指攻击行为直接指向使其遭受挫折的对象，多以动作、表情、语言、文字等表达出来。转向攻击是指受挫者由于种种原因不能攻击使其受挫的对象，于是把愤怒的情绪指向自己（如轻生、自残自伤、自我折磨等）或与其受挫情景无关的对象（如背后抱怨、发牢骚或者发泄到他人或者他物身上）。

2. 压抑

压抑不同于自然遗忘，它是行为主体的一种"主动遗忘"。压抑是指把意识所不能接受的观念、欲望、冲动、情感、不愉快的经历和体验压抑到无意识中，不去回忆，而使内心保持"平静"、"安宁"。压抑原来是希望忘记不好的经历，但是被压抑的痛苦经历并没有消失，它在日常生活中会不自觉地影响人们的心理和行为，并且一旦出现相近的情景，被压抑的东西就会冒出来，对个体造成更大的危害。如某学生因一时糊涂，偷拿了室友的财物，事后羞愧不已，可是又没有勇气承认，便拼命想把这件事情忘记，但每遇到同学丢东西时就会担心自己被怀疑，导致害怕见同学，把自己封闭起来。

3. 冷漠

冷漠与攻击相反，个体遭受挫折之后，有可能表现出沉默、冷淡、无动于衷、漠不关心的态度。表面显得冷漠退让，内心深处往往隐藏着很深的痛苦，这是一种受压抑的情绪反应，对身心危害通常比攻击更大。如有些学生在学习上尽了很大的努力，但是仍然学业受挫、无法达到自己或者家人的期望目标，内心承受着巨大压力，对大学生活和

学习、交友、社团活动都表现冷淡，漠不关心。

4. 退行

退行是指个体在遭受挫折后出现与自身年龄、身份不相符的幼稚行为。人长大以后，本应该运用成人的方式和态度去处理事情，但是在某些特殊场合，为了避免某些失望和挫折，有的个体会重新运用孩童时代的方式和态度去应对。例如，像孩子一样撒娇、哭泣、耍赖、任性或盲目地轻信他人、跟从他人等。有的学生考试不及格，就到老师面前哭哭啼啼、苦苦哀求或者不吃饭、不上课、在宿舍蒙头大睡。退行实际上是一种防御应对，这种表现的根本目的在于发泄心中的不满和博取别人的同情和关注。

5. 固执

挫折事件引起的个体反复进行某种无效而刻板的方式和动作，称为固执。具体表现为，用原来的方法盲目地解决已经变化了的困境和问题。固执行为的最大特点是非理性，企图通过重复无效的动作对抗挫折，行为方式凝固化，使效率降低，往往会使个体遭受更大的挫折和失败。

6. 推诿

推诿是将个人受挫的原因归因于自身以外的原因（他人、客观、社会、环境等）以摆脱内疚的一种应对方式。目的是减轻自己的内疚、不安、焦虑和烦躁。但推诿只能是一种心灵上的安慰，事实上毫无用处。例如，有些同学考试成绩欠佳，便把原因归结为身体不好或者老师评卷失误；自己犯了错误，而把责任完全推给别人，以求得内心的平静。

7. 否认

否认是指拒不承认现实的某些方面，对引起精神痛苦的事实予以否认的一种应对方式。否认不是忘记，而是认为事情根本没有发生，以逃避自己内心受到的刺激、伤害和痛苦。人在遭受重大心理打击时，为了免受这种打击所带来的巨大痛苦，往往采取否认的心理防卫机制。例如，年富力强的儿子因车祸死了，母亲得知这个消息的第一个反应是"不可能，你们搞错了"。这种否认只能在一时起缓冲作用，最终还是要面对事实。

8. 合理化

合理化，又称为文饰，当人的某些动机以及行为与社会规范或道德标准不相符合，或自己所追求的目标不能实现，或某件事没有做成时，为了避免这些挫败给自己带来心理上的伤害，人们经常给自己寻找合理的理由或借口，进行自我安慰，使其接受以减轻痛苦。"阿Q精神胜利法"就属于这种方法，这种适应方法称为合理化。合理化有两种表现：一是酸葡萄心理，吃不到葡萄说葡萄酸，即把得不到的东西说成是不好的；二是甜柠檬心理，即当得不到葡萄而只有柠檬时，就说柠檬是甜的。两者均是在掩盖其错误或者失败，目的是保持内心的平衡和安宁。

9. 投射

投射就是把自己不喜欢或者不能接受的想法、行为衍射到他人身上，例如，"以小人之心度君子之腹"。当一个人有某种不良行为、不良习惯、不良意念时，往往会指责别人也有这些不良的东西，把这种不良行为、不良习惯、不良意念归因到别人身上，以减轻自己心理上的压力。例如，一位同学人际关系不好，他认为自己本想跟同学打成一片，但是因为他们都不喜欢自己，所以自己也没办法喜欢他们，也就没法和他们处理好关系，以此来掩盖自己的孤立和孤独。

10. 轻生

轻生是最为消极的挫折反应。轻生通常发生在挫折的打击大大超出受挫者对挫折的承受能力的情况下。受挫者把受挫原因归结为自己的过失，由此对生活和自己丧失信心，将自己作为迁怒的对象，这种心理容易导致自杀行为。例如，一个人在成长过程中如果没有遭遇过失败或者挫折，挫折承受力往往就会比较低，一旦遇到一点挫折就无法接受和坦然面对，从而产生自杀行为。

课堂练习

背景：某大学三年级的女生文同学，其男友在与她恋爱了近两年后提出分手。此后她的情绪陷入低谷，闷闷不乐，寡言少语，经常旷课躲在宿舍里睡觉。她一直觉得是自己不好，所以男友才和自己分手，自我否定并深感内疚。由于经常旷课，她的学业成绩直线下降，这就进一步让她觉得自己非常失败，成天郁郁寡欢，抑郁内疚。终于有一天，她在学校宿舍楼一跃而下，结束了自己的生命。这名女生因失恋打击和学业落后而出现抑郁，由于其性格内向，心理承受力较差，最终自杀。

活动目的：结合上述的心理防御机制的学习，引导学生在遇到人生中的挫折事件时，尝试运用不同的防御机制来应对，体验新的防御方式带来的不同效果。

活动步骤：

1. 根据不同的防御机制反应，写出针对失恋打击和学业落后可能产生的表现。
2. 探讨最佳心理防御机制的反应是什么。

不同防御机制	可能的表现	效果
升华		
补偿		
幽默		
认同		
攻击		
压抑		
冷漠		
退行		
固执		
推诿		
否认		
合理化		
投射		

第三节 成就我们的梦想
——应对压力与挫折的策略

延伸阅读

胡萝卜、鸡蛋、咖啡

一天,女儿满腹牢骚地向父亲抱怨生活的艰难。父亲是一位有名的厨师,他平静地听完女儿的抱怨后,微微一笑,把女儿带进了厨房。父亲往三只同样大小的锅里倒进了一样多的水,然后将一根大大的胡萝卜放进了第一只锅里,将一个鸡蛋放进了第二只锅里,又将一把咖啡豆放进了第三只锅里,最后他把三只锅放到火力一样大小的三个炉子上烧。女儿站在一边,疑惑地望着父亲,弄不清他的用意。20分钟后,父亲关掉了火,让女儿拿来两个盘子和一个杯子。父亲将煮好的胡萝卜和鸡蛋分别放进了两个盘子里,然后将咖啡豆煮出的咖啡倒进了杯子。他指着盘子和杯子问女儿:"孩子,说说看,你见到了什么?"女儿回答说:"还有什么,当然是胡萝卜、鸡蛋和咖啡了。"父亲说:"你不妨碰碰它们,看看有什么变化。"女儿拿起一把叉子碰了碰胡萝卜,发现胡萝卜已经变得很软;她又拿起鸡蛋,感觉到了蛋壳的坚硬,她在桌子上把蛋壳敲破,仔细地用手摸了摸里面的蛋白;然后她又端起杯子,喝了一口里面的咖啡。

做完这些以后,女儿开始回答父亲的问题:"这个盘子里是一根已经变得很软的胡萝卜;那个盘子里是一个壳很硬、蛋白也已经凝固了的鸡蛋;杯子里则是香味浓郁、口感很好的咖啡。"说完,她不解地问父亲:"亲爱的爸爸,您为什么要问我这么简单的问题?"

父亲严肃地看着女儿说:"你看见的这三样东西是在一样大的锅里、一样多的水里、一样大的火上和用一样多的时间煮过的,可它们的反应却迥然不同。胡萝卜生的时候是硬的,煮完后却变得那么软,甚至都快烂了;生鸡蛋是那样的脆弱,蛋壳一碰就碎,可是煮过后连蛋白都变硬了;咖啡豆没煮制前也是很硬的,虽然煮了一会儿就变软了,但它的香气和味道却溶进水里变成可口的咖啡。"父亲说完之后接着问女儿:"你觉得你像它们中的哪一个?"

现在,女儿更是有些摸不着头脑了,只是怔怔地看着父亲,不知如何回答。父亲接着说:"我想问你的是,面对生活的煎熬,你是想像胡萝卜那样变得软弱无力,还是想像鸡蛋那样变硬变强,抑或像一把咖啡豆,身受损而不堕其志,无论环境多么恶劣,都向四周散发出香气,用美好的感情感染周围所有的人。简而言之,你应该成为生活道路上的强者,让你和周围的一切变得更好、更漂亮、更有意义。"

一、压弹

我们平时遇到的种种困难和挫折就如同倒在我们身上的"泥沙"。但换个角度来看，他们又何尝不是一块块垫脚石？只要我们坚持和努力，在逆境中也可以解决问题。

压弹，按照美国心理学会的定义，是指个人面对生活逆境、创伤、悲剧、威胁以及其他生活重大压力的良好适应，也是个人面对生活压力和挫折的反弹能力。压弹是国际心理学界倡导的一个新理念，它强调了良好的社会适应以及对人体健康的重要性。压弹是应激与应对的和谐统一，是良性应激的突出表现，可以激发人的潜能（图9-5）。在生活中，有的人能承受压力但无法化解压力，不善于积极的"反弹"应对；也有的人可能善于抵抗压力，但不善于承受压力，结果会越来越厌烦生活的压力。应对压力就要像按压弹簧一样，有弹性，有容忍度，有"压力"就有"反弹"。调整好心态，宣泄负面的情绪，是保持身心健康的关键。

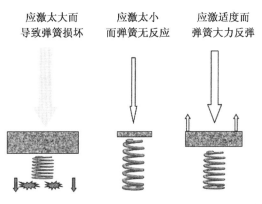

图 9-5　压弹适度图

压弹作为耐挫力和排挫力和谐统一的能力，强调对应激的迅速反应及应对策略的合理选择，压弹的成效取决于应对策略的合理运用。

延伸阅读

态度与结果

一只鸡蛋落在地上，它悲伤地哭道："我完了，我这个倒霉蛋。"接着就粉身碎骨，壮烈牺牲。

一块石头落在地上，它愤怒地大叫："谁敢跟我作对？你硬，我比你更硬！"它把地砸了个坑，但它也永远待在那个坑里出不来了，它气急败坏，但无能为力。

一只皮球落在地上，它轻巧地换了一个姿势，在地上打滚，就又蹦蹦跳跳地走了。

三种不同的应对压力的态度，得到了三种不同的结果，人生会遇到各种困难和挫折，只要换一种角度去看待问题，换一种方式去解决问题，结果也就截然不同。试想在日常生活中，同样一件事情，不同的性格以及看待问题的角度不同，在不同的同学身上也会出现不同的结果。

挫折承受力测试（问卷）

二、压力和挫折的应对方法和策略

压力和挫折是不可避免的,因此学会建立良性的应对压力和挫折的措施就很有必要。压力的应对,是指个体面对压力挑战时采取的一种有意识、有目的的调节行为。每个人应对压力的方式方法各不相同,结果也不尽相同,应对压力和挫折的方法和策略,可以从以下几个层面来思考。

(一)从心理认知层面调整

1. 调整认知,改变不合理的观念

在对待压力的看法上,我们从认知层面上看,常见的不合理的认知观念主要有以下几种:

(1) 绝对化。

绝对化是指人们常常以自己的意愿为出发点,认为某事物必定发生或不发生的想法。它常常表现为将"希望"、"想要"等绝对化为"必须"、"应该"或"一定要"等。例如,"我必须成功"、"别人必须对我好"等。这种绝对化的要求之所以不合理,是因为每一个客观事物都有其自身的发展规律,不可能以个人的意志为转移。对于某个人来说,他不可能在每一件事上都获得成功,他周围的人或事物的表现及发展也不会依照他的意愿来改变。当事情的发展与其对事物的绝对化要求相悖时,他就会变得烦躁易怒、束手无策、痛苦不堪、失去信心。

(2) 以偏概全。

以偏概全的不合理思维方式,即常常把"有时"、"某些"过分概括化为"总是""所有"等。有些人常常以片面的思维方式看待问题,简单地以个别事件来断言全部生活。它具体体现在人们对自己或他人的不合理评价上,典型特征是以某一件事或某几件事来评价自身或他人的整体价值。例如,有些人遭受一些挫折和失败后,就会认为自己一无是处、毫无价值,这种片面的自我否定往往导致自暴自弃、自罪自责等不良情绪。而这种评价一旦指向他人,就会一味地指责别人,产生怨忿、敌意等消极情绪。我们应该认识到,"金无足赤,人无完人",每个人都有犯错误的可能性。

(3) 过度夸大结果。

这种观念认为,如果发生一件不好的事情,那将是非常可怕和糟糕的。例如,"我没考上大学,一切都完了"、"我没当上班长,不会有前途了"。这种想法是非理性的,因为对任何一件事情来说,都会有比之更坏的情况发生,所以没有一件事情可被定义为糟糕至极。如果一门功课考试不及格,就认为自己能力不行,学不下去了、毕不了业了、找不到工作了、人生没意义了,这实质上是自己吓唬自己,给自己施加压力,往往会使自己陷入不良情绪,一蹶不振。

2. 正确归因

归因,是人们对事情发生的原因的认识。不同的归因倾向,会给人们的心理和行为带来积极或消极的影响。正确归因就是对挫折原因进行实事求是的分析,弄清楚问题的真正原因。对原因的归纳可以分为两类:外归因和内归因。个人能力大小、个人努力程度、兴趣、方法等是内因;任务难度、运气、机会、环境条件、人际关系、他人权利等是外因。两者的关系如表9-3所示。能力、任务难度等是可控因素,运气、机会、环境条件等则是不可预料和控制的因素。正确的归因方式是冷静地分析遭受困难和挫折的主客观原因,找到失败的真正原因,分析自己的主观努力是否足够,做出积极性的归因,激发自己的主观能动性。

表9-3 外归因和内归因

	稳定	不稳定
内因	我很笨(不可控) 我缺乏自信(可控)	我最近的状态不好(不可控) 我这次努力不够(可控)
外因	这个任务太难(不可控) 老师、同学对我有偏见(可控)	我最近运气不好(不可控) 老师、同学没有给我提供指导与帮助(可控)

归因时遵循"三要"与"三不要"原则:
(1)要客观分析影响成败的原因,不要主观臆断。
(2)要先从自身寻找内因,不要一味寻找外因,也不要一味自责。
(3)要尽量寻找可以完善和努力的内因,不要过多地归因于不可改变或太难改变的因素。

3. 悦纳自己、调整心态

认知方式和生活态度对我们应对压力和挫折、保持身心健康有着重要的影响。在遭受挫折和压力时,我们对自己的评价差到最低点,这个时候我们要发现自己的优点与长处,从而振作精神,重鼓勇气。具体做法是:

(1)发现自己的优点,悦纳自己。思考自己的专长所在,多想想过去别人如何称赞和评价自己,家人朋友对自己的关怀等,这时会发现自己并非一无是处,从而鼓起战胜挫折和困难的勇气和信心。

(2)找出榜样人物,朝着榜样的目标努力完善自己。找一个你最羡慕、最敬佩的人,希望自己能够成为他(她)的模样。他可以是历史伟人,也可以是身边的普通人,不管他(她)是谁,都有可以学习的方面,他(她)一定也遇到过困难和挫折,对比一下,那么目前我们所面临的暂时的失败又如何呢?

(3)肯定自己的能力。确定合理的努力目标和方向,目标不要定得太高,每天确定几个小目标,慢慢完成,就会发现自己并非一无是处,可以渐渐振作精神,提高效率,把工作和目标进行罗列,不断地进行自我肯定和鼓励。

逆境突围

活动目的:
面对人生中经常可能发生的事件,学会从不同的角度去应对。
活动步骤:
1. 写出近一年来遇到的对自己影响最大的5次挫折。

2. 标明当时的反应方式。

3. 按照反应强度和持续度长短排序，客观分析这些反应方式在应对压力和挫折时的积极和消极的影响。

4. 探讨个人应对压力和挫折的最佳方式方法。

序号	挫折事件	反应方式	积极影响	消极影响	替代方式
1					
2					
3					
4					
5					

延伸阅读

调整心态十法

1. 回顾过去的优秀成绩，为自己鼓励。
2. 相信自己有战胜困难的能力。
3. 对自己说："没有什么大不了的。"
4. 相信自己的路应该自己来走。
5. 相信明天会更好。
6. 鼓励自己"失败乃成功之母"。
7. 正视自己，从哪里跌倒就从哪里爬起来。
8. 走自己的路，让别人说去吧！
9. 冷静面对，挑战失败。
10. 相信挫折只是一种锻炼。

（二）从情绪层面调整

大学生在遇到挫折和压力时，表现出紧张、焦虑、苦闷、忧愁等负性情绪是极其正常的。如果无法对负性情绪进行调适和调节，必然会影响自身的身心健康。情绪如果调控得当，在应对压力和挫折时也会起到良好的作用，不良的情绪除了影响自身的身心健康之外，还可能导致人际关系紧张等不良后果。

当压力来袭，面对挫折和困难时，合理的情绪调节和宣泄很重要。当遇到压力和挫折时，负面的情绪会不断积累，为自己的负面情绪寻找恰当的宣泄途径也尤为重要。向他人、向环境宣泄，摔东西、虐待动物等，都是不良的情绪宣泄方式。情绪的调节方法在"情绪"一章中已经介绍，在此不再赘述。营造积极健康、轻松愉快的情绪氛围是应对挫折和压力的积极策略。

（三）从意志层面调整

在成长的道路上，困难和挫折是难免的。锻炼坚韧不拔的意志、提高挫折的承受能力就显得尤为重要。优秀的意志品质有助于提高压力和挫折的承受能力，在挫折面前，我们应该积极主动地磨炼自己的意志。

1. 在活动中不断锻炼自己

在校园生活和学习生活中，积极参加集体活动，有意识地创设挫折情境，利用不同的平台和机会去锻炼自己，如参与各类学生活动、社会实践等。

2. 做个打不倒的"不倒翁"

在生活中，面对压力和挫折，做一个意志坚定、努力坚持的人，无论困难多么难以克服，都要努力做个"不倒翁"，不被压力和挫折打倒。

（四）从行为层面调整

1. 确定合理的抱负水平

抱负水平是人们在从事某些实际活动之前为自己规定的目标水平。给自己规定的目标越高，抱负水平就越高，反之亦然。当抱负水平过高，超过自己的能力时，往往会产生挫败感。因此应该将自我的抱负水平建立在和自己的实际能力相符的基础上，根据自己的能力设定合理的目标，及时地调整目标。

（1）坚持目标，继续努力。

当遇到压力和挫折时，可以根据自己的能力和经验，分析是否能够完成目标，根据实际情况，分析形势，总结经验，完成预定目标。

（2）调整目标，转换方式。

当经过多次努力，仍无法达成目标时，就要思考如何调整原有的目标，转变实现的途径和方式，以完成预定目标。

（3）改变目标，另立目标。

当确定的目标由于内外因素的限制无法得以实现而遭受挫折时，可以改变目标，将目标分解为多个小目标或者通过另一个目标来弥补，重新树立信心和勇气。

2. 建立良好人际关系，寻求社会支持

当你遭受压力和挫折时，可能很希望和朋友交流，以得到安慰和建议。在生活中每个人都会遇到逆境和挫折，而精神上和物质上的帮助和支持，则是帮助我们走出困境的重要支柱。

（1）从父母、老师那里寻求支持力量。

我们遇到困难、压力、挫折时，可以向父母、老师求助，他们经历丰富，考虑问题也较全面和成熟，能帮助我们从不同角度更全面地剖析问题，提出解决办法。

（2）从同学、朋友那里寻求支持力量。

遇到困难时我们更多地会选择向朋友、同学倾诉，倾诉的过程就是一个释放压力和不良情绪的过程，通过互相交流，寻找克服困难和挫折的办法。

（3）从心理老师、心理咨询机构那里寻求支持力量。

专业的心理咨询可以有效地帮助人们发现问题并引导人们寻找解决问题的方法，所以

当遇到压力、挫折并影响身心健康时,寻求专业的心理机构进行咨询和治疗尤为必要。

3. 学会实用的有效办法

压力和挫折会带来不良的生理和心理反应,我们需要学会以下一些有效的调节办法。

(1) 坚持运动锻炼。

适当的体育运动能够释放紧张情绪,放松身心,如游泳、跳舞、瑜伽等,其他活动,如散步、野营、徒步、爬山等也都是很好的减压运动。适当强度的运动,可以充分释放紧张情绪,缓解压力。

(2) 逐步放松,调节呼吸,进行肌肉放松训练。

在焦虑、烦躁、紧张、疲惫时可以选择深呼吸方式,或者肌肉放松训练等方法来让自己放松下来,消除压力和紧张。

(3) 有计划、有目标。

当遇到压力和挫折时,可以重新审视一下自己面临的事情,进行合理的规划,将事情和目标进行分类和排序,看看哪些事最重要、哪些事其次。学会把总目标分解成多个小目标,将复杂的事情简单化。

(4) 饮食调节。

饮食的不均衡也会影响身体的新陈代谢。刺激性的食物会影响身体的平衡,如烟、酒、咖啡、药物等。当处在压力中时,应多补充更多的营养,尤其是适当增加钙与维生素B的摄入,可以很好地缓解生活中面临的压力和挫折。

(5) 思想中断法。

当脑中出现负面的思考且挥之不去时,试着喊"停",将思绪打断,增加一些有趣的积极思绪,对消极的思想进行有效的控制,以此来缓解压力。

(6) 学习放松技术。

学习一些放松技术,包括冥想、谈心、音乐、唱歌等,如听一段舒缓的音乐来缓解和消除紧张和疲劳;冥想一个美好的林间或者海边画面,以舒缓身心的压力。

(7) 保持积极心态。

人的心态有积极与消极之分,积极的心态有利于战胜困难和挫折,消极的心态则会阻碍我们解决问题。因此当遇到困难时,要努力将消极思想转化为积极思想,以乐观、坚强、健康的心态来面对和克服它。

 延伸阅读

15分钟卸下压力的7种方法

每个人都有不知所措的时候,有时甚至会感到压抑。也许你需要时间和精力关注家庭,也许你有一个同事让你咬牙切齿,也许你有亲人病重。当你无法控制事情时,生气、不知所措、压抑都毫无作用,你该怎么办呢?我相信如果在你的日常生活中学习一些预防知识,你就可以在面临压力和挫折时合理地调整自己了。

1. 勤锻炼。减压和降低焦虑的好方法之一就是运动。建议加入健身俱乐部或者每天出去快走或者徒步，周末出去爬山或者环湖运动。运动可以分泌内啡肽使人感到愉悦，同时也可以起到放松的功效。

2. 常微笑。微笑是很好的调节心情的方式，和朋友聊天谈心，看则小笑话、搞笑小视频，都能使我们放声大笑，缓解心情和转移注意力。

3. 多听音乐。当压力产生时，听音乐，跟着音乐哼唱是一种很好的减压方式。烦躁的时候，听听舒缓的音乐有助于缓解压力，放松心态。

4. 爱阅读。阅读也是一个很好的减压方式，一本幽默、浪漫的小说会让人一时间平静下来，积极健康的书能让人倍感鼓舞和放松。

5. 尝试冥想。暖暖的阳光下，轻闭双眼，幻想自己在一望无际的草原或者广阔的海边，触发自己的感官去体会花香、海浪、鸟叫、清风，当烦躁不安时，冥想吧！它会带给你一个安静、平和的体验。

6. 懂得感恩。当感到压力和遇到挫折时，怀有一颗感恩的心，感受生活的阳光，回味亲情、友情、爱情的美好，化解怒气和焦躁。

7. 深呼吸。当伴随压力、焦躁的情绪强烈时，停下来，深呼吸。让更多的氧气进入大脑，保持冷静的思维和身体的放松。深呼吸时关注自己的身体变化，适当地放松心态。

以上方法你学会了吗？当你遇到压力和挫折，情绪烦躁时，试试上面的任意一种方法，看看哪种方法最适合你？

思考题

1. 什么是压力？什么是压力源？结合自身实际谈谈，你目前都承受了哪些压力？这些压力的压力源是什么？这些压力对你产生了哪些生理和心理影响？

2. 挫折的类型有哪些？面对挫折和压力，你经常出现的防御机制有哪些？

3. 什么是压弹？你平时采用什么样的方式和方法来缓解压力和应对挫折？

推荐资源

1. 书籍：《解压手册——斑马为什么不得胃溃疡》

激烈的社会竞争会给我们带来巨大的心理压力，容易让我们患上高血压、高血脂、动脉硬化、糖尿病、胃溃疡、性功能衰退等生理疾病。面对压力如何排解？《斑马为什么不得胃溃疡》这本书就教会大家如何解压，如何释放和缓解日常生活和工作中遇到的压力。

2. 电影：《当幸福来敲门》

这是一部由加布里尔·穆奇诺执导，威尔·史密斯、贾登·史密斯、桑迪·牛顿等主演的美国电影。影片以压力和挫折为主题，讲述主人公——一个落魄的业务员濒临破产、老婆离家，面对挫折时并没有消极沮丧，而是正确地对待挫折，努力拼搏、奋发向上，成为一名股市交易员，最后成为知名的金融投资家的励志故事。

美丽的心灵是那种博大、开朗而又准备容纳一切的心灵。

——蒙田

第十章 揭开咨询的面纱
——谈心理咨询

> 知识目标
> 了解心理咨询的概念和作用机制；
> 掌握心理咨询的原则；
> 掌握心理咨询前的准备；
> 了解大学生常见的心理问题。

> 能力目标
> 能够客观看待心理咨询；
> 能简单处理大学生活中遇到的心理问题。

郑同学是一名大一男生，高中时爸爸曾经带他去医院看过心理医生，因为他有时会一整天都不愿意说话，不和任何人交流。但是郑同学觉得这次心理治疗效果并不明显，医生就是随便聊聊，自己仍然处于心情压抑的状态。

上了大学之后，心理委员注意到了郑同学的状态，一直很关心他，并积极和他沟通。在心理委员的建议下，郑同学主动找到了学校的心理老师，通过一个学期的咨询，郑同学渐渐愿意与要好的同学说说自己的心事了。原来郑同学的妈妈脾气很暴躁，小时候郑同学只要有一点点做得不好的地方，妈妈就动手打他，而且在郑同学6岁那年，父母离婚了，妈妈离开家之后，再也没有和他们联系，郑同学一直和爷爷、奶奶以及爸爸生活在一起。郑同学10岁那年，爸爸再婚，继母对郑同学也并不友好。郑同学觉得自己是家里多余的人，没有人关心自己，渐渐就不愿意和人沟通了。

通过心理老师的多次咨询，郑同学渐渐想明白了，自己并没有做错任何事情，而且周围有很多关心自己的人，比如爷爷、奶奶、爸爸，还有学校的同学和老师。于是郑同学开始振奋精神，制订学习计划，做好职业生涯规划，他决心活出自己的精彩人生。

讨论与分享

1. 郑同学为什么会产生心理问题？
2. 同样是接受心理咨询，为什么大学比高中时候的咨询效果要好？
3. 如果你是郑同学的大学同学，你会如何帮助他？

第一节 探索自我成长之法

——初识心理咨询

一、心理咨询的含义

1. 心理咨询的概念

心理咨询是以咨询心理学、临床心理学等心理学科为基础开展的一种职业实践活动。对于心理咨询的解释有广义和狭义两种。

广义的心理咨询既包括心理咨询，又包括心理治疗。广义的心理咨询将关注点放在个体和群体心理问题的研究，以及严重心理障碍的治疗；同时也关注个体日常生活中的一般性问题，以增进个体良好的适应和应对。

狭义的心理咨询只关注个体日常生活中的一般性问题，仅局限于咨访双方通过面谈、书信和电话等手段向来访者提供心理援助和咨询帮助，而不包括心理治疗。

中国心理学会临床与咨询心理学专业机构对心理咨询下的定义是：在良好的咨询关系基础上，由经过专业训练的咨询师运用咨询心理学的有关理论和技术，对有一般心理问题的求助者进行帮助的过程，以消除或缓解求助者的心理问题，促进个体的良好适应和协调发展。

2. 学校心理咨询的概念

学校心理咨询是由经过专业训练的心理咨询老师，对来学校心理咨询中心寻求心理咨询服务的学生提供帮助，处理学生遇到的心理问题。其目的在于培养来访学生的"自助"能力，促进来访学生的成长。

二、心理咨询的对象

目前提到心理咨询，很多在校的大学生还是会有偏见，他们往往觉得脑子有病或精神不正常的人才需要去接受心理咨询。事实真的如此吗？

实际上，在心理适应和心理发展上需要帮助的人，都可以进行心理咨询。因为心理咨询可以在以下几个方面为来访者提供帮助。一是帮助来访者了解自我，学会管理情绪，拥有积极的心态；二是帮助来访者建立更加健康的人格，摆脱自卑、自恋、自闭等不良心态，使其以更好的状态投入学习和生活；三是帮助来访者摆脱失败、失恋、失亲等事件带来的痛苦，教会他们更多应对挫折的方法；四是帮助来访者在人生的重大问题上做出正确抉择，渡过难关。

综合来说，心理咨询是用专业的助人方式帮助来访者认清自己的内在和外在世界，提高心理素质，增强适应能力，使其能积极、乐观地接受生活的挑战，能健康、愉快、有意义地生活下去。

 身边的故事

自卑的高同学

"我是全校最自卑的人。"这是高同学对自己最常说的一句话。高同学是村里唯一的大学生，一开始，她对大学生活充满了希望，一心想在大学期间有出色的表现。但到了大学后，她发现自己有很多事情都比不过同学，她甚至看不懂公交站台的牌子，不会用自动取款机，对同学们闲聊的明星和品牌也是一窍不通。虽然她努力学习，成绩却还是中等，英语甚至需要补考。她说话带家乡口音，不敢参加任何学生活动，只是在夜深人静的时候怀念家乡的生活。

三、心理咨询的种类

1. 按照性质划分

心理咨询按照性质可以分为发展心理咨询和健康心理咨询。

（1）发展心理咨询。帮助来访者开发潜能，提高自我认知能力，增强适应能力，促进人的全面发展。例如，环境适应、友谊与恋爱、人际关系、择业困难、青年独立性和依赖性的矛盾等。

（2）健康心理咨询。来访者存在不同程度的非精神病性心理障碍。健康心理咨询的重点在于帮助来访者去除或控制症状，预防复发。例如，情绪障碍、身心疾病、强迫倾向等问题。

2. 按照规模划分

心理咨询按照规模可以分为个体心理咨询和团体心理咨询。

（1）个体心理咨询。指咨询师对来访者进行的一对一的咨询，通常采用面询的方式，是最常见的咨询类型。优点是针对性强、保密性好、咨询效果明显。

（2）团体心理咨询。指根据来访者咨询问题的性质进行分组，咨询师与小组（6~10人，或多至20人）成员共同讨论、指导或矫治。因为是多向性的交流，小组成员可以相互支持、相互影响，能够轻松地解决来访者的共同问题。优点是能在较短的时间内对较多的来访者进行指导，对某些心理问题的效果明显优于个体咨询，但难以兼顾每个个体的特殊性。

四、心理咨询的作用机制

人的心理是目前人类科学研究对象中结构、机制和功能最复杂的系统之一。任何一个科学家都不敢说自己把心理运行机制研究透彻了。有些人认为心理咨询就是和咨询师聊天，同时还要向咨询师付费，不如跟自己的好朋友随便聊聊。其实心理咨询和平时聊天完全不一样，这就要谈到心理咨询为什么能有效地解决来访者的心理问题。

1. 心理咨询的理论背景

很多人在接触心理咨询之前，对心理咨询的看法会呈现两种态度。一种是觉得心理咨询就是随便聊聊，和跟好朋友聊天没什么区别；另一种会觉得心理咨询非常神秘，咨询师能够一眼看透自己在想什么，能够通过一次聊天解决自己的所有问题。但真正接受过心理咨询的人会有这样的感觉：很多时候，与咨询师的谈话与其他人的谈话相比，并没有什么特别的地方，相反咨询师并不会给来访者任何建议和意见，很多时候都是来访者自己在说。咨询师也很少会表达自己对某个人或者某件事情的态度和评价，但看似平常无奇的对话往往会产生出人意料的效用，这就是心理咨询的作用所在。

为什么心理咨询或治疗能够缓解心理问题的症状呢？那是因为心理咨询的背后是坚实的理论基础。来访者从走进心理咨询室的那一刻起，就无时无刻不处于心理学理论的"包围"中。咨询室的装饰、椅子的摆放、咨询师和来访者坐的位置，咨询师说的每一句话，包括咨询师与来访者之间的静默……每一点的背后都有心理学理论的支撑。心理咨询技术经历了上百年的发展，已经形成了诸多技术流派和完善的理论体系，经受了人们实践的检验，必将为更多的人所了解和接受。

2. 心理咨询的团队支持

在心理咨询的过程中，成熟的心理咨询师会以客观、中立的态度面对每位来访者，不以任何道德标准或者个人价值观来评判来访者；而且咨询师会创造安全、舒适的环境让来访者能够敞开心扉，表达内心的真实感受。

在咨询中，来访者无论做出何种情绪反应，心理咨询师大多会用积极的态度回应，促进来访者表现出积极的改变。同时，心理咨询师会定期或不定期地接受督导师的督导。因为咨询师始终处于接收负面情绪的状态，有时候也会出现一些生理或心理的问题。当咨询师意识到自己的问题可能会影响来访者的咨询效果时，就会寻求督导或其他专业人员的帮助。当咨询师意识到自己的问题可能对来访者造成伤害时会限制、中断或终止专业服务，并将来访者转介给新的咨询师。

其实心理咨询并不是表面上一对一的服务，而是整个心理咨询团队在为来访者服务。来访者可以在咨询过程中感受到团队有力的支持。

3. 心理咨询的内容设计

心理咨询是系统性的过程。在咨询预约阶段，咨询师就会收集来访者的基本信息，包括人口学资料、个人成长史、个人健康史、家族健康史、家庭情况、个人受教育程度、心理状况自我评估、求助问题与目的等；然后根据初期收集的基本信息，咨询师会借助心理测试、沟通、观察等方法进行初步诊断，设计咨询实施的步骤等。

针对来访者想要达成的目的，咨询师和来访者会共同商量确定一个具体的目标。根据具体的目标，咨访双方会进一步确定具体的行动方案，行动方案必须经过来访者的同意，同时方案必须切实可行，有深厚的理论支持。最后咨询师根据诊断结果、咨询目标以及咨询方案，以咨询理论为指导，引导来访者思维和行为方式的改变。

心理咨询的内容设计每一步都有心理学理论指导，是咨询师和来访者共同商量、制订的，符合来访者利益，能够最大限度地调动咨询师和来访者的能动性，达到良好的咨询效果。

正是有了专业的理论背景、专业的团队支持、专业的内容设计，心理咨询才与普通的聊天区分开来，从而促进来访者的心理转变和自我成长。

第二节 人生意义由你决定
——走近心理咨询

现实生活中，有些同学遇到心理问题时，可能也想找心理老师聊聊，但是又会有很多的顾忌，比如担心自己去找老师聊的话题被别人知道，比如担心老师知道自己的真实想法会对自己有偏见……其实，心理咨询有严格的操作规范和专业的执行原则，前提就是保护来访者的利益和隐私。

一、心理咨询的原则

1. 尊重原则

咨询师会充分尊重来访者，不会因为来访者的年龄、性别、种族、性取向、宗教和政治信仰、文化程度、身体状况、社会经济状况等任何方面的因素歧视对方。

在咨询过程中，来访者会得到心理咨询师的充分尊重和理解。现实生活中，不少来访者常会为自己的一些奇怪的念头和行为感到羞耻，也会被别人用异样的眼神来看待，但是在心理咨询过程中，咨询师会尊重他们，帮助他们摆脱思想上的负担，让他们在咨询室里畅所欲言，倾诉心中的苦闷。

2. 保密原则

在心理咨询与治疗工作中，咨询师有责任向来访者说明工作的保密原则，以及这一原则应用的限度。在家庭治疗、团体咨询或治疗开始时，应首先在咨询或治疗团体中确立保密原则。

咨询师应清楚地了解保密原则的应用限度，下列情况为保密原则的例外：第一，咨询师发现来访者有伤害自身或伤害他人的严重危险时；第二，来访者有致命的传染性疾病且可能危及他人时；第三，未成年人在受到性侵犯或虐待时；第四，法律规定需要披露时。

3. 收费原则

咨询师应适当收取专业服务的费用。在进入专业性工作关系之前，要向来访者清楚地介绍和解释收费情况。不允许咨询师以收受实物、获得劳务服务或其他方式作为其专业服务的回报，因为它们有引起冲突、剥削、破坏专业关系等潜在的危险。但是学校心理咨询是不收费的，因为咨询的费用是由学校承担。学校心理咨询中心的老师免费给学生提供专业的心理咨询。

4. 避免双重关系

咨询师要避免与来访者有双重关系，因为双重关系会对专业判断产生不利影响，也可能对来访者产生潜在危害。当双重关系不可避免时，应采取一些专业上的预防措施，例如，签署正式的知情同意书、寻求专业督导、做好相关文件的记录，以确保双重关系不会损害自己的判断并且不会对来访者造成危害。

由于学校心理咨询的特殊性，心理老师和来访学生有师生关系、咨访关系这样的双重关系，这是学校心理咨询不可避免的，也是学校心理咨询的一个特点。咨询过程中，心理老师会尽量营造舒适、安心、平等的环境，尽量减少双重关系对咨询的影响。

5. 中立原则

中立原则包括情感中立和价值中立。心理咨询要求心理咨询师不能把个人情感加在来访者身上，不能对来访者讲述的事情有情感倾向，不能利用咨询之便与来访者建立情感关系。所以，在咨询过程中，来访者可以放心地讲自己的故事，咨询师会尽量减少自己的个人情感评判。另外，在咨询过程中，咨询师尊重来访者的价值观，不代替对方做出重要决定，或强制其接受自己的价值观。

6. 知情同意权

来访者有知情同意权。咨询开始和进行过程中，来访者有权利了解咨询的目的、方法、技术，以及可能涉及的第三方权益和可能的危害等。当咨询的方案、技术有相应的调整时，也应直接跟来访者沟通，保证来访者的知情同意权。

咨询师只有在得到来访者书面同意的情况下，才能对心理咨询或治疗过程进行录音、录像或演示。当咨询师需要来访者的案例进行研究或发表时，应隐去可能辨识出来访者的信息，并且要得到来访者的同意。

7. 时间设定原则

心理咨询的时间是需要严格控制的。一般来说，每次心理咨询的时间控制在50分钟，保证咨询师有充足的精力从事咨询工作，限定来访者珍惜时间，促进咨询效果。在学校的心理咨询中心，虽然学校不针对学生收费，但是咨询师的资源是有限的，为了确保咨询效果，也为了对来访者负责，大学生在学校心理中心咨询时，同样也需要严格遵守时间限定的原则。

 案例分析

"奇怪"的来访者

小美是一名大一新生，她预约了学校的心理咨询并准时来到了心理咨询室。可是当心理咨询正式开始后，无论咨询师说什么、问什么，小美都只是低着头不说话。当咨询师问小美有什么事情想要交流时，小美只是轻轻地说了一句："其实也不是什么大事。"可是当咨询时间快要结束的时候，小美又对咨询师说："请问我能不能再多待一会？"当咨询师问她为什么要再多待一会的时候，她又不说话了。

经过几次咨询后，小美渐渐愿意和咨询师讲自己遇到的问题了。原来小美班上有一个优秀的男生小李，他很受女生欢迎，小美也喜欢他。但是小美觉得现在自己的任务应该是好好学习，喜欢小李是不对的；而且如果一直喜欢小李的话，她怕自己会忍不住向小李表白，更怕会被无情地拒绝。她一直追问咨询师，自己到底应该怎么做。可是咨询

师并没有直接告诉她答案,而是引导她关注自己的内心,明白自己到底想怎么做。小美很生气,觉得咨询师并没有告诉她如何解决这个问题。

思考与讨论

1. 为什么小美一开始不愿意对咨询师诉说遇到的问题?
2. 咨询快结束的时候,小美想延长咨询时间,违背了什么原则?
3. 小美一直追问咨询师如何解决问题,这样做会得到答案吗?为什么?

二、接受心理咨询前的准备工作

很多高校大学生即使已经决定去学校心理咨询室寻求帮助,仍然对心理咨询存在不少误解。下面为大家介绍一下心理咨询之前,作为来访者的大学生应该做好哪些准备工作。

1. 心理咨询要求来访者有主动求助的意愿

心理咨询建立在对咨询师信任的基础上,若来访者无主动求助愿望,不愿谈及真实的自我,咨询效果就会受到影响。来访者要勇敢地接受现实,面对自己的困难,并且有强烈的改变自我、提升自我的意愿,只有这样才能对心理咨询效果产生积极影响。

2. 心理咨询是系统性的,勿急于求成

有些同学在进行一次心理咨询后,会觉得没有效果,认为心理咨询老师并没有解决自己的问题,于是就觉得心理咨询没有用,后来就不去咨询室了。实际上心理问题一般是经过长时间的积累才产生的,所以心理问题的缓解和解决也不是一蹴而就的,而需要通过多次、长期的咨询才可以达到咨询的效果。通常心理咨询师在第一次咨询时主要是收集来访者的基本信息和情况,并不是以问题解决为目的。所以来访者需要有耐心,不要急于求成,只有相信自己的咨询师,经过系统的咨询,才可能达到治疗的目的。

3. 寻找合适的心理咨询师

心理咨询的流派众多,不同的心理咨询师其咨询的风格、治疗的手段、遵循的理论都不相同,寻找适合自己的心理咨询师,建立平等、安全、舒适的咨询关系事关咨询效果。

试想,如果你不喜欢自己的咨询师,可是又要把自己的秘密说给他听,那一定非常别扭。寻找让自己舒服的心理咨询师是建立良好咨访关系的重要前提,更是获得良好咨询效果的重要保证。舒服,一方面是指咨询师给你的感觉是你愿意接受的,比如你愿意相信这个咨询师,你跟他谈话感觉轻松,他给你的感觉是友善和能够共情的;另一方面是指咨询师的治疗方法是你能够接受的。尽管治疗的本质殊途同归,但不同流派的心理咨询师也确实会用不同的方法来帮助来访者,因此最好选择你能够接受的流派的咨询师。如果遇到不合适的咨询师,可以坦诚地和他谈你的感受,甚至提出终止治疗。好的咨询师如果认为自己本身不适合你,也会给你进一步求助的建议,比如说介绍另一位新的咨询师。如果遇到不合适的咨询师,你可以放弃这个咨询师,但请一定不要放弃咨询,因为总有一位咨询师能够为你提供心理支持。

4. 关注内心,注重倾诉、宣泄的力量

很多同学在经历了几次心理咨询后会有困惑:为什么咨询过程中,老师说得很少,

一直都是自己在讲？这样会不会引起咨询老师的反感？其实来访者不必过分关注自我的表现与形象，咨询师不会只关心表层的东西，而是更注重解决心理问题。咨询师会无条件地倾听，充当你情绪的"垃圾桶"；而且本来"倾诉""宣泄"就有治疗功能，很多时候将内心的问题说出来，问题就解决了。

5. 咨询前理清思路，相信咨询的保密性

一些来访者见到咨询师后不知从何说起，不知道想解决什么问题，咨询了很多次，效果也不明显。因此来访者要预先理顺自己的思路，将自己的心理困惑直截了当地提出来，讲述与问题相关的事情，认真说出自己的真实感受，理性地分析问题，寻找深层次的原因。

心理咨询很重要的一个原则就是保密。来访者要充分相信咨询师，在咨询室所说的内容是完全保密的（保密例外除外）。有些来访者因担心谈话内容泄露，咨询时往往隐去某些问题，这反而不利于咨询师做出诊断和提供帮助。

6. 与咨询师平等相待，时刻不忘自助意识

心理咨询不是做思想政治工作，咨询老师会一直坚持中立原则，对于来访者提到的所有问题，不会做价值判断，所以来访者也可以将咨询老师看成是平等的朋友，不要有过多的顾虑，应将自己遇到的问题阐述清楚。

咨询过程中，来访者还应该时刻不忘自助意识，不要希望心理咨询师给你"决策"。心理咨询师可以帮助你看清问题，疏解你的症结，但解决问题的主动权在你自己手中，你才是治疗的主体，咨询师只是起到协助作用。

7. 倾诉要有时间观念，注意时间控制

每次的心理咨询是有时间设置的，一般为 50 分钟。很多来访者一旦打开话匣子，就忽视了时间，到咨询结束的时候，感觉还没有说畅快。但是由于时间设定原则，必须准时结束咨询。有的来访者会认为咨询师不愿意倾听，从而产生消极情绪。其实时间设置原则也是为了更好地达到咨询效果。如果每个来访者都不注重时间，对问题的阐述就可能会越来越散，反而忘记了自己寻求心理咨询的初衷。

三、学校心理咨询的过程

高校心理咨询作为心理咨询的分支，在心理咨询过程的基础上，根据大学生心理发展的特点进行具体操作。

高校心理咨询的流程一般如下。

1. 预约登记

来访学生想要接受正式的心理咨询，必须事先预约咨询老师。可通过预约接待员的介绍，结合自身情况，预约咨询老师和咨询时间。

2. 心理诊断

咨询师要与来访者建立良好的咨询关系，通过沟通、观察、心理测验等方式，全面深入地了解来访者的情况和问题，对来访者的问题类型和严重程度进行诊断。

3. 目标设定

针对来访者的问题确定一个具体的目标，以引导咨询过程，监控咨询进程，有利于咨询效果的评价。

4. 方案探讨

根据来访者个人情况及问题的性质、程度，结合咨询师的策略和现有技术，根据已确定的咨询目标，制订特定的行动方案和计划，以帮助来访学生获得预期的咨询效果。

5. 干预策略的选择与实施

咨询师根据诊断结果、咨询目标以及咨询方案，以咨询理论为指导，鼓励来访学生尝试改变、树立信心，同时适当予以反馈和评价，以增强来访者进一步改变的积极性。

6. 评估与终止咨询

当咨询目标达成，或来访者不愿继续咨询，咨询即结束。在结束的时候，咨询师与来访者要一起对咨询效果进行评估。

当然，在学校心理咨询的过程中，这6个步骤的流程并不是一成不变的。咨询师可以根据实际情况进行相应的调整，所有的调整都应该符合来访者利益，能够促进来访者的成长。

模拟心理咨询

活动目的：

通过角色扮演了解来访者的心理状态，了解咨询师的任务和面临的问题，让同学们了解心理咨询的具体流程，通过"咨询"的过程熟悉心理咨询的方法和原则。

活动步骤：

1. 以三人一组分为若干组，一人扮演来访者，一人扮演心理咨询师，一人观察记录。

2. 来访者的扮演者需要真正体会来访者的情境。咨询师要在咨询过程中充分了解来访者的问题，并给予帮助。

3. 观察者要记录来访者的状态、咨询师使用的咨询方法及其不足。

4. 咨询时长10分钟，三人交流角色扮演的感受后，互换角色进行模拟咨询。

第三节 大家都在成长路上
——探索咨询流派

心理治疗的理论派别林立，目前甚至有上百种。每个流派的心理咨询师都有各自的咨询技巧和咨询特色。但是对心理咨询和心理治疗影响较大的有四个派别，即精神分析心理学、行为主义心理学、人本主义心理学和认知心理学。

一、精神分析学派

精神分析学派的治疗方法称为心理分析疗法或精神分析疗法。即通过咨询使来访者破除心理阻抗，意识到潜意识中的症结所在，了解症状产生的真正原因和意义，从而使症状消失。精神分析疗法对于治疗癔症、强迫症、恐怖症等神经症以及性变态有较好的效果。

弗洛伊德是精神分析学派的代表人物，他曾经用催眠的方法治疗过安娜。

安娜的父母都出身名门望族，安娜一直很健康，成长期并无神经症迹象。安娜有一个特殊症状，就是有长达六个星期的时间在干渴得无法忍受时也不能喝水。在催眠状态下，她诉说自己童年时曾经走进她不喜欢的女家庭教师的房间，看见女教师的狗从玻璃杯内喝水，这引起了她的厌恶，但由于受尊敬师长的传统影响，她只好默不作声。她在催眠中恢复了对这个往事的回忆，尽量发泄了她的愤怒情绪，此后她不能喝水的怪病才消失。

也就是说，安娜在治疗中重新体验了以往的创伤性事件和相应的情感过程，症状由此而得以缓解。安娜自己称这种方法为"谈话疗法"或"扫烟囱"。这就是弗洛伊德后来对他的病人实施催眠时所用的"催眠宣泄"法。

精神分析要研究潜意识现象，但是因为潜意识本身不能被直接认识，所以需要一些独特的方法才能对它进行研究。这些方法包括自由联想法、梦的解析法和日常生活的心理分析法。

1. 自由联想法

自由联想是一种不给予任何思想限制或指引的联想。精神分析者让患者在全身心都处于放松状态的情况下，进入一种自由联想的状态，即脑子里出现什么就说什么，不给患者的思路提供任何有意识的引导，但是患者必须如实报告自己所想到的一切。精神分析者对患者报告的内容进行分析和解释，直到双方都认为找到患者发病的最初原因为止。

2. 梦的解析法

弗洛伊德认为，梦的本质是潜意识愿望的曲折表达，是被压抑的潜意识欲望伪装的、象征性的满足。他把梦分为"显梦"和"隐梦"两部分。显梦是指人们真正体验到的梦，隐梦则指梦的真正含义，即梦象征性表现的被压抑的潜意识欲望。对梦进行分析就是从显梦中破译出隐梦来。

3. 日常生活的心理分析法

弗洛伊德认为，潜意识与意识的斗争在日常生活中无处不在，有时候可以在日常生活中经常出现的"过失"表现出来，比如口误、笔误、误读、错放、遗忘和误解等。弗洛伊德认为，导致过失产生的心理机制和做梦的心理机制类似，都是被压抑于意识中的愿望经过扭曲掩盖后的表达。通过对这种过失行为的分析，能够发觉深层的潜意识的内在动机。

精神分析心理学

延伸阅读

荣 格

荣格是精神分析心理学的另一位代表人物，曾经师从弗洛伊德。他发展了弗洛伊德精神分析的相关理论。与弗洛伊德认为情结的产生源于个体早期童年生活中的创伤性经历不同，荣格认为情结的产生还一定有人类本性之中某种更深层的原因。荣格在分析个体的人格时把个体结构看作是意识、个体无意识和集体无意识的统一体。他的分析心理学中的集体无意识理论可以解释其他心理学流派所无法解释的现象，如宗教问题、神话、象征、超感官知觉等。他把众多的人类活动都包含在这一理论之中，在历史、文学、人类学、宗教以及临床心理学领域产生了深刻和无比深远的影响。

二、行为主义学派

行为主义学派注重人的外在行为，利用行为矫正法，通过学习和训练矫正人的行为障碍。常用的基本方法有系统脱敏法、满贯疗法、厌恶疗法、正强化和消退法、生物反馈治疗等。行为疗法虽不太注重人的内心，但是可操作性强，效果明显，尤其对考试焦虑、强迫症有特殊作用。

1. 系统脱敏法

治疗师帮助患者建立与不良行为反应相对抗的松弛条件反射，然后在接触引起这种行为的条件刺激中，将习得的放松状态用于抑制焦虑反应，使不良行为逐渐消退（脱敏），最终矫正不良行为。沃帕提出了以下施治程序：了解引起焦虑和恐惧的具体刺激情景；将各种引起焦虑和恐惧反应的刺激由弱到强排成等级；帮助患者学习一种与焦虑和恐惧反应相对立的松弛反应；让松弛反应逐步地、有系统地伴随着由弱到强的焦虑刺激，使两种互不相容的反应发生对抗，从而抑制焦虑反应。

应用系统脱敏法消除运动员在比赛时的紧张情绪以及学生的考前焦虑是十分有效的。

2. 满贯疗法

让病人面对（或通过想象）能产生强烈焦虑的环境，并保持一段时间，不允许病人逃避，由于焦虑过程有开始、高峰和下降的波动变化过程，最后可消除焦虑并最终预防条件性回避行为的发生。如果病人能够承受强烈焦虑环境给其带来的冲击，下次遇到类似的焦虑环境时，病态的心理状态即可缓解。但是也存在这样的可能，即病人在强烈焦虑环境的冲击下，症状非但不能得到缓解，甚至可能加剧，给病人造成新的创伤。因此满贯疗法要慎用。

3. 厌恶疗法

在某一特殊行为反应之后紧接着给予厌恶刺激，最终会抑制和消除此行为。比如当病人出现不良行为时，就给予电击、催吐等痛苦的刺激，可使之形成条件反射，产生厌恶感。此法适用于治疗药瘾、性变态和酒精依赖等病症。为了减轻患者在接受厌恶治疗时所承受的痛苦，可以运用"厌恶想象疗法"进行治疗，即让患者观看和想象该不良行为遭到惩罚时的痛苦情境。厌恶疗法的使用要依赖患者有心戒除不良行为的强烈动机，因此在运用厌恶疗法时，还应配合教育、宣传等手段使患者自愿接受治疗。

4. 正强化和消退法

如果在行为之后得到奖赏，这种行为在同样的环境条件下就会持续和反复出现，属于正强化法。如果对行为不采取任何强化措施，这种行为发生的频率就会下降，即消退法。这两种方法适用于治疗饮食障碍、获得性不良行为和精神发育不良病人的异常行为等。

延伸阅读

强化的相关理论

强化包括正强化、负强化和自然消退三种类型。

正强化，又称积极强化。当人们采取某种行为时，能从他人那里得到某种令其感到愉快的结果，这种结果反过来又成为推进人们趋向或重复此种行为的力量。例如，学校设立奖学金，奖励学习成绩优异的学生。奖学金的设立可以促进学生好好学习，努力向上。

负强化，又称消极强化。它是指通过某种不符合要求的行为所引起的不愉快的后果，使个体对该行为予以否定。如学校的规章制度告诉同学们，如果违反校规校纪，会得到相应的处分，这就是想通过负强化减少同学们违反校规校纪的行为。惩罚是负强化的一种典型方式，即在消极行为发生后，以某种带有强制性、威慑性的手段（如批评、处分、经济处罚等）给人带来不愉快的结果，或者取消现有的令人愉快和满意的条件，以表示对某种不符合要求的行为的否定。

自然消退，又称衰减。它是指对原先可接受的某种行为强化的撤消。由于在一定时间内不予强化，此行为将自然下降并逐渐消退。例如，企业曾对职工加班加点完成生产定额给予奖酬，后经研究认为，这样不利于职工的身体健康和企业的长远利益，因此不再发给奖酬，从而使职工的加班逐渐减少。

正强化比负强化更有效，所以，在强化手段的运用上，应以正强化为主；必要时也要对坏的行为给予惩罚，做到奖惩结合。

5. 生物反馈治疗

借助生物反馈仪，使病人了解自身的血压、心率、脑电波等生理指标；经过反复训练，学会控制自己的内脏活动，从而帮助缓解某些心理障碍和躯体疾病的症状。生物反馈对治疗焦虑紧张、恐惧、强迫等心理障碍以及高血压、冠心病、哮喘、中风后遗症等躯体疾病有明显疗效。

行为主义心理学

行为主义关于小艾伯特的实验

华生曾经对小艾伯特恐惧形成进行过实验。这是一个显示人类经典条件反射经验证据的实验。这项研究也是一个刺激泛化的例子。

约翰·华生和罗莎莉·雷纳从一所医院挑选了9个月大的艾伯特进行这项研究。在实验开始之前，小艾伯特接受了一系列基础情感测试：让他首次短暂地接触各种物品，如白鼠、兔子、狗、猴子、有头发和无头发的面具、棉絮、焚烧的报纸等。结果发现，小艾伯特对这些物品均不感到恐惧。

大约两个月后，当小艾伯特刚超过11个月大时，华生和他的同事开始进行实验。开始时，把艾伯特放在房间中间桌上的床垫上。实验室里的白鼠放在靠近艾伯特处，允许他玩弄它。这时，儿童对白鼠并不恐惧。当白鼠在他周围游荡时，他开始伸手触摸它。在后来的测试中，当艾伯特触摸白鼠时，华生和雷纳就在艾伯特身后用铁锤敲击悬挂的铁棒，制造出响亮的声音。毫不奇怪，在这种情况下，小艾伯特听到巨大声响后大哭起来，并表现出恐惧。经过几次将两个刺激配对的实验，当白鼠再次出现在艾伯特面前时，他对白鼠出现在房间里感到非常痛苦。他哭着转身背向白鼠，试图离开。显然，他已经将白鼠（原先的中性刺激，现在的条件刺激）与巨响（非条件刺激）建立了联系，并产生了恐惧或哭泣的情绪反应（原先对巨响的无条件反射，现在对白鼠的条件反射）。

但是在实验的17天后，小艾伯特出现了刺激泛化的反应。当华生将一只（非白色的）兔子带到房间里时，艾伯特也变得不安起来。对于毛茸茸的狗、海豹皮大衣，甚至华生戴上有白色棉花胡须的圣诞老人面具出现在他面前，他都显示出相同的反应，不过艾伯特并不惧怕一切有毛发的东西。

虽然实验非常成功，但是此实验一直有违反实验道德伦理的争议。因为此实验对小艾伯特的身心产生了消极的影响。

三、人本主义学派

人本主义学派使用来访者中心疗法，关注来访者的情感体验，强调在咨询中创造以来访者为中心的咨询氛围，对来访者予以无条件积极关注。不强调技术，而是强调咨询者要用尊重、真诚和同理心为来访者建立安全、开放的氛围，帮助来访者自我探索，认识自己的潜能，发现真正的自我，以达到自我实现的理想境界。

人本主义主要提出了"来访者中心"的治疗理论，其基本思想不是治疗病人的行为，而是依靠患者进行自我探索、内省，发现和判断自我的价值，调动自己的潜能，认识自己的问题，改变自己的症状。咨询工作者和治疗师只需为患者提供适宜的环境和创设良好的心理气氛，给病人以无条件关怀，对病人的病情表示理解，设身处地地为病人着想。罗杰斯认为，治疗成功的关键不在于治疗技巧而在治疗师对患者的态度。来访者中心疗法虽然同精神分析法一样，重视患者的自述，却不像精神分析法那样企图引导患者去回忆早期的生活经验和心理创伤，而且交谈是在患者自主的情况下进行的，不受任何拘束。罗杰斯还对这种方法提出了几个必要条件，如咨询师必须与患者建立良好的人际关系，咨询师必须以真诚的态度对待患者等。总而言之，这与人本主义心理学所强调的尊重人的价值与尊严的精神是一致的。

人本主义心理学

罗杰斯

美国心理学家，人本主义心理学的主要代表人物之一。他从事心理咨询和治疗的实践与研究，主张"以当事人为中心"的心理治疗方法，首创非指导性治疗，强调人具备自我调整以恢复心理健康的能力。

罗杰斯认为，如果给来访者提供一种最佳的心理环境或心理氛围，他们就会倾其所能，最大限度地去进行自我理解，改变他们对自我和对他人的看法，产生自我指导行为，并最终达到心理健康的水平。

罗杰斯把其"以人为中心的治疗"理论扩展到了心理治疗领域之外，形成了"以学生为中心"的教育观。他认为，学生的学习是一种经验学习，它以学生经验的生长为中心，以学生的自发性与主动性为学习动机。教育的目标是促进学生变化和使学生学会学习，培养学生成为能够适应变化和知道如何学习的、有独特

人格特征而又充分发挥作用的"自由人"。罗杰斯强调，在达到这一目标的过程中，教师要贯彻"非指导性"教学的理论与策略，即教师要尊重学生、珍视学生，在感情上和思想上与学生产生共鸣；教师应像治疗者对来访者一样对学生产生同情式理解，从学生的内心深处了解学生的反应，敏感地意识到学生对教育与学习的看法；教师要信任学生，并同时感受到学生的信任。这样才会取得理想的教育效果。

四、认知心理学派

认知心理学派常用的方法有"理性—情绪疗法"（又称为 ABC 理论）和贝克认知行为疗法（又称为 CBT 疗法）。

1. ABC 理论

ABC 理论即人的认知过程影响其情绪和行为的理论假设，通过认知和行为技术来改变来访者不合理的思维方式和信念，从而矫正不良行为的心理治疗方法。在 ABC 理论中，A 代表诱发性事件，B 代表个体对事件的看法、评价、解释，C 代表个体的情绪反应和行为结果。我们通常认为是 A 引起 C，但合理情绪理论认为，B 才是引起 C 更为直接的原因。

例如，两个人走在路上，迎面遇到一个熟人没跟自己打招呼，两个人对这个事件

（A）的反应（C）可能会有所不同。甲对事件（A）的解释（B）是：他可能正在想事情，没有注意到我或他没戴眼镜没看清我。乙对事件（A）的解释（B）是：他肯定是故意不理我，他凭什么这样对我？甲对应的情绪和行为表现正常，没把事件当回事，该干什么干什么；而乙则可能越想越生气，无法专心干自己的事情。同一个事件（A）导致的情绪和行为（C）之所以有很大差别，关键在于对事件的解释（B）是否合理。合理情绪疗法的重点就在于用合理信念代替不合理信念。

2. CBT 疗法论

CBT 疗法是贝克创立的包括了认知治疗和行为治疗的心理治疗方法，是通过改变个人非适应性的思维和行为模式来减少情绪和行为失调，改善心理问题的一系列心理治疗方法的总和。CBT 从行为角度来说需要进行横向分析，通过刺激—个体—反应—结果（S–O–R–C）分析患者是一个什么样的个体。除此之外，还要进行纵向分析，因为所有问题和现象的产生与发展过程、社会化过程、早期行为模式、个人信条和社会规则都有关系。CBT 聚焦当下，让来访者关注眼前，无论是思维还是行为的改变都有可能促进情绪改变，进而影响认知，最终实现全面变化。

认知行为心理疗法包括五个程序：让当事人对于治疗有一个正确的认知，消除治疗的神秘色彩；促使当事人去监视那些伴随产生烦恼的想法；使用认知技术与行为技术；通过置身于产生问题想法的情境过程，指出与挑战当事人的想法；借助在现实世界中加以测试来检查信念与假设，以及教导当事人学会一些技能，避免复发。

认知心理学

延伸阅读

贝　克

阿伦·特姆金·贝克，出生于从俄罗斯移民美国的犹太家庭，在家中排行第三，是家中最小的孩子。医学院毕业后的贝克因偶然原因进入精神医学界。贝克在 20 世纪六七十年代运用认知模式对抑郁症的治疗取得了辉煌成绩，让美国国家精神卫生研究院将认知疗法列入该院对抑郁症的多地共同研究计划，证明这是一种治疗抑郁症的可靠方法。

贝克提出情绪困扰的认知模式，基本理论是：若要了解情绪困扰的本质，必须把焦点放在个人对于引发困扰的事件的反应或想法上。其目标在于改变当事人借助自动化的想法而形成的图式，并开始推动改造图式的构想。在做法上是鼓励当事人收集与评估支持其信念的证据。临床研究指出，认知疗法可广泛用于治疗各种心理异常，特别是抑郁与焦虑异常，并且认知疗法也已成功地用于治疗恐惧症、心身症、饮食异常、愤怒、恐慌异常、滥用药物等。

身边的故事

想退学的小高

小高是会计专业的一名大一女生,她告诉心理咨询师,她想退学,原因是她觉得自己并不适应大学的生活。她不喜欢自己的专业,觉得自己的专业不好找工作,周围的同学好像并不在意学习,她觉得这与认真学习的自己格格不入。室友跟她交流也不多,总是去参加各种学生活动,而她除了去图书馆就是在宿舍。在大学里,她觉得同学们都很冷漠,不像高中那样有知心的朋友,都是各做各的事情,没有人情味。

小高存在较多的认知偏差,导致她无法适应大学生活。要想较快地适应大学生活,小高必须针对自己的认知偏差进行心理调适。

认知偏差1:小高觉得自己的专业不好找工作。事实上每个专业都有自己的专业特点,存在的专业必定是社会需要的专业。无论哪个专业都会存在就业顺利和就业困难的学生,影响就业的因素主要还是取决于学生的专业素质和个人能力。

认知偏差2:小高觉得周围的同学并不在意学习,他们总是参加各种学生活动。参加学生活动和学习并不冲突,不同的人学习效率不同,有的同学即使课后花很少的时间就可以掌握专业知识,并不能根据别人参加学生活动判断别人不在意学习。

认知偏差3:小高觉得同学们都很冷漠,没有人情味。大学是同学们从学校步入社会的过渡阶段,各人都有自己的目标,所以需要各自朝着自己的目标努力。比如大学毕业后想继续深造的同学,课余时间会更多地去自习;而毕业后想直接工作的同学,就会参加各种社会实践,并在学生活动中锻炼自己的能力。同学的目标不同,努力的方向就不同,无法做到在学习和生活上同步。这是大学生迈入社会的必经阶段,并不能解释为同学们冷漠。

小高如果能认识到自己的认知偏差,并逐一进行调整,她对大学生活可能就会有不一样的评价了。

思考题

1. 心理咨询的对象是什么?
2. 大学生心理咨询的流程是怎样的?

推荐资源

1. **书籍:《24个比利》**

《24个比利》是美国作家丹尼尔·凯斯创作的长篇小说,该书根据一个真实的事件改编。比利于1977年因在俄亥俄州立大学犯下三宗强奸罪和抢劫案而遭美国俄亥俄州警方逮捕,但他却对自己犯下的罪行毫无记忆。经过彻底的精神检查,他被诊断为罕见的多重人格分裂患者。比利的多重人格达24个之多，他体内的人格可以互相交谈、下棋，互相控制对方的行为，但这些人格互相都不会知道对方干了什么，所以比利接受治疗之前的生活是极其混乱的。比利最后在4位精神科医师和1位心理学家共同宣誓证明下，获判无罪。此案件受到高度关注。《24个比利》使得多重人格症这种罕见的心理疾病为众人关注。

2. 电影：《催眠大师》

擅长催眠疗法的知名心理咨询师徐瑞宁正值事业风生水起之时，由他治疗过的病人全都痊愈出院。在徐瑞宁一次讲课后，他的老师方教授让徐瑞宁诊断一位特殊的病人任小妍。任小妍声称自己能够看到已经死去的人，并且这些人会寻求她的帮助以完成生前没有做完的事。徐瑞宁在任小妍一顿"疯语"过后，决定采用催眠疗法对其进行治疗。电影的结局出人意料，最后有心理疾病的不是任小妍，而是徐瑞宁。他因为酒驾导致了爱人和挚友的死亡，但是作为心理咨询师，他自我催眠，自我麻痹，让自己和家人都误以为已经治疗好了自己的心理疾病，其实他仍深陷内疚甚至出现自残行为……

参考书目

1. 杨清. 简明心理学词典 [M]. 长春：吉林人民出版社，1985.
2. 朱智贤. 心理学大词典 [M]. 北京：北京师范大学出版社，1989.
3. 褚红玲，钮文异，于欣. 综合心理健康教育对劳动密集型企业产业工人抑郁早期识别的干预效果 [J]. 中国心理卫生杂志，2013，27（7）：483-489.
4. 黄希庭. 人格心理学 [M]. 杭州：浙江教育出版社，2002.
5. 杨琳. 加强心理适应，做合格的大学生 [J]. 科教文汇，2008(11)：38.
6. 朱卫国. 大学生心理健康教程 [M]. 南京：南京大学出版社，2014.
7. 吴立平. 大学生成长导航 [M]. 镇江：江苏大学出版社，2013.
8. 宋专茂. 心理健康测量 [M]. 广州：暨南大学出版社，2006.
9. 陈家麟. 学校心理健康教育：原理、操作与实务 [M]. 北京：教育科学出版社，2010.
10. 彭聃龄. 普通心理学 [M]. 北京：北京师范大学出版社，2012.
11. 陈琦，刘儒德. 教育心理学 [M]. 北京：北京师范大学出版社，2009.
12. 简·博克，莱诺拉·袁. 拖延心理学 [M]. 北京：中国人民大学出版社，2009.
13. 郝宁. 专长的获得：刻意训练理论及实证研究 [M]. 上海：华东师范大学，2006.
14. 车文博. 西方心理学史 [M]. 第1版. 杭州：浙江教育出版社，1998.
15. 夏翠翠. 大学生心理健康教育（慕课版）[M]. 第1版. 北京：人民邮电出版社，2017.
16. 桑志芹. 大学生心理健康教程 [M]. 第4版. 南京：南京大学出版社，2017.
17. 朱育红，潘力军，王爱丽. 大学生心理健康教育课堂互动手册 [M]. 第1版. 上海：华东理工大学出版社，2015.
18. 刘取芝，魏有兴. 心灵成长之路——大学生心理健康教程 [M]. 第1版. 南京：河海大学出版社，2014.
19. 闫明，高红娟，周国莉. 解开幸福的密码——大学生心理健康教育与心理素质训练 [M]. 第1版. 南京：河海大学出版社，2015.
20. 贺泉莉，林玉琼. 美丽青春、健康心理——大学生成长与发展 [M]. 第1版. 上海：上海交通大学出版社，2017.
21. 许燕. 人格心理学 [M]. 北京：北京师范大学出版社，2009.
22. 崔国富. 大学生职业素质构成与综合培养研究 [M]. 北京：光明日报出版

社，2010.

23. 向先孟. 当代大学生个性发展问题与优化路径研究［J］. 咸宁学院学报，2012（2）：86-88.

24. 王燕. 当代大学生个性发展状况的调查与思考——以西北大学在校学生为例［J］. 出国与就业（就业版），2011（10）：78.

25. 方宏建. 大学生人格培育应从典型行为培养入手［J］. 高校理论战线，2012（3）：42-46.

26. 安秋玲. 社会工作者职业认同的影响因素. 华东理工大学学报（社会科学版），2010（4）：39-47.

27. 樊富珉，王建中. 当代大学生心理健康教程［M］. 武汉：武汉大学出版社，2014.

28. 宋林飞. 西方社会学理论［M］. 南京：南京大学出版社，1997.

29. 冯宪萍，张洪涛. 大学生心理健康教育［M］. 第2版. 济南：山东人民出版社，2015.

30. 张大均，吴明霞. 大学生心理健康（修订版）［M］. 北京：清华大学出版社，2015.

31. 陈秋燕. 大学生心理健康教育［M］. 北京：北京师范大学出版社，2015.

32. 赵雪莲. 大学生心理健康教育实务［M］. 北京：清华大学出版社，2017.

33. 崔艳. 大学生心理健康教育［M］. 第2版. 大连：东北财经大学出版社，2016.

34. 张静. 新编大学生心理健康教育［M］. 北京：电子工业出版社，2017.

35. 魏静，席宏伟. 高职心理健康实用教程［M］. 北京：高等教育出版社，2016.

36. 丁志平. 做最好的自己——高职学生心理健康教育读本［M］. 北京：高等教育出版社，2014.

37. 倪海珍，潘绿萍. 大学生心理健康教育项目化教程［M］. 北京：科学出版社，2017.

38. 陈昊. 大学生心理健康教育［M］. 上海：上海交通大学出版社，2016.

39. 吴本荣，陈金香，罗二平. 大学生心理健康教育［M］. 北京：高等教育出版社，2015.

40. 王金云，张静，宋大成. 大学生心理健康教育与训练［M］. 北京：电子工业出版社，2015.

41. 吴新业，詹晓青. 大学生心理健康感悟探索成长［M］. 南京：南京大学出版社，2014.

42. 徐文，心理学与沟通技巧［M］. 哈尔滨：北方文艺出版社，2017.

43. 李炳全，张丽玲. 人际关系心理学［M］. 北京：科学出版社，2016.

44. 彭贤，李海青. 人际关系心理学［M］. 第1版. 北京：清华大学出版社，北京交通大学出版社，2013.

45. 隋岩. 微动作心理学［M］. 北京：中国法制出版社，2017.

46. 孔晓东. 大学生心理健康教程［M］. 北京：高等教育出版社，2016.

47. 陈燕. 大学生心理健康［M］. 北京：北京师范大学出版社，2015.

48. 弗洛伊德工作坊. 拿来就用的人际交往心理学［M］. 北京：中国华侨出版社，2012.

49. 罗晓路，夏翠翠. 大学生常见心理行为问题案例集［M］. 北京：北京师范大学出版集团，2017.

50. 汪艳丽，晏宁，李斌. 大学生心理素质训练［M］. 北京：高等教育出版社，2015.

51. 于珊珊，潘伟伟. 大学生心理健康［M］. 西安：西安交通大学出版社，2014.

52. 李传银，刘华. 大学生心理健康教育［M］. 北京：科学出版社，2015.

53. 徐利新，王继元. 大学生心理健康教育与指导［M］. 第1版. 苏州：苏州大学出版社，2015.

54. 张大均，吴明霞. 大学生心理健康教育［M］. 第1版. 北京：清华大学出版社，2007.

55. 桑志芹. 大学生心理健康教程［M］. 第4版. 南京：南京大学出版社，2017.

56. 陈晓东，车文博. 挫折应对与大学生心理健康［M］. 北京：科学出版社，2006.

57. 韦唯，张进辅. 大学生择偶价值观问卷的编制及信效度检验［J］. 心理学进展，2015（5）：436－444.

58. 张春兴. 现代心理学［M］. 上海：上海人民出版社，1994.

59. 叶浩生. 心理学史［M］. 第2版. 北京：高等教育出版社，2011.

60. 叶浩生. 西方心理学的历史与体系［M］. 第2版. 北京：人民教育出版社，2014.

61. 张春兴. 现代心理学［M］. 上海：上海人民出版社，1994.

62. 约翰·R·安德森. 认知心理学及其启示［M］. 北京：人民邮电出版社，2012.

63. 郑庆友. 空椅子技术的应用：以特殊社交恐怖症个案咨询为例［J］. 心理技术与应用，2014(1)：47－50.

64. 科米尔. 心理咨询师的问诊策略［M］. 北京：轻工业出版社，2000.

65. 李虹，梅锦荣. 大学校园压力的类型和特点［J］. 心理科学，2002，25(4)：398－401.

66. 徐长江，钟晨音. 浙江省大学生心理压力总体状况与来源的调查研究［J］. 浙江师范大学学报（社会科学版），2002，27(6)：100－104.

67. 刘晓红，李黎，韩瑞珠. 大学生心理压力现状及应对措施［J］. 保健医学研究与实践，2008，7(9)：159－162.

68. 李曲生，林喜红. 高职生心理健康教育［M］. 广州：华南理工大学出版社，2016.

69. 方平. 自助与成长：大学生心理健康教育［M］. 北京：教育科学出版社，2010.

70. 赵锦泉. 大学生恋爱问题现状调查［J］. 教育与职业，2011(1)：50-51.

71. 倪坚. 高职院校大学生心理健康教育［M］. 北京：清华大学出版社，2011.

72. 何跃青. 如何进行压力管理［M］. 北京：北京大学出版社，2004.

73. 李虹. 压力应对与大学生心理健康［M］. 北京：北京师范大学出版社，2004.

74. 张进辅. 青年职业心理发展与测评［M］. 重庆：重庆大学出版社，2009.

75. 吕倩倩. 大学生职业价值观研究综述［J］. 科技信息，2018(8)：67-68.

76. 李维青. 心理健康与自我调适［M］. 乌鲁木齐：新疆人民出版社，2001.

77. 蔡秀玲，杨智馨. 情绪管理［M］. 合肥：安徽人民出版社，2001.

78. 谭兆麟. 情绪影响力［M］. 深圳：海天出版社，2005.

79. 陶国富，王祥兴. 大学生挫折心理［M］. 上海：立信会计出版社，2006.